国家社会科学基金青年项目
"汉语复合词的认知神经机制研究"（12CYY021）

汉语复合词认知、习得及其神经基础

顾介鑫 著

中国社会科学出版社

图书在版编目(CIP)数据

汉语复合词认知、习得及其神经基础 / 顾介鑫著. —北京:中国社会科学出版社,2018.6
ISBN 978-7-5203-2458-8

Ⅰ.①汉… Ⅱ.①顾… Ⅲ.①汉语-复合词-研究 Ⅳ.①H146.1

中国版本图书馆 CIP 数据核字(2018)第 091040 号

出 版 人	赵剑英
责任编辑	任　明
责任校对	王　龙
责任印制	李寡寡

出　　版	中国社会科学出版社
社　　址	北京鼓楼西大街甲 158 号
邮　　编	100720
网　　址	http://www.csspw.cn
发 行 部	010-84083685
门 市 部	010-84029450
经　　销	新华书店及其他书店

印刷装订	北京君升印刷有限公司
版　　次	2018 年 6 月第 1 版
印　　次	2018 年 6 月第 1 次印刷

开　　本	710×1000　1/16
印　　张	18.25
插　　页	2
字　　数	306 千字
定　　价	85.00 元

凡购买中国社会科学出版社图书,如有质量问题请与本社营销中心联系调换
电话:010-84083683
版权所有　侵权必究

序

中国的神经语言学研究目前已经如火如荼地开展起来了，上个世纪90年代，国内这方面的研究还基本无人涉及，我在从事汉语史特别是汉语音韵学、语法学的教学和研究工作的同时，也开始将很大一部分精力转向了神经语言学的研究和教学，顾介鑫博士就是较早跟随我做神经语言学方向的学生之一，硕士、博士一路读来，现在他自己也是硕士生导师了，并已承担过两个国家社科基金项目，其中一个是重点项目。所以在他这部《汉语复合词认知、习得及其神经基础》出版之际写几句话，我是很乐意的。

复合词是合成词的一种，由两个以上的语素组合而成。神经语言学对复合词的关注聚焦在脑神经系统如何识别、如何理解、如何生成等问题上。顾介鑫博士的这项研究涉及到汉语复合词的认知加工的神经基础、汉语作为第二语言的复合词习得机制，汉语母语者习得外语合成词时复合构词法迁移等诸多方面。其研究特色鲜明，一是，语言学习与语言加工并举，体现了新的研究趋势；二是，利用高时间分辨率的事件相关电位技术和脑损伤失语症患者的研究，来加强语言加工的探讨中"定时""定位"的准确性。其中，作者所提出的复合词在语言加工机制上存在分叉延迟双路径模型，颇具学术价值，值得重视。

该模型是作者在2008年博士论文中首先提出的，当时实验研究似与前人的结论有所不同，如何看待这种不同，是梳理前人研究的不足提出自己的模型，还是削足适履，套用已有的理论框架做修修补补的工作，这是刚刚进入国际学术圈的中国神经语言学研究能否有所突破的事关研究范式和方法论的关键问题。我们团队在科学研究方面历来提倡质疑、探索和原创的精神，顾介鑫博士身处这样一个善于创新的研究团队的氛围中，毫不犹豫地开启了质疑和创新的探索模式，终于发现了若干新的现象，总结出了若干新的结论，提出了汉语复合词认知的"'分叉'延迟双路径"这一串行双路径模型。

顾介鑫博士本科专业学的是生物学，对于跨学科研究特色明显的神经语言学研究来说，这个学科背景无疑是非常有利的。但尽管如此，语言学、心理学、统计学、影像学等必备的知识还是要付出极大的努力才能初步掌握。即使是与生物学相关的课程，需要下功夫整合提高的内容仍然很多，如细胞生物学、分子生物学、神经生物学、神经解剖学等。特别是语言神经解剖学，从来就没有过这方面的教材，而这门课程是神经语言学的基础课程之一。好在上个世纪80年代初我在徐州医学院出国培训班学习时候的同学——解剖学家张凤真教授，出手相助。我根据神经语言学对于语言脑神经解剖知识点掌握的需求，提出了相关的教学要求，然后我们一起讨论拟定了初步的教学大纲，由张教授施教。张教授属于脑切片切的很漂亮，并且随手就可以画出比例不差分毫的大鼠乃至人脑各部位及各种神经纤维束的讲课高手。顾介鑫博士由于其生物学背景，他入学后，与张教授很多联系协调工作我就交由他来办理，工作做得很出色。

我叙述这一段往事，是希望他能在当前这个语言学与神经科学快速融合，脑科学迎来历史性大发展的关键时刻，继续发挥其生物学的专长，在细胞分子语言学领域做一番探索。神经语言学发展到今天，除了在语言行为和认知层面与脑的高级功能间建立联系外，也要在细胞与分子层面探索语言的生物学基础。虽然近20年来神经语言学研究发展迅速，成果丰富，但一些根本性的问题，如神经系统究竟如何产生和理解语言等，尚未有突破，在这些问题上，我们的认识和20年前并没有实质性的差异。究其原因，就在于我们目前对于语言的神经机制研究多集中在认知与行为层面上，缺乏细胞、分子和神经网络水平的研究。而关于语言神经机制的最终答案，将需要我们从分子、细胞层面到认知与行为水平这样从微观到宏观的上下贯通的解释。当前做细胞、蛋白质、DNA研究的与做语言等脑高级功能研究的互不联系、老死不相往来的模式，未能反应现代脑科学跨学科、多水平研究的要求。为此，江苏师范大学语言能力协同创新中心最近成立了"细胞分子语言学与类脑智能研究中心"，希望顾介鑫博士能积极投身到这场由跟跑向并跑、领跑转变的研究中去，为中国的神经语言学研究再立新功。

是为序。

杨亦鸣

前　　言

在生成语言学中，基础复合词由词根系连（concatenate）而成，合成复合词则由动转中心（deverbal head）与填充该动词主目（argument）的非核心成分（nonhead）组成，两者成词方式不同（Spencer，1991：319）。在汉语词汇体系中，双音节复合词占《现代汉语词典》所收条目的57.8%（周荐，1994：19）。就汉语复合词体系来看，基础复合词中双音节是典型的，合成复合词中五音节是典型的。汉语中词—语分界是语言学界一直关注的问题，合成复合词与短语的界分争论尤为突出。从语言学理论研究着手设计实验，采用事件相关电位（Event-related Potential，ERP）技术，弄清楚双音节基础复合词、五音节合成复合词的认知加工机制及其神经基础，不仅有利于揭示汉语复合词认知加工机制及其神经基础，也有利于从实证角度阐明汉语词—语分界问题。

从语言加工机制上看，双音节基础复合词除了受词频、语义透明度这些因素影响外，还受控于语素黏着性、构词方式及其能产性、中心性等因素，遵从分叉延迟双路径（Fork-delayed Dual Route，FDDR）模型；五音节合成复合词在语言形式（language form，简称语形）、结构表征加工上有别于基础复合词、短语，在语法加工上也异于短语，体现出"词法—句法界面"特征。从语言加工神经基础来看，合成复合词在认知加工过程上反映的"词法—句法界面"的特征是以大脑左半球额、颞叶的功能分工为脑结构基础的。从语言学习与习得来看，汉语构词法表征影响汉语者学习二语合成词；汉语构词法能产性影响汉语作为第二语言时的词汇学习。概而言之，上述三个视角的研究可汇合为汉语复合词"学习—认知—神经基础"联合模型，并由其解释。

一　分叉延迟双路径模型

心理表征分层　在该模型中，复合词表征可分为三个层次：通达表征

（access representation）、整合结点表征（lemma）和语义、语法表征。且复合词语素黏着性及组合方式这一语法信息在大脑词库中是有其独立表征的。另外，复合词的组成成分——语素在大脑词库中也有相应的正字法、语音等形式表征（formal representation）和语义、语法表征。

双路径模式 汉语高频复合词、语义不透明的复合词倾向于以整词形式表征其语义，或者说在大脑词库中有独立的语义表征，是以整词列表这一直接路径来通达词义；而低频复合词、语义透明的复合词在大脑词库中没有独立的语义表征，其意义需依赖其组成语素的语义表征而存在，倾向于以语素分解这一间接路径来通达其意义。复合词是选择直接路径还是间接路径，需要视词频、语义透明度等因素而定。

ERP成分反映序列加工 汉语复合词视觉识别中出现了事件相关电位（event related potential, ERP）成分 P2（120-180ms）、N400（240-360ms）。P2成分代表人脑对复合词语素黏着性及组合方式特征或构词规则特征的觉察，反映了"切分"至"允准"阶段的加工情况；N400成分代表人脑在视觉刺激与其语义表征之间进行关联搜索（link search）加工的难度，波幅越大说明加工越难，反映了语义通达阶段的加工强度。见图13-1。

序列加工暗示"分叉"延迟 在汉语复合词视觉识别过程中，"切分"（segmentation）"允准"（licensing）加工是必经阶段，其后复合词语义通达路径选择是双路径"分叉"的起点。在"切分"阶段，语素的正字法表征被激活，连带其语音表征、语义表征、语法表征（包含黏着性）在一定程度上自动激活，但复合词的语音表征、语义表征均未被激活。在"允准"阶段，两个语素被联结起来，形成"整词"（即整合结点表征，lemma），同时两语素的相合性（compatability）被核查（check）。相合性核查内容包括语音方面和语法方面，语音核查验证该整词语音是否有相应的复合词语音表征与之对应，语法核查则验证该整词结构是否有相应结构表征与之对应。值得注意的是，同为双音节VO式条件下，汉语离合词诱发了介于复合词与短语之间的P200。这可能反映了离合词在音系上介于复合词与短语之间的特征。

"切分""允准"加工结束后，分叉为两条语义加工路径，一条为间接路径，经"组构"加工，语素的语义信息被用于计算得出复合词的语义；另一条为直接路径，经整合结点表征投射至复合词独立的语义表征，完成词义通达。在词义加工阶段，复合词向心与否，向心复合词（又称内中心复合词）中心语素的数量、位置均影响汉语复合词的语义通达，体现出汉语复合词识别的不对称性，由 N400 反映。与向心复合词不同，离心复合词（又称外中心复合词）采取通过整词记忆来通达复合词的意义。在向心复合词中，中心语素数量多（如双中心复合词"爱护、寺庙"）或中心语素位于左手时（如左中心复合词"忘记、雪花"），复合词的语义加工更易于完成。另外，在语义加工阶段后，我们还发现一个有趣的现象，即复合词的构词方式越能产，该复合词就诱发出波幅更大的 P600。

二 汉语复合词"学习—认知—神经基础"联合模型

二语者在加工目标语时，在认知加工机制上与母语者是否相同？相同或不同的背后又是由什么样的认知加工特点反映的？这是语言习得领域密切关注的问题。语言认知加工上的构词法、构词法能产性、词—语结构等效应，从脑解剖学的角度来看，是由哪些脑区来掌控的？这是神经语言学领域密切关注的问题。在语言学习、语言加工、语言加工神经基础等系列实验的基础上，我们尝试提出了汉语复合词"学习—认知—神经基础"联合模型（见图13-2）。

语言认知角度 除汉语双音节基础复合词遵从分叉延迟双路径模型外，高能产性复合构词法在语法再分析（re-analysis）上难于低能产性复合构词法。不同汉语复合构词法的能产性互不相同，且构成一个连续统。偏正式复合法相对较为能产，处于连续统较高的位置；联合式等复合法则相对较不能产，处于连续统较低的位置。通过词汇判断（lexical decision）的事件相关电位实验，研究发现 P600 反映了人脑对汉语复合构词法能产性的加工，即 P600 波幅越大，则被加工的构词法的能产性越高，反之相反。即，复合构词法能产性差异有其认知神经基础。

合成复合词在认知加工上呈现出"词法—句法界面"特点。合成复合词在语形、语言结构加工上难于基础复合词或短语，在语法再分析上又难于短语。根据词法不对称理论（Di Sciullo, 2005），汉语合成复合词可能是由词法派生的，但在其语音表达式（phonological from, PF）生成时是要经历翻转（M-Flip）的，与基础复合词、"的"字短语的生成过程不同。实验对比了同处于句末宾语位置上的汉语合成复合词与基础复合词、

"的"字短语在阅读进程上的差异,以分析汉语合成复合词的构成问题。结果发现:合成复合词在(1)语形加工上既不同于基础复合词,也有别于"的"字短语;(2)早期结构加工上不同于"的"字短语;(3)语义加工上与基础复合词、"的"字短语类似,语法加工上却较"的"字短语更难。该研究结果很大程度上支持汉语合成复合词生成过程的"词法—句法界面"特征。

语言加工神经基础角度 上述构词法能产性效应、词—语结构效应的出现分别与大脑左半球基底节(basal ganglia),左半球颞顶叶、额顶叶相关。汉语构词法能产性对词汇认知加工的调控与优势言语半球的基底节关系密切。在图片命名实验中,非流利型失语症患者倾向于用非能产构词法产出的词来替代目标词。这一现象在偏正复合名词、联合复合名词的图片命名错误中都有明显表现。且参照正常对照者的图片命名成绩,非流利型失语症患者在能产性高的偏正复合法产出的词汇的命名成绩较能产性低的联合复合法产出的词汇的更差。患者左侧基底节脑梗塞,表明左侧基底节病变导致患者在能产性高的偏正复合法产出的词汇的提取上更加困难。

Broca's 失语症、Wernicke's 失语症"见证"合成复合词的"词法—句法界面"特点。合成复合词理解和产出的失语症测查研究发现,与基础复合词相似,被理解时对左半球额、顶叶的依赖程度低于"的"字短语,被产出时对左半球颞、顶叶的依赖程度低于"的"字短语;与基础复合词不同,被理解时对左半球颞、顶叶的依赖程度高于"的"字短语,被产出时对左半球额、顶叶的依赖程度却高于"的"字短语。简言之,在失语症测查研究中,合成复合词也是既不同于基础复合词,也有别于"的"字短语,体现出"词法—句法界面"特征。

语言学习角度 汉语者学习英语附加式合成词时会受到其母语构词法表征的影响,反映在语言结构加工阶段。通过掩蔽启动视觉词汇判断实验,基于语言象似性,我们比较了异式启动(OOo—目标词)、同式启动(OOO—目标词)在英语熟练度高、低不同的汉语学习者对附加式、非附加式英语词词汇判断的影响,探讨汉语者习得英语附加式合成词的词法表征问题。实验结果显示:(1)同式启动在汉语者识别英语附加式词时启动效应更强,在反应时上,同式启动较异式启动使得附加式词的反应时缩减幅度(47ms)远大于非附加式词的(13ms);在脑电数据上,同式启动时附加式词诱发了波幅更大的晚期 P2a(200—250ms),而异式启动时附加式词诱发了波幅更小的晚期 P2a。（2）英语熟练程度影响早期 P2a（150—200ms），仅英语熟练者在同式启动时附加式词较非附加式词在右半球诱发了更小波幅的早期 P2a。有理由认为汉语者在学习英语附加式合成词时可能并没有将其表征为附加式，而是将其表征为复合式，换言之，汉语者在学习英语词汇时其中介语构词法表征是受损的；英语熟练度高低会影响汉语者对英语正字法信息的敏感度。就普遍语法可及性而言，该研究支持"普遍语法间接可及"说。

在汉语作为第二语言被习得时，构词法性质能产性是影响学习者的汉语词汇习得的。通过乌尔都语者的汉语词汇命名实验，我们尝试从汉语构词法性质能产性、数量能产性两个角度来分析汉语构词法能产性是否影响乌尔都语者习得汉语词汇。实验发现：（1）由能产构词法产出的词的命名反应时短于由不能产构词法产出的词的；（2）偏正型、动宾型、联合型、补充型、主谓型复合词的命名反应时依次增加，但有违语料库研究中的汉语复合构词法数量能产性次序。在排除乌尔都语母语迁移影响的前提下，可以认为汉语构词性质能产性的确影响乌尔都语者学习汉语词汇，但数量能产性则不然。

要揭示语言在人脑内是如何运作的，需要解释语言加工"于何时开始何时结束""在何地进行"这两个于人脑上的"定时""定位"问题。汉语复合词"学习—认知—神经基础"联合模型采用高时间分辨率的 ERP 技术、脑损伤定位方法较好地解决了上述两个问题，一定程度上推进了复合词认知加工的神经机制研究。"语言热"引导学界去关注汉语者习得第二语言时会遇到什么样的困难？汉语作为第二语言被学习时又会有什么样的特点？汉语复合词"学习—认知—神经基础"联合模型显示汉语者学习英语词汇时存在母语构词法迁移影响，乌尔都语者在学习汉语词汇时是受汉语构词法能产性影响的，在二语学习的研究领域中做出了相应的探讨。

目　　录

第一章　绪论 ……………………………………………………………（1）
 第一节　研究背景 ……………………………………………………（1）
  一　复合词与词组的区分 …………………………………………（1）
  二　构词规则及其能产性 …………………………………………（5）
  三　复合词的中心性 ………………………………………………（9）
 第二节　研究目的 ……………………………………………………（10）
 第三节　主要技术手段——事件相关电位技术 ……………………（11）
  一　事件相关电位（ERP）技术原理简介 ………………………（12）
  二　ERP 实验步骤 …………………………………………………（13）
  三　ERP 数据的提取及分析 ………………………………………（14）

第二章　复合词认知中语素黏着性的影响以及与词组的比较 ………（16）
 第一节　复合词与词组的语言学区分 ………………………………（16）
  一　普通语言学研究进展 …………………………………………（16）
  二　汉语研究进展 …………………………………………………（18）
 第二节　复合词词汇通达及心理表征研究 …………………………（22）
  一　国外研究进展 …………………………………………………（22）
  二　汉语研究进展 …………………………………………………（27）
 第三节　高频复合词与词组比较的 ERP 实验研究 …………………（28）
  一　实验受试 ………………………………………………………（28）
  二　实验刺激材料 …………………………………………………（28）
  三　实验程序 ………………………………………………………（30）
  四　脑电记录及处理 ………………………………………………（30）
  五　实验结果 ………………………………………………………（31）
  六　分析与讨论 ……………………………………………………（37）

第四节　低频复合词与词组比较的 ERP 实验研究 …………… (42)
　　一　实验受试 ……………………………………………… (42)
　　二　实验刺激材料 ………………………………………… (42)
　　三　实验程序 ……………………………………………… (43)
　　四　脑电记录及处理 ……………………………………… (43)
　　五　实验结果 ……………………………………………… (43)
　　六　分析与讨论 …………………………………………… (49)
第五节　语素黏着性及组合方式在词汇判断中的作用 ………… (52)
　　一　假词材料 ……………………………………………… (52)
　　二　实验结果 ……………………………………………… (53)
　　三　分析与讨论 …………………………………………… (56)
第六节　结语 …………………………………………………… (58)

第三章　离合词认知中语素黏着性的影响 ……………………… (60)
第一节　引言 …………………………………………………… (60)
第二节　离合词语素黏着性的 ERP 实验研究 ………………… (62)
　　一　实验受试 ……………………………………………… (62)
　　二　实验刺激材料 ………………………………………… (62)
　　三　实验程序 ……………………………………………… (63)
　　四　脑电记录及处理 ……………………………………… (64)
　　五　实验结果 ……………………………………………… (64)
第三节　分析与讨论 …………………………………………… (68)
　　一　在人脑的认知加工中低频离合词类似于短语，高频离合
　　　　词则不然 ……………………………………………… (68)
　　二　语素黏着性影响人脑对离合词的认知加工过程 ……… (70)
第四节　结语 …………………………………………………… (71)

第四章　离合词的音系特征及其神经基础 ……………………… (73)
第一节　引言 …………………………………………………… (73)
第二节　离合词音系特征研究 ………………………………… (74)
　　一　离合词的音步形成 …………………………………… (74)
　　二　离合词的重音分布 …………………………………… (75)
　　三　离合词的语音特征实验研究 ………………………… (77)

第三节　离合词音系特征的 ERP 实验研究 ……………… (79)
　　　　一　实验受试 ……………………………………………… (80)
　　　　二　实验设计和刺激材料 ………………………………… (80)
　　　　三　实验程序 ……………………………………………… (81)
　　　　四　脑电记录及处理 ……………………………………… (82)
　　　　五　实验结果 ……………………………………………… (82)
　　第四节　讨论 ………………………………………………… (85)
　　　　一　离合词音系特征的 ERP 证据：P200 ……………… (85)
　　　　二　频率不影响离合词的语音加工，但影响语义、语法
　　　　　　加工 …………………………………………………… (87)
　　第五节　结语 ………………………………………………… (88)

第五章　合成复合词的神经电生理学研究 ………………… (90)
　　第一节　引言 ………………………………………………… (90)
　　第二节　基于词法不对称理论的汉语合成复合词生成研究 …… (91)
　　第三节　汉语合成复合词的事件相关电位实验 …………… (94)
　　　　一　实验受试 ……………………………………………… (94)
　　　　二　实验设计和刺激材料 ………………………………… (94)
　　　　三　实验程序 ……………………………………………… (95)
　　　　四　脑电记录及处理 ……………………………………… (96)
　　　　五　实验结果 ……………………………………………… (96)
　　第四节　分析与讨论 ………………………………………… (99)
　　　　一　合成复合词在语言形式加工上既不同于基础复合词，
　　　　　　也有别于短语 ………………………………………… (100)
　　　　二　合成复合词在早期语言结构加工上不同于"的"字
　　　　　　短语 …………………………………………………… (101)
　　　　三　合成复合词在语义加工上与"的"字短语类似，在语法
　　　　　　加工上则较难 ………………………………………… (101)
　　第五节　结语 ………………………………………………… (102)

第六章　合成复合词理解与产出的失语症研究 …………… (103)
　　第一节　引言 ………………………………………………… (103)
　　　　一　失语症研究 …………………………………………… (103)

二　神经影像学研究 …………………………………… (104)
　第二节　汉语合成复合词的失语症测查 …………………… (105)
　　一　研究目的 ………………………………………… (105)
　　二　测查方案和程序 ………………………………… (105)
　　三　实验受试 ………………………………………… (106)
　　四　实验语料 ………………………………………… (107)
　　五　实验程序 ………………………………………… (108)
　第三节　实验结果 …………………………………………… (111)
　　一　对照组受试实验结果 …………………………… (112)
　　二　失语症受试实验结果 …………………………… (112)
　第四节　分析与讨论 ………………………………………… (114)
　　一　汉语合成复合词理解的神经基础 ……………… (115)
　　二　汉语合成复合词产出的神经基础 ……………… (116)
　第五节　结语 ………………………………………………… (118)

第七章　复合构词规则的认知加工：P2a ……………………… (120)
　第一节　汉语复合构词规则 ………………………………… (120)
　第二节　构词规则的认知神经科学研究 …………………… (121)
　　一　国外研究进展 …………………………………… (121)
　　二　汉语研究进展 …………………………………… (122)
　第三节　构词规则是否影响复合词认知加工的实验研究 … (123)
　　一　实验受试 ………………………………………… (123)
　　二　实验刺激材料 …………………………………… (123)
　　三　实验程序 ………………………………………… (124)
　　四　脑电记录及处理 ………………………………… (125)
　　五　实验结果 ………………………………………… (125)
　　六　分析与讨论 ……………………………………… (129)
　第四节　结语 ………………………………………………… (132)

第八章　复合构词法对汉语者习得二语词汇的影响 …………… (134)
　第一节　引言 ………………………………………………… (134)
　第二节　构词法加工的二语习得研究概况 ………………… (135)
　　一　中介语构词法表征是受损的还是未受损的 …… (135)

二　二语构词法加工中应关注的因素 …………………… (137)
　第三节　汉语者英语附加式合成词加工的ERP实验 ………… (139)
　　一　实验受试 …………………………………………… (139)
　　二　实验语料 …………………………………………… (140)
　　三　实验设计及刺激程序 ……………………………… (140)
　　四　脑电记录及处理 …………………………………… (141)
　　五　实验结果 …………………………………………… (141)
　第四节　实验讨论 …………………………………………… (146)
　　一　汉语者学习英语时中介语构词法表征是受损的 … (147)
　　二　汉语者英语正字法表征受英语熟练度调控 ……… (148)
　第五节　结语 ………………………………………………… (149)
第九章　复合构词法能产性的神经电生理学研究 …………… (151)
　第一节　汉语复合构词法的能产性 ………………………… (151)
　　一　性质能产性 ………………………………………… (153)
　　二　数量能产性 ………………………………………… (154)
　第二节　基于复合词的能产性ERP研究 …………………… (155)
　　一　实验假设及目的 …………………………………… (155)
　　二　实验过程 …………………………………………… (155)
　　三　实验结果 …………………………………………… (157)
　　四　讨论 ………………………………………………… (159)
　　五　小结 ………………………………………………… (162)
　第三节　基于复合假词的能产性ERP研究 ………………… (162)
　　一　假词材料 …………………………………………… (163)
　　二　实验结果 …………………………………………… (163)
　　三　分析与讨论 ………………………………………… (166)
第十章　汉语构词法能产性的失语症研究 …………………… (168)
　第一节　资料与方法 ………………………………………… (168)
　　一　测查语料 …………………………………………… (168)
　　二　受试者资料 ………………………………………… (169)
　　三　测查方法 …………………………………………… (169)
　　四　统计学方法 ………………………………………… (169)

第二节	实验结果	(170)
第三节	讨论	(171)

第十一章 复合构词法能产性对汉语二语词汇习得的影响 …… (172)
  第一节　引言 …………………………………………………… (172)
  第二节　汉语词汇习得中乌尔都语构词法迁移 ………………… (174)
    一　乌尔都语构词法正迁移 ………………………………… (174)
    二　乌尔都语构词法负迁移 ………………………………… (176)
  第三节　乌尔都语者汉语词汇命名实验研究 …………………… (176)
    一　实验语料 ………………………………………………… (177)
    二　实验受试 ………………………………………………… (177)
    三　实验程序 ………………………………………………… (178)
    四　实验数据报告及分析 …………………………………… (178)
    五　实验结果 ………………………………………………… (178)
  第四节　实验讨论 ………………………………………………… (180)
    一　汉语构词法性质能产性因素的确影响乌尔都语者习得汉语
       词汇 ……………………………………………………… (181)
    二　汉语构词法数量能产性不影响乌尔都语者学习汉语
       词汇 ……………………………………………………… (182)
  第五节　结语 ……………………………………………………… (184)

第十二章 汉语复合词认知的不对称性 ……………………………… (185)
  第一节　复合词中心性的语言学研究 …………………………… (185)
    一　普通语言学研究进展 …………………………………… (185)
    二　汉语研究进展 …………………………………………… (187)
  第二节　复合词中心性的认知科学研究 ………………………… (189)
  第三节　首字启动下中心性对复合词认知加工影响的实验
       研究 ……………………………………………………… (190)
    一　实验受试 ………………………………………………… (190)
    二　实验刺激材料 …………………………………………… (190)
    三　实验程序 ………………………………………………… (191)
    四　脑电记录及处理 ………………………………………… (191)
    五　实验结果 ………………………………………………… (192)

六　分析与讨论 …………………………………………… (196)
第四节　尾字启动下中心性对复合词认知加工影响的实验
　　　　研究 ………………………………………………………… (201)
　　一　实验受试 ……………………………………………… (201)
　　二　实验刺激材料 ………………………………………… (201)
　　三　实验程序 ……………………………………………… (202)
　　四　脑电记录及处理 ……………………………………… (202)
　　五　实验结果 ……………………………………………… (202)
　　六　分析与讨论 …………………………………………… (204)
第五节　结语 ……………………………………………………… (206)

第十三章　总结语 ……………………………………………………… (208)
第一节　汉语基础复合词的神经认知加工模型 ………………… (208)
　　一　分叉延迟双路径模型的理论构建 …………………… (209)
　　二　汉语复合词分叉延迟双路径模型的实验证实 ……… (212)
第二节　分叉延迟双路径神经认知加工模型及调控因素 ……… (215)
　　一　分叉延迟双路径神经认知加工模型 ………………… (216)
　　二　分叉延迟双路径模型中的调控因素 ………………… (217)
第三节　汉语复合词"学习—认知—神经基础"联合模型 …… (219)
　　一　词频 …………………………………………………… (220)
　　二　语义透明度 …………………………………………… (220)
　　三　语素黏着性及组合方式 ……………………………… (221)
　　四　合成复合词在认知加工上体现出"词法—句法界面"
　　　　特点 ……………………………………………………… (222)
　　五　构词规则及其能产性 ………………………………… (223)
　　六　复合词中心性 ………………………………………… (226)
第四节　汉语复合词认知加工研究的"助推器"：语言学理论
　　　　研究 ………………………………………………………… (227)

附录 ……………………………………………………………………… (230)
　附录1　语义透明度测查 ………………………………………… (230)
　附录2　64导电极帽电极头皮分布 …………………………… (233)
　附录3　头皮记录电极的分区（L-左，R-右）……………… (234)

附录4　失语症常规调查表 …………………………………………（235）
附录5　利手测试表 ………………………………………………（237）
附录6　合成复合词失语症研究实验语料 ………………………（238）
附录7　合成复合词失语症实验用图 ……………………………（240）
附录8　构词法能产性失语症实验用图 …………………………（245）
索引 …………………………………………………………………（249）
参考文献 ……………………………………………………………（252）
后记 …………………………………………………………………（272）

第一章 绪论

第一节 研究背景

复合词作为语言单位的复杂性，使其不仅成为语言学研究的焦点问题，也成为认知神经科学研究密切关注的对象。从复合词的语言学研究来看，复合词与词组的区分、语素黏着性（boundness）、构词规则及其能产性（productivity）、复合词的中心性（headedness）等问题是广受关注的。从复合词的认知神经科学研究来看，复合词的词汇通达（lexical access）[①]及心理表征（mental representation）[②]方式，以及词频、语义透明度对复合词识别的影响等问题则是研究重点。本章将以复合词语言学的研究问题为主线，辅以认知神经科学的实验研究，对以往的复合词认知加工研究作一综述。

一　复合词与词组的区分

（一）语言学研究

在结构主义语言学研究中，Bloomfield（1933：227）认为复合词是由两个或两个以上的自由语素组成的，这些自由语素单用时即是一个独立的词，合用时即是一个复合词。随着研究深入，复合词从形式上被分为基础复合词（primary compounds，如 houseboat）与合成复合词（synthetic com-

---

① 词汇通达，即词在人脑中被识别的过程。
② 心理表征，有时简称表征，泛指代表、表示、象征另一事物的某个东西。在认知心理学中，它指一个刺激事件的心理表象，可以是刺激的直接图示（如意象），也可以是刺激的特征表达（如命题表征）。一般而言，语言的心理表征可从通达表征（语言的形式表征，有视觉文字形式、听觉语音形式）和中心表征（语法、语义表征）来研究。跟复合词研究有关的主要有正字法表征、语音表征、语素表征、整词表征等。

pounds，如 *truck driver*）两类。从其组成来看，前者是系连（concatenated）的词；后者则由动转中心（deverbal head）与填充该动词主目（argument）的非核心成分（nonhead）组成（Spencer，1991：319）。

就基础复合词而言，一般认为是在词库内由词系连而成，其形成过程为词法的。这点已获得生成语言学界的广泛认同。但就合成复合词来说，在形成过程这一点上学界未达成一致意见，主要分两种观点：一为词汇论（lexicalist thoery），一为句法论（syntactic approach theory）。词汇论认为，复合是指词系连成词的一类构词类型，因此是词汇组织的问题；复合所表现的句法效应本质上是词法规则，或者是允许主目结构（argument structure）在词本身之外就可及（accessible）的原则，即动转中心可承继源动词的主目结构。句法论则认为，复合形式大部分或只在句法中发生，非中心充当动词的主目可以由预先存在的句法原则——动词词干在复合词中也能统治它的补足语（complement）来解释。

合成复合词的形成过程究竟是词法还是句法的，是有争议的。虽然大多数研究认同基础复合词是在词库内通过词系连形成的，但词组也可由词系连而成。因此，不管是合成复合词还是基础复合词都会遇到一个问题——如何与词组区分开来，这是一个长期困扰语言学研究的老大难问题，即复合词与词组的界限问题。关于复合词与词组的界限问题，研究颇丰，主要是从语音、语义、语法三个方面来进行的。

在汉语中，复合词不像 Bloomfield（1933：227）所界定的那样简单。赵元任（1979：181）指出复合词有狭义和广义之分，狭义复合词是指由两个或更多的词结合而成的词；广义复合词是指"不要求复合词的成分都是词……（汉语复合词）包括成分之中有黏着语素的词，只要其中没有语缀"。朱德熙（1982：32）也认为通过"复合"方式得到的合成词便是复合词，"复合"就是"把两个或两个以上的词根成分组成合成词的方式"。而且朱先生认为，这些词根中有的是能单独成词的，有的则不然。可以看出，赵、朱两位先生在汉语广义复合词这一点上，一致认为汉语复合词中可以包含不自由的黏着语素。本研究中的复合词即是这一广义复合词。

从形式上来看，汉语复合词也可分为基础复合词和合成复合词，更多的研究也是围绕后者展开的。这与国际语言学界对合成复合词的形成过程研究存在争议是密不可分的。就汉语合成复合词的研究来看，其观点大致也可分成词汇论和句法论两派。虽然词汇论学者都认为汉语合成复合词是在词法层面形成的，但在经由规则生成过程的理论操作各有各的方法，分歧较大，远未达成统一的观点；句法论学者则认为汉语合成复合词的形成与词组没有差异，但持该观点的学者较少。有关汉语复合词生成语言学的研究详参顾介鑫（2007），此处不再赘述。

如果说印欧语系中复合词与词组的区分是一个难题，那么区分汉语复合词与词组就更难了。朱德熙（1982：33）指出，"由于复合词的结构和句法结构是平行的，所以有时不容易划清二者的界限。"关于汉语复合词与词组分界的研究，也主要从语音、语义、语法3个方面来展开。因此，区分复合词与词组既有形式上的标准（语音的、语法的）也有意义上的标准（语义的）。有时借助形式标准即可区分复合词与词组，有时则需要意义标准作为参考。也就是说，汉语复合词与词组清晰划界绝非一件易事。

（二）认知科学研究

从20世纪七八十年代的心理语言学研究开始，复杂词（complex words）在大脑词库词汇通达及心理表征成为国际认知神经科学领域密切关注的问题。需要说明的是，"复杂词"主要包括派生词（derived words）、复合词（compound words）和屈折词（inflected words）。经过40余年的实验研究，有关复杂词的心理表征方式可归纳为三种主要的理论假说："语素分解模型"（full parsing model）"整词列表模型"（full listing model）和"双路径模型"（dual-route model）。

在汉语中，与国外复杂词识别研究相对的多是双字词的识别研究。从20世纪90年代初到现在，汉语心理学界对双字词的研究较多，其观点与国外复杂词研究结论相似，大致也可归入三类理论模型：语素分解模型、整词列表模型和双路径模型，其中双路径模型较明确的只有并行[①]一种。

语素分解模型 Zhang & Peng（1992）、彭聃龄等（1994）的研究结论支持汉语双字词以分解的语素表征于大脑词库中，且前者指出汉语复合词内语素之间的结构关系（如联合式、偏正式）在认知过程中起作用。

[①] 就双路径而言，并行（parallel）指的是两条路径是同时开启的。与此相对的是串行（cascaded），两条路径在开启时间点上有先后。详见下文的双路径模型。

整词列表模型 张珊珊（2006：111）认为，"词更有可能成为提取和存储的基本语言单位，而不是字、语素和短语"，"我们的实验结果支持中文大脑存储和提取的基本单位更有可能是词，但同时大脑中可能也存在 Aitchison（2003）所说的大脑词库后备程序，在这个后备程序中，额外的后备信息以次要（或是第二）存储形式保存或是附在严格而言的那个固定词库上。在对不同的语言单位进行提取时，存储在大脑词库中的语言单位就直接可以提取，而需要使用后备程序的语言单位就需要经过一个分解或者是重新整合的过程。"作者进一步指出，"语素可能在中文大脑词库不都是独立存储的，而词却具有在中文大脑词库存储的独立存储的证据，在中文大脑词库中，词以比较稳定的状态被存储……"

双路径模型 Peng et al.（1999）、彭聃龄 et al.（1999）、丁国盛、彭聃龄（2006）提出的层间—层内联结模型（inter- and intra-connection model，简称 IIC 模型），认为整词表征和语素的激活是平行进行的，刺激输入（stimulus input）可分别激活整词表征和语素表征。而且，该模型认为语素分解虽然在汉语复合词识别中起重要作用，却并非唯一的通达途径。就语素分解路径和整词列表路径是否在同一时间发生来看，该模型属于并行双路径模型。

另外，在汉语复合词词汇通达研究中，有一些是围绕词汇通达过程中语素表征激活与整词表征激活之间关系展开的，即通过词汇通达来研究大脑词库中整词与语素在心理表征上的关系，而没有把复合词的通达路径作为研究的主要对象。例如，Zhou（1993）、Zhou & Marslen-Wilson（1994，1995，1997，2000）、Zhou et al.（1999）等提出了多层聚类表征模型（multi-level cluster representation model），Taft（1994）、Taft & Zhu（1995，1997）提出了交互激活模型（interactive-activation model）。在上述两种模型中，就汉语复合词的表征结构而言，大脑词库中有语素层和整词层两个不同的表征层，两个表征层内均为网络结构，表征层之间可以相互激活；就汉语复合词的通达过程而言，整词表征的激活起始于语素表征，或者说后者的通达是复合词作为整词被识别的必经阶段。

此外，语义透明度在双字合成词认知过程中的作用较受关注。王春茂、彭聃龄（1999，2000）、王文斌（2001）都认为语义透明度在汉语合成词识别过程中具有决定性的作用。

二 构词规则及其能产性

(一) 语言学研究

从语言学理论研究来看，构词规则及其能产性是词法研究领域的主要问题。Aronoff（1976）指出，研究词法是为了列出一种语言中可能出现的词的类型，那些用于生成词的构词规则（word formation rules）就储存在词库中（与语法中的句法、语音规则互不相干），并且这些构词规则的能产性有高低之分。因此，构词规则自然是词法研究的主要内容，词法的能产性也成为生成词法学（generative morphology）长期关注的问题。

词法能产性一直没有一个很正式的定义。有关词法能产性的研究，往往是通过两种或多种不同的构词规则比较进行的。例如，英语中名词性词缀-ness，-ity 附着于形容词后的对比研究发现前者比后者受限少，一般就认为-ness 的能产性比-ity 高。Aronoff & Anshen（1998：242）将词法能产性非正式地定义为一种语言中某一词缀可能被用于构造新词的程度。作者认为，不能说一个构词方式绝对能产或绝对不能产，而只能说这些构词方式的能产性处于一个能产性从低到高的连续统（continuum）中。该文中，还对词法能产性作了数量（quantitative）、性质（quatilitive）分析。就数量能产性的测量来说，Baayen（1992）在语料库分析的基础上给出了构词方式的增产率（growth rate）和整体能产性（global productivity）两个指标；Aronoff（1982）则通过词典收录词的数量统计分析，给出了词法数量能产性的历时研究指标。

上述词法能产性问题，是以词缀派生来分析的。那么，复合构词的能产性如何呢？复合词从形式上可分为基础复合词和合成复合词，后者在能产性上类似于句法，我们主要研究前者的能产性。具体的问题就是，基础复合词的能产性应如何分析？

这方面的研究，目前来看还很不充分。Selkirk（1982）认为复合构词规则与派生构词规则一样，其能产性也是有高低之分的，并将复合词区分为规则构造复合词（rule-built compounds）和非规则构造复合词（non-rule-built compounds）。而 Spencer（1991：322）曾指出能产性问题在基础复合词的理论探讨中没有被提及，但基础复合词的能产性问题应由短语结构语法（Phrase Structure Grammar, PSG）给出解释，或者通过其他途径，如用次范畴框架（subcategorization frame）来解释进入复合词的词根或词，或用词汇冗余规则（lexical redundancy rule）来解释不能产的词汇化复合词。文中还指出，不是所有的英语基础复合类型都是能产的。能产性由什么控制，是否有必要区分复合类型的能产与不能产等问题都没有展开充分讨论（Spencer, 1991: 324）。

Fabb（1998: 72）也认为复合词的能产性是一个难题。文中指出，词组结构规则是完全能产的，每条规则可以产生无数的词组，这大多可以归因于其规则的递归性（recursion）；但构造复合词的一些规则只能得到很少的真正的复合词。也就是说，作者认为基于构词规则来分析复合词的能产性遇到了问题。于是，Fabb 建议从功能路线（functional lines）来解释某种复合词类型较之其他更有优势，而抛弃形式路线（formal lines）。文中举例分析，认为英语中 NN%N 及 AN%N① 的优势可能是因为修饰-被修饰的结构更容易得到解释。当然，作者同时也指出，这是一个复杂的问题，需要从元理论（metatheory）上考虑功能因素的地位以及能产性的意义。

从结构主义语言学角度来看，语法研究可分为句法和词法两部分，前者研究句子的内部构造，以词为基本单位；后者研究词的内部构造，以语素为基本单位（朱德熙, 1982: 25）。就汉语合成词的构造方式而言，一般有重叠、附加和复合三类。朱德熙（1982: 32）认为复合就是"两个或两个以上的词根成分组成合成词的构词方式"，且这些词根成分之间的结构关系与词组中词与词之间的结构关系一致。词与词之间的结构关系有主谓、述宾（主要为动宾，包含介宾）、述补（主要为动补，包含形补）、偏正、联合等，且"绝大部分复合词也是按照这几类结构关系组成的"。

从词法能产性来看汉语复合构词，偏正式复合构词规则被证明较之其他复合构词规则是一种更为能产的构词规则。陆志韦（1955）明确指出，"现代汉语的构词法上显出下面这一联串现象。(1) 现代汉语里最常听到的词或词组是向心格。（'大红'）(2) 向心格的例子之中，最常听见的是名词性的。（'大黄'）(3) 名词性的例子之中，最常听见的是用名词性成分作为'心'的。（'大人'）(4) 这样的例子之中，前一段的修饰语，最常听见的又多是名词性的。（'铁路'，'羊眼睛'）"汤廷池（1989）也发现，汉语常以偏正式来造新词，表达新奇的事物、概念、事

---

① NN%N 代表的含义是，[NN] 是一类复合名词 N。AN%N 同理，可推知。

态或现象，例如"帅哥、干洗"；常以述宾式复合词来创造动词，表达新奇的动作或行为，例如"飙车、跳槽"。于是，作者认为汉语的新造词倾向以偏正式来创造名词，以述宾式来创造动词，这两类占了新造复合词的绝大多数，而以主谓式[①]、述补式、联合式等造新词的机会较少。在汉语词法研究中，类似 Aronoff（1982）基于词典收录词条的统计分析工作也已经开展。有关汉语词法的能产性，就可以从中找到一些词法数量能产性[②]方面的证据。周荐（2004）根据《现代汉语词典》所收集的 32346 个"双字格"汉语复合词，对其进行构词法分析并分类统计。其中，定中偏正式复合词 13915 个，约占复合词总数的 43%；联合式复合词 8310 个，约占复合词总数的 25.7%；支配式复合词 5030 个，约占复合词总数的 15.6%；状中偏正式复合词 2496 个，约占复合词总数的 7.72%；主谓式复合词 380 个，约占复合词总数的 1.17%。另外，董秀芳（2004）从语料库统计分析角度，总结出了汉语中名词性复合词的强势结构类型是"名名"复合，主要语义模式是"提示特征+事物类"，动词性复合词的强势结构类型是"动动"复合，主要语义模式是"方式或途径+行为或结果"。这些复合名词或复合动词的"强势结构类型"从结构关系来看，大多可归为偏正式，说明汉语偏正复合构词确为一种能产的复合构词法。

从 Anshen & Aronoff（1998）将能产性区分为数量能产性和性质能产性的角度来看，陆志韦（1955）、汤廷池（1989）的研究可归入汉语复合构词性质能产性范畴，而周荐（2004）、董秀芳（2004）的研究则可归入汉语复合构词数量能产性范畴。因此，结合上述两个范畴的汉语复合构词能产性研究，可以得出如下结论：从复合构词数量能产性来看，汉语偏正复合构词是较之其他复合构词而言处在能产性连续统的高端，是一种能产性高的复合构词规则。从复合构词性质能产性来看，汉语偏正复合构词为母语操汉语者所喜闻乐见，亦即受限少，是一种能产的复合构词法。

（二）认知神经科学研究

词法（构词规则）从 20 世纪 70 年代初开始就引起了认知科学界的

[①] 至于那些主谓式新词，汤廷池认为也有可能把部分的例子分析为偏正式，例如"脑死、胎动"等。

[②] 词法的能产性可以从定性（qualitative）和定量（quantitative）两个方面来研究，前者称性质能产性，后者称数量能产性。

关注，而构词规则的能产性研究则相对较少。需要说明的是，我们主要从启动效应来看词法在词汇识别中的作用。以往这方面的研究主要围绕构词规则启动效应的独立性来进行，即通过与正字法启动、语音启动、语义启动的比较来证明构词规则启动在词汇识别中有专门的作用，与上述三者不同。Drews & Zwitserlood（1995）主张，构词规则信息表征层是位于中心表征层与更外围的通达表征①层之间。其中，在通达表征层词项间形式上重叠越多，则相互抑制；而在中心表征层，这些构词规则之间的联系被编码储存。Stolz & Feldman（1995）也曾指出，构词规则效应既不能归为基于形式的效应（form-based effects）——正字法或语音，也不能归为相关语义效应。

构词规则的能产性研究相对较少。Badecker & Caramazza（1998）指出在失语症研究中，失语患者在言语产生过程中的构词规则错误（morphological errors）只发生于屈折变化词和能产的（productive）派生词，而在不能产的（non-productive）派生词中则没有。但 McKinnon et al.（2003）通过事件相关电位（Event-related Potentials, ERP）实验研究，提出相左的结论。该研究从 ERP 上来比较英语中的词（如 *muffler*, *receive*）、不含语素的非词（如 *flermuf*）、由前缀和不能产的黏着词根组成的非词（如 *in-ceive*）。实验发现，由不能产的黏着词根构成的非词引发了与真词极为相似的脑反应；作者认为，即使是由不能产的语素组成的派生词同样也有词法分解（morphological decomposition）过程，不能产的语素也有相应的心理表征。

此外，除词频外，语义透明度在词汇通达研究中受到了较多的关注。在汉语研究中，王春茂、彭聃龄（1999, 2000）、王文斌（2001）均认为语义透明度在汉语合成词识别过程中具有决定性的作用。

整体而言，从通达过程中的控制性因素来看，以往的复合词识别研究多关注词频、语义透明度等因素，复合词的构词规则、构词规则能产性、语素黏着性及组合方式，以及复合词中心性等因素没有得到应有的重视。从研究手段来看，常见以反应时（reaction time）为主要的观察指标的行为学实验研究，却鲜见能反映在线加工的脑科学实验研究。

---

① 一般来说，通达表征也称词形表征，包括词的正字法表征及语音表征，要视刺激呈现通道而定。与词的通达表征相对的是词的中心表征，亦即语义、语法表征。

三 复合词的中心性

(一) 语言学研究

复合词的中心性问题,即复合词是否像词组等句法结构一样也有中心(head)?如果有中心,与词组的中心是否有不同之处?复合词的中心应如何确定?这些问题也是国际语言学界词法研究的重点。

目前,复合词也是有中心的已获得大多数学者的认同。Fabb (1998: 66—67)认为内中心复合词 (endocentric compounds) 即是该复合词有一个中心,这个中心与词组中心的特点相似,它代表复合词的核心含义,且与复合词同属一类词。如"sneak-thief"中"thief"是中心 (sneak-thief 是一种 thief; thief 和 sneak-thief 均为名词)。外中心复合词 (exocentric compounds 或 Bahuvrihi compounds①) 则是没有中心的复合词。

随研究的深入,与词组中心确定方法的变迁相似,复合词中心的确定方法也与结构主义语言学中确定中心所用方法不同了。从确定复合词的操作手段来看,大多以形式为主,以语义为辅,如"IS A"条件 ("IS A" Condition)、特征渗透规约 (Feature-Percolation Convention)、右手中心法则 (Right-Hand Head Rule, RHR)。汉语中则有中心性原则 (Headedness Principle)、汉语复合典型中心位置原则 (Chinese Compounding Canonical Head Position Principle)。以上确定复合词中心的方法,详见第十二章。

(二) 认知科学研究

在认知神经科学研究中,与派生词、屈折变化词等复杂词相比,复合词所占的比重要小得多 (详见第二章第一节)。从 20 世纪 90 年代开始,复合词的中心性问题也一直是认知科学研究关注的对象。就研究内容而言,我们将之归纳为两个部分:一为外中心复合词心理表征的特殊性;二为中心位置 (head postition) 在复合词识别中的作用。早期的研究对外中心复合词的心理表征关注较多,而后期研究多以复合词中心的位置为主。

Sandra (1990)、Zwisterlood (1994) 就荷兰语复合词研究提出,像"klokhuis"(字面义为"钟—房子",而实指"苹果核") 这样的语义不

---

① 该称呼为外中心复合词的 Sanskrit (梵文) 称名。

透明词，与语义透明复合词的心理表征方式是不同的。上述这种语义不透明的荷兰语复合词即可看作外中心复合词。Sandra（1990）认为，荷兰语中这种语义不透明复合词在大脑词库中有独立的中心表征（central representation），与之相对的语义透明复合词则没有独立的中心表征，需要经过其组成成分的激活来完成词汇通达。而 Zwisterlood（1994）进一步认为，即便是这种语义不透明荷兰语复合词，其在词法层（morphological level）也是与其组成成分有联系的，但在语义层（semantic level）上则与其组成成分不再有关联[1]。就复合词中心的位置而言，大多数研究是将复合词（英语、法语、保加利亚语）中心的位置与语义透明度结合进行的，如 Libben（1998，2003）、Jarema et al.（1999）；有的则专门针对复合词（希腊语、波兰语）中心的位置对词汇认知过程的影响，如 Kehayia et al.（1999）。在复合词的认知加工过程中，前者认为复合词中心的位置与语素语义透明度是交互影响的；而后者则认为即使后一个成分才是复合词的中心，但前一个成分仍在启动复合词上更为奏效。

有关成分的位置在复合词认知加工中的作用，汉语也有相应的研究。Zhang & Peng（1992）通过汉语联合式、偏正式复合词的语素累积频率效应研究，提出联合式复合词的识别要依靠两个组成成分的共同作用；而偏正式复合词的识别则主要依靠其前一组成成分。但是，王文斌（2001）认为汉语联合式复合词通达中两个语素的作用并非等同，其作用大小要与复合词的语义透明度结合起来分析，即语素在复合词通达中所起作用的大小是受语义透明度调控的。

第二节 研究目的

我们将在已有相关研究的基础上，通过正常人群的事件相关电位（Event-related Potential，ERP）[2] 实验，失语症患者的神经心理学实验，以及汉语者习得英语词汇、乌尔都语者习得汉语词汇的语言习得实验，尝

---

[1] Zwisterlood（1994）针对语义透明度在复合词通达中的作用，提出一个多层的荷兰语复合词表征观点，认为除了通达表征（access representation，或 formal representation）之外，还有词法层（morphological level）和语义层（semantic level）。

[2] 详见下文第三节主要技术手段：事件相关电位技术。

试从跨学科的角度，借助当代流行的认知神经科学技术手段，以期更为深入、系统地探讨以下 6 个方面的问题。

其一，汉语复合词在大脑词库中究竟以何种形式表征，又是以何种方式来通达意义的？语素黏着性及组合方式是否会影响复合词的认知加工过程？

其二，离合词是汉语中的特殊现象，是一类特殊的汉语复合词。它与词组或一般复合词相比，在词汇通达过程上是否也有相应的特殊性，而表现为既有别于词组，又有别于一般的复合词？

其三，汉语合成复合词的生成机制在语言学理论上素有争议。从认知加工过程来看，合成复合词与基础复合词、短语是否不同？若有不同，又是如何体现的？

其四，构词规则作为词法知识，在人脑中有无特定的 ERP 成分能够反映构词规则的认知加工过程？汉语母语者在学习二语时，其词汇习得是否会受到汉语复合构词规则的影响？若是，又是如何被影响的？

其五，构词规则的能产性是否对汉语复合词的词汇通达有影响？若有，该构词规则能产性调控词汇通达的神经基础又是怎样的？在汉语作为第二语言被学习时，构词规则能产性是否影响二语者的汉语词汇习得？

其六，汉语复合词的中心性问题是备受关注的。外中心复合词、内中心复合词的词汇通达是否有差别？内中心复合词的中心位置（head position）是否影响复合词的词汇通达？

第三节　主要技术手段——事件相关电位技术

在认知神经科学研究中，事件相关电位（Event-related Potential, ERP）技术是一种不可多得的、可实时观察到毫秒（千分之一秒）间认知变化的神经电生理学技术。1965 年，Sutton et al. 首次将该技术用于心理学中注意的研究。1980 年，Kutas & Hillyard 首次发现刺激呈现后 400 毫秒左右出现的一个负波（N400，N 为 Negativity 的首字母）可反映语言中语义加工。至此，事件相关电位技术被广泛地应用到语言认知的研究领域。

一 事件相关电位（ERP）技术原理简介

事件相关电位是基于神经电生理技术发展起来的。与自发电位（Electroencephalogram，EEG）相比，ERP 的波幅小得多，只有 2—10μv。如果不经叠加处理，ERP 是"淹没"于 EEG 之中的，所以 ERP 需要一个提取过程，其原理如图 1-1 所示。

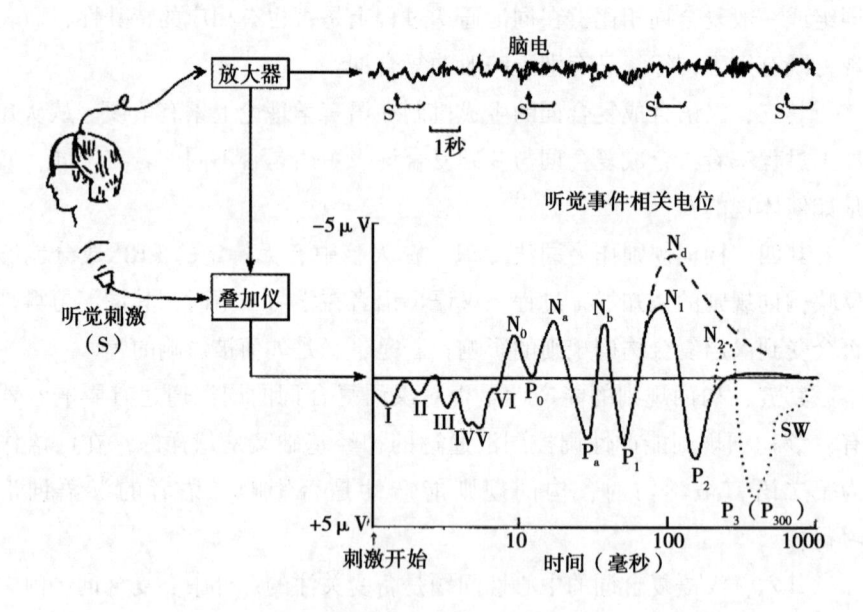

图 1-1 ERP 提取原理示意

资料来源：引自 Hillyard & Kutas，1983。

ERP 的叠加平均处理的基础是 ERP 的两个"恒定"——每次刺激的 ERP 波形恒定，每次刺激的 ERP 的潜伏期（latency）恒定。ERP 是与刺激直接相关的电位，EEG 是自发电位，与刺激没有直接联系。同时，ERP 的波形和潜伏期都是恒定的，所以在叠加时 ERP 可以随叠加次数成比例地增大；EEG 因为不具备 ERP 的事件相关性和两个"恒定"，只能按随机噪声方式加和。在上述的叠加过程中，存在这样一个增长关系：若有 n 次叠加，ERP 的波幅增加为原来的 n 倍，EEG 的波幅只增加为原来的 $n^{1/2}$ 倍，此时信噪比提高 $n^{1/2}$ 倍。举例如下，假设 ERP 的波幅为 5μv，EEG 的波幅为 10μv，在放大器的作用下，经过 100 次叠加之后，ERP 的波幅增加为 500μv，EEG 的波幅增加为 100μv，这时 ERP 就从 EEG 的背景中"浮现"出来了，从而成为可以观察研究的神经电活动。此时的 ERP 波幅值是用叠加后的数值除以叠加次数后得到平均值，即一次刺激的 ERP 波幅值，也就是说 ERP 是平均诱发电位。①

二 ERP 实验步骤

一个完整的 ERP 实验主要包括实时（on-line）刺激呈现、脑电放大、数据采集和离线（off-line）数据分析，详见图 1-2、图 1-3。

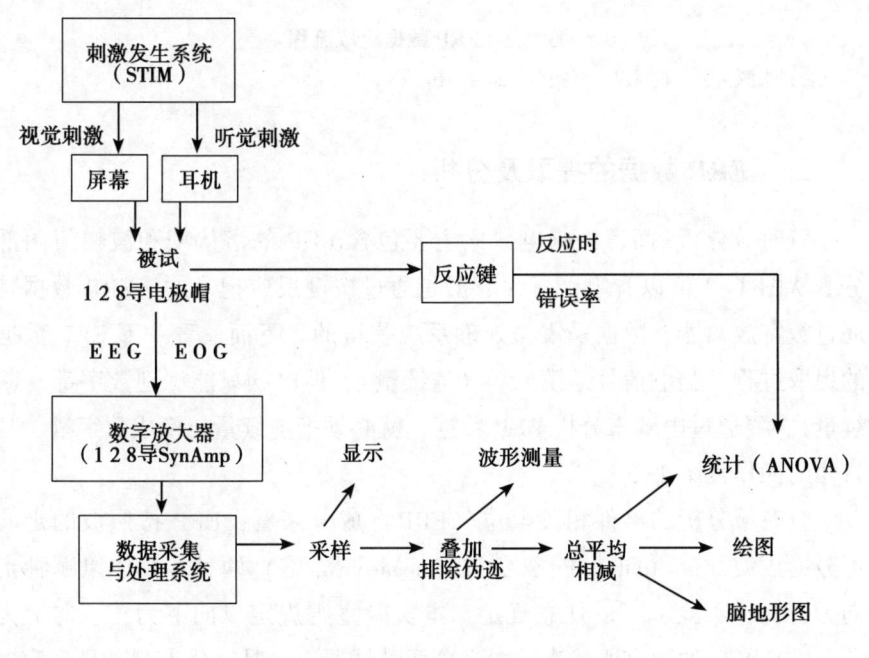

图 1-2 ERP 实验流程

资料来源：引自魏景汉、罗跃嘉，2002：286。

其中，实验前的实验设计及频带宽度的设定等虽然没有列入流程图中，但它们在整个 ERP 实验的作用却是非常重要的。

---

① 叠加和平均是建立在 ERP 的两个"恒定"的基础上的，同时也须承认每次刺激都是同质的。也就是说，在 ERP 实验中是忽略同类刺激之间的差异的。

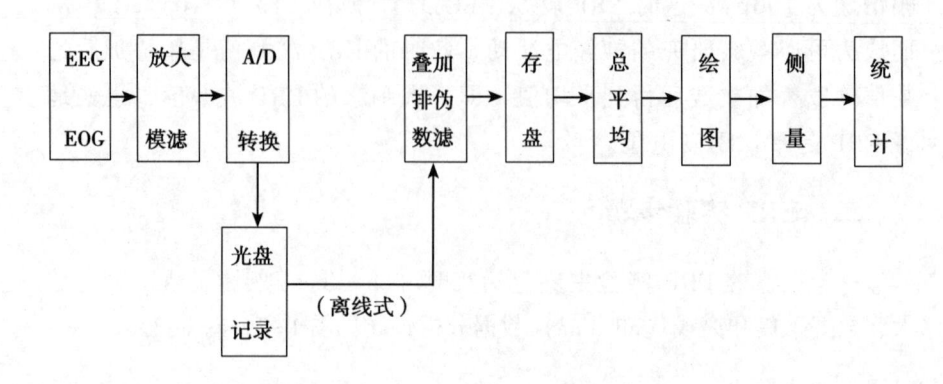

```
EEG ─┐
     ├→ 放大  → A/D  → 叠加    → 存 → 总  → 绘 → 侧 → 统
EOG ─┘  模滤    转换    排伪     盘   平    图   量   计
                        数滤          均
                         ↑
                         │
                      光盘
                      记录
                    （离线式）
```

图 1-3　ERP 数据提取流程

资料来源：引自魏景汉、罗跃嘉，2002：10。

三　ERP 数据的提取及分析

就时域分析[①]而言，脑电数据主要包含 ERP 的潜伏期和波幅值两部分。从图 1-2 可以看出，行为数据是通过按键反应记录的；ERP 数据是通过数字放大器、数据采集与处理系统获得的。下面，看一下 ERP 数据的提取过程。脑电信号是模拟量（连续量），但电脑只能识别数字量（断续量），要通过电脑来分析 ERP 数据，就必须把连续量转换成数字量，其具体的操作见图 1-3[②]。

就时域分析的事件相关电位（ERP）成分来看，ERP 按照波的走向可分为正波（positivity，P）、负波（negativity，N）两种。具体以哪种走向为正，各实验室可以任意规定，本实验室则规定以向下为正，向上为负。P 或 N 后的数字所代表的含义分两种情况。一是，代表刺激呈现后多少毫秒（ms）时（即潜伏期，ERP 时间分辨率可达到千分之一秒）达到波峰（例如，N400 是一个在刺激呈现后约 400ms 时达到波峰的负波，P600 则是一个在刺激呈现后约 600ms 时达到波峰的正波）；二是，代表刺

---

① 脑电数据分析现主要有两种，一为时域分析，分析脑电信息所反映的认知加工的时间进程，主要有潜伏期、波幅观察指标；一为频域分析，分析脑电信息所反映的人脑功能状态（兴奋或抑制），主要观察脑电的频段组成。

② 因 ERP 是被"淹没"在自发脑电（EEG，electroencephalogram）之中的，所以在此只列出 EEG 和 EOG。EOG（electrooculogram）为眼电，即由于眼动而产生的电位变化。

激呈现后出现的第几个 ERP 成分（例如，N1 则代表第 1 个出现的负波；而 P2 代表第 2 个出现的正波）。正是因为 ERP 有上述两套命名系统，以潜伏期命名的 ERP 成分与以出现顺次命名的 ERP 成分会出现同指的情形。例如，刺激呈现后大约 150ms 达到波峰的 P150，因为是刺激呈现后第二个出现的正波，也可称为 P2；同样地，刺激后大约 200ms 达到波峰的 P200，也因为是刺激呈现后第二个出现的正波，也可称为 P2。

在设计 ERP 实验时，要设置不同的条件来观察研究对象。与此相应，在解释实验结果时，就要分析比较不同实验条件下刺激的 ERP 的波形，其中包括潜伏期、波幅及其头皮分布的对比等，考察这些实验条件是否影响拟考察的认知加工活动，以得出相应的神经电生理学方面的结论。

第二章 复合词认知中语素黏着性的影响以及与词组的比较

绪论中已指出,复合词因其在语言中的特殊地位不仅是语言学研究的焦点问题,也是认知神经科学研究密切关注的对象。

第一节 复合词与词组的语言学区分

一 普通语言学研究进展

在结构主义语言学研究中,Bloomfield(1933:227)认为复合词是由两个或两个以上的自由语素组成的,如 doorknob, wild-animal-tamer, truck driver 等,这些自由语素单用时即是一个独立的词,合用时即是一个复合词。随着研究深入,复合词从形式上被分为基础复合词(如 houseboat)与合成复合词(如 truck driver)两类。① 从其组成来看,前者是系连(concatenated)的词;后者则由动转中心(deverbal head)与填充该动词主目(argument)的非核心成分(nonhead)组成(Spencer, 1991:319)。

就基础复合词而言,一般认为是在词库内由词系连而成,其形成过程为词法的。这点已获得生成语言学界的广泛认同。就合成复合词来说,在形成过程这一点上学界未达成一致意见,主要分两种观点:一为词汇论(lexicalist thoery),一为句法论(syntactic approach theory)。词汇论认为,复合是指词系连成词的一类构词类型,因此是词汇组织的问题;复合所表

---

① 有关复合词的形式分类,除基础复合词(primary compounds)和合成复合词(synthetic compounds)说法外,还有一种说法是词根复合词(root compounds)和动词复合词(verbal compounds)。

现的句法效应本质上是词法规则，或者是允许主目结构（argument structure）在词本身之外就可及（accessible）的原则，即动转中心可承继源动词的主目结构（Selkirk, 1982; Lieber, 1983; Di Sciullo & Williams, 1987; Booij & Van Haaften, 1988）。句法论则认为，复合形式大部分或只在句法中发生，非中心充当动词的主目可以由预先存在的句法原则——动词词干在复合词中也能统治它的补足语（complement）来解释（Fabb, 1984; Sproat, 1985; Lieber, 1988）。

合成复合词的形成过程究竟是词法还是句法的，是有争议的。虽然基础复合词是在词库内通过词系连形成的，但词组也可由词系连而成。① 因此，不管是合成复合词还是基础复合词都遇到一个问题——如何与词组区分开来，这是一个长期困扰语言学研究的老大难问题，即复合词与词组的界限问题。关于复合词与词组的界限问题，研究颇丰。这里从语音、语义、语法三个方面来简略回顾一下以往这方面的研究。②

1. 语音方面

Chomsky & Halle（1968）在 SPE（the Sound Pattern of English）理论中提出复合重音规则（Compound Stress Rule, CSR），认为由两成分组成的真正复合词，其重音分布在左边的那个成分上。但是，由两成分组成的词组，其重音往往落在最右边的那个成分上。这样，通过重音就可以把英语的复合词与词组区分开来。

2. 语义方面

复合词内组成成分的意义不定指（nonreferentiality），不像词组内组成成分的意义大多是定指的。例如"*student film society*"中的"*student*"或"*film*"均不具体指哪一学生或哪一部电影（Spencer, 1991: 312）。

3. 语法方面

Fabb（1998: 71—72）指出在复合构造规则上没有真正对等的 X 杠理论作为约束，很明显，复合词不需要一个核心（head），或更普遍地说，很难发现复合词结构中有类似词组中 X 杠理论表现的概括性；而且复合构造规则（compound-building rules）很少是递归的，英语中最清晰

---

① Spencer 曾指出复合（compounding）是将两个词系连起来形成另一个词，这就与句法词组的形成过程难以区分。（Spencer, 1998: 128; Spencer, 1991: 319）

② 黄月圆（1995）对复合词与词组的区分作过较为系统的述评。

的递归类型是 NN%N 结合①。另外，词汇整体性原则（Principle of Lexical Integrity）②与无短语制约（No Phrase Constraint）是将复合词与词组划分开来的重要语法标准。其中，词汇整体性原则还区分为强词汇论假说（strong lexicalist hypothesis）和弱词汇论假说（weak lexicalist hypothesis）。前者认为句法规则对词的组成成分不能进行修饰（modify）、移位（move）或删除（delete）（Lapointe，1980；Di Sciullo 和 Williams，1987）。后者认为派生构词是在词库内实现的，而屈折构词则通过句法来完成。③ 无短语制约由 Botha（1981）提出，认为构词规则（Word Formation Rules，WFR）总是对一个词，而不可能是一个句法短语进行操作。当然，对词汇整体性假说和无短语制约而言，例外情形都是存在的。如汉语中的动宾型离合词"理发"作为复合词就违反了词汇整体性假说，英语中的"[blank and blue] ness，[at home] ish，[open air] y"则违反了无短语制约（Scalise & Guevara，2005：164）。

二　汉语研究进展

在汉语中，复合词不像 Bloomfield（1933：227）所界定的那样简单。赵元任（1979：181）指出复合词有狭义和广义之分，狭义复合词是指由两个或更多的词结合而成的词；广义复合词是指"不要求复合词的成分都是词……（汉语复合词）包括成分之中有黏着语素的词，只要其中没有语缀"。朱德熙（1982：32）也认为通过"复合"方式得到的合成词便是复合词，"复合"就是"把两个或两个以上的词根成分组成合成词的方式"。而且朱先生认为，这些词根中有的是能单独成词的，有的则不然。可以看出，赵、朱两位先生在汉语广义复合词这一点上，是一致认为汉语

---

① NN%N 代表的含义是，[NN] 是一类复合名词 N。

② 有时也称为词汇整体性假说（Lexical Integrity Hypothesis，LIH），且词汇整体性假说的表述不一。Lapointe（1980：8）提出"普遍词汇假说"（Generalized Lexicalist Hypothesis），认为句法规则不适应于形态结构的成分分析；Selkirk（1982：70）提出"词结构自主性条件"，认为涉及词结构和句结构两个范畴的移位转换的删除是不存在的；Di Sciullo & Williams（1987：49）则提出"原子性论点"（The Atomicity Thesis），认为词汇在词组句法层面、词组语义层面都是"原子的"。词汇虽有"特征"（或者说特性），但这些特征没有结构，而且这些特征与词内部构成间的关系与句法没有关联。

③ Aronoff（1976）支持弱词汇论假说。

复合词中可以包含不自由的黏着语素的。本书中的复合词即是这一广义复合词。其实，Aronoff（1976）曾指出英语中也有一些由独立证实的词（independently attested word）与另一语素——该语素既非独立证实的词也不像一个词缀——组成的词，如"church‐*goer*, iron*monger*, *tele*vision, *cran*berry"。①

从形式上，汉语复合词也可分为基础复合词和合成复合词，前者如"国家、房屋、选择、分析、瓷花瓶、苹果树、数学公式"（何元建、王玲玲 2005 年用例），后者如"伴郎、放牛娃、话剧演员、节目主持人"等（顾阳、沈阳 2001 年用例）。目前，针对汉语基础复合词的语言学研究很少，更多的研究是围绕合成复合词展开的。这与国际语言学界对合成复合词的形成过程研究存在争议是密不可分的。就汉语合成复合词的研究来看，其观点大致也可分成词汇论和句法论两派。虽然词汇论学者都认为汉语合成复合词是在词法层面形成的，但在经由规则生成过程的理论操作各有各的方法，分歧较大，远未达成统一的观点；句法论学者则认为汉语合成复合词的形成与词组没有差异，但持该观点的学者很少。有关汉语复合词生成语言学的研究详参顾介鑫（2007），此处不再赘述。

如果说印欧语系中复合词与词组②的区分是一个难题，那么区分汉语复合词与词组就更难了。汉语中复合词与词组的分界问题，从一开始就是"烫手的山芋"。朱德熙（1982：33）指出，"由于复合词的结构和句法结构是平行的，所以有时不容易划清二者的界限。"关于汉语复合词与词组分界的研究，可以分语音、语义、语法三个方面来看。

（一）语音方面

赵元任（1979：144）指出"英语里能根据重音分布情况来决定是词还是短语，汉语无此便利"，且在"主从结构"（即通常所说的偏正结构）

---

① 这些复合词与霍凯特（2002：259—260）列出的词根复合词（如"*telegraph*, *telephone*, *phonograph*, *photograph*, *gramophone*, *photostat*"）相似但不同，似在"直接成分都不是派生词缀"，异在"没有一个直接成分（正文中斜体部分）本身是词干"。

② 杨亦鸣、李大勤（1994）提出短语有两类，一类是在句子切中分得到的，可能是不自足的，属于一种动态单位；另一类则是由更底层的成分组合而得出，属于一种备用的静态单位。我们赞同该观点，且我们以后者为对照来研究基础汉语复合词的词汇通达，故采用"词组"称呼以与基础复合词相对。

中,"如果两部分都是F①,而中心词是轻声,结果也是复合词"(如"客人、大人、元宝胡同")。赵先生还指出在节律方面吴语方言里复合词内部的变调跟词与词之间的变调不同(赵元任,1979:81);在联合结构中如果有轻声字,则为复合词,如"铺盖、厉害"(赵元任,1979:188),在动宾结构中如果宾语读轻声且宾语不为代词,则为复合词,如"修行、得罪、抱怨"(赵元任,1979:198)。朱德熙(1982:33)则概括地指出,"后一个音节是轻声的格式是复合词"。

另外,冯胜利(1998)在汉语音步理论中提出:汉语的构词音步从左边算起,为"右向音步";而词组音步为"左向音步",从右向左。

(二)语义方面

赵元任(1979:183)指出,"总的说,多数短语的意义是综合的,如'有衣裳','一杯茶'。只有少数短语(当然,绝对数目还是很大的)的意义是词汇的②,即惯用语,例如'有意思','半瓶醋'。反之,多数复合词的意义是词汇的,如'大衣','光阴'。只有那些由特殊种类的语素构成的复合词的意义才是综合的,这种复合词是临时词,如'三天','跳出来'。"朱德熙(1982:34)认为"句法结构的意义是它的组成部分的意义的综合,复合词的意义却不一定能从组成部分的意义看出来"(如"大方"),"这种意义上的分析对于区分复合词和句法结构的界限是有用的。"朱先生同时指出,"光凭意义来划界是靠不住的,因为一方面有许多复合词的意义也是其组成成分意义的综合。例如'扩大、鸭蛋';另一方面,有些熟语性的句法结构有特殊的词汇意义,光从组成成分的意义也是推断不出来的,例如'半瓶醋''有意思'(有趣)。"

(三)语法方面

该方面的研究主要有两个角度,一是结构内组成成分的性质,即是黏着的还自由的;二是结构能否扩展,即结构内能否插入其他成分,或结构内组成成分能否被修饰。下面限定汉语双音节结构范围,概括介绍语法方面的研究。从结构内组成成分的性质来看,若其中有一个是不定位黏着语素,则该结构为复合词;若其中两个组成成分均为自由语素,则该结构可

---

① F指结构主义语言学中的自由形式(free form),这里以F称代自由形式。同样,B指黏着形式"bound form",以B称代黏着形式。我们在复合词内部结构分析中也采取这种做法。

② "词汇的"即指意义专门化。

能是复合词,也可能是词组。从结构能否扩展的角度来看,不能扩展的是复合词,能扩展的是词组(赵元任,1979:182—183,197;朱德熙,1982:33—34)。另外,还有从结构是否为外中心的(exocentric)来区分复合词和词组,也就是说,某结构按直接成分分析应为内中心结构(endocentric structure),但该结构在语言使用中却以外中心的身份出现,如动宾结构"填房"、联合结构"彼此"(赵元任,1979:183;188)。

综上所述,区分复合词与词组既有形式上的标准(语音的、语法的)也有意义上的标准(语义的)。有时借助形式标准即可区分复合词与词组,有时则需要意义标准作为参考。也就是说,对复合词与词组清晰划界也不是一件容易的事,汉语尤甚。

另外,还有一个问题需要说明。在分析复合词内语素是自由还是黏着时,确定的标准是什么?这里面隐含着两个小问题,一是语素的黏着和自由应如何界定,二是分析对象问题,即是选进入复合词之前的语素,还是选进入复合词后的语素。

先看如何界定语素是自由还是黏着。语素通常被定义为最小的有意义的语言成分,是语言层级中最小的语法单位(朱德熙,1982:9;吕叔湘,1979:13)。就自由和黏着来看,朱德熙(1982:9)认为能单独成句的语素叫自由语素(如"好、来、看、我、书、葡萄"),不能单独成句的语素叫黏着语素(如"日、民、衣、银、也、很、吗")[①]。就能否单独成句问题,杨锡彭(2003:203)认为不宜用于判断语素的自由或黏着。作者指出语素的自由与否应从构词能力来分,说某语素"自由"是指该语素能"成词",说某语素"黏着"是指该语素"不成词",即以能否独立成词为标准来区分语素是自由还是黏着。而这恰恰与朱德熙(1982:11)区分成词语素与不成词语素的标准是相同的,即能否单独成词。但是词也有自由和黏着之分,而且杨文也承认"词应在句子平面根据是否能单独成句来区别自由词与黏着词",这就导致以能否成词为标准来区分语素的自由与否可能不会从根本上解决问题。因此,依据能否成词来判断语素的自由与否的可行性是有待商榷的。

但是,这并非说依据能否单独成句就可以完全地划分自由语素和黏着语素。"旗"有"旗子、一面旗"的组合,"旗"虽然不能自由说(单

[①] 陈光磊(2001:11)持相同观点。

说）但可自由用（独用），即有一定程度的自由（赵元任，1979：85）。所以，能否单独成句的标准失之过严，把那些不能单说但可独用的语素排除在自由语素之外，与黏着语素等同看待似有不妥。

至于分析对象问题，赵元任（1979：80）曾指出，"梨"本身可以单独说，是自由形式（F）；但在"凤梨""梨园"中"梨"与"凤"或"园"中间无停顿，在这两个复合中"梨"就是黏着形式（B）。因此，赵先生认为一个自由语素只是有时候自由，而一个黏着语素是永远黏着。由此来看，语素在进入复合词前后的性质可能有不同的说法。那么，对复合词进行语素性质分析，应作何选择呢？赵元任（1979：197）明确建议，"成分之为F或B，要看它进入复合词时候的情况"。

上述这部分内容，概括介绍了与本研究相关的复合词语言学研究内容。总体来看，复合词与词组的生成过程是不同的。虽然合成复合词的生成过程还存在争议，但普通复合词在词库中通过系连生成，属一构词过程，而非句法过程，已经获得生成语言学界的认可。存疑的问题是，这种词法过程的系连如何与词组生成的句法过程的系连区分开来，且这个问题在汉语中显得尤为棘手。有关复合词与词组的区分，有语音、语义、语法三种途径，而在汉语中主要依靠语法手段，语音、语义方法通常作为辅助。接下来，我们简要回顾一下复合词在认知神经科学领域研究进程。

第二节 复合词词汇通达及心理表征研究

一 国外研究进展

从20世纪七八十年代的心理语言学研究开始，复杂词（complex words）在大脑词库词汇通达及心理表征成为国际认知神经科学领域密切关注的问题。"复杂词"这里主要包括派生词（derived words）、复合词（compound words）和屈折词（inflected words）等，如 *worker*, *quickly*; *blackboard*; *girls*, *worked* 等。[①] 经过30余年的实验研究，有关复杂词的心

---

① McQueen & Cutler（1998：414）指出，用性质不同的表征来解释屈折变化形式、派生形式和复合形式显得没有必要。该观点是否经得起推敲，暂且不提，因为这不妨碍下文以复杂词为对象来回顾国外以往的研究。但我们主要关注复合词研究。

理表征方式，概括起来主要有三种理论假说："语素分解模型""整词列表模型"和"双路径模型"。

（一）语素分解模型

该假说认为那些完全规则、透明的（transparent）复杂词总是通过它们的组成语素识别的。在语素分解模型中，分解程序（parser）先识别复杂词的组成语素，再通过识别出的组成语素的意义计算出复杂词的意义。在复杂词词汇通达中，词干（stem）意义通达的时间由该词干的累积频率①（cumulative frequency）决定。每一个包含词干的复杂词的词义通达都首先要识别并通达该词干的意义，然后再计算出复杂词的意义。所以，该模型中该词干的激活水平是词干在包含它的透明复杂词中出现总计频率的函数（function）。与单语素词干相比，包含词干的复杂词加工需要更多时间。因为后者除了识别词干本身需要时间外，分解程序对复杂词进行分解、在识别词干与词缀意义的基础上计算复杂词的意义需要一些额外的时间。在语素分解模型中，表面频率（surface frequency）在词汇识别（word recognition）中不起作用，只有那些组成复杂词的语素的频率可以调控词汇识别过程。该假说由 Taft & Forster（1975）提出。

（二）整词列表模型

Butterworth（1983）认为，所有的词都列于大脑词库②（mental lexicon）中，与其词法组成无关。词汇识别除了词汇查寻（lexical look-up）外，没有其他的运算过程。作者指出，那些确实存在的词法规则可能作为后补程序（back-up procedures）而发挥作用，但可能仅仅是类推（analogy）性质的"元规则"（meta-rules），以便在词汇查寻中利用存储形式间的相似性。该假说认为，复杂词的组成语素在词汇识别中是不起作用的，决定词汇识别快慢的是表面频率，而非词干累积频率。Seidenberg & McClelland（1989）也认为复杂词的词汇通达是一个快速的联合加工过程，这里不会利用那些词法信息。但是，后续实验研究中的词

---

① 词干累积频率指该词干单独出现，以及在包含该词干的复杂词中出现的总计频率（summed frequency）。与此相对的表面频率（surface frequency）指由词干生成的复杂词出现的频率。

② Mental lexicon 有人译为"心理词典"，我们采用杨亦鸣等（2001）的译名"大脑词库"，以与生成语言学界的"词库"对应。

法规则启动效应（morphological priming effect）或累积频率效应（cumulative frequency effect）表明，词法规则的作用可能不仅仅是作为"元规则"来类推，也可用于调控派生词、屈折变化词等复杂词在大脑词库中的组织形式（Drews & Zwitserlood, 1995）。

进一步来看，派生词和屈折变化词在大脑词库中是如何组织的？两者的组织形式是否相同呢？这些问题自然成为研究兴趣所在。McQueen & Cutler（1998: 413, 424）主张派生词和屈折变化词在大脑词库中或许没有性质差异，将二者区分开来没有必要。但是，Aitchison（2003: 136）则认为这两者有不同组织，屈折词缀及其词干存储于大脑词库中，一般在言语过程中需要的时候才附加到词干上；而派生前缀、后缀则在大脑词库中就已经附加在词干上了。关于派生词在大脑词库中的组织形式，Aitchison（2003: 133—136, 175—177, 186—187）认为派生词以整词列表于大脑词库的主词库（main Lexicon）中，而伴随派生词的后补信息（back-up information）又使得派生词以分解的语素形式存储在后补库（back-up store）中，在与后补库相联的词汇工具箱（lexical tool-kit）里则存有与之相关的派生构词规则。以英语为例，kindness 作为整词 kindness 列表于主词库；而在后补库中则被分解成 kind-ness，并与其他以 -ness 结尾的派生词相关联，如与 goodness, happiness 关联起来；而且，后补库中派生词的分解存储与词汇工具箱里的派生构词规则也关联起来，即与形容词后附加 -ness 可形成一个新的名词这条规则相关联。①

（三）双路径模型

双路径的含义是指，复杂词在该模型中既可以语素分解的方式通达，也可以整词列表方式通达。近来，一系列意大利失语症研究表明，复合词在词汇通达及心理表征上也表现为双路径模式（Luzzatti et al., 2001; Mondini et al., 2002; Mondini et al., 2004; Mondini et al., 2005）。

按 Baayen et al.（1997）的观点，双路径模型已经发展出两个亚类：即串行双路径模型（cascaded dual-route model）和并行双路径模型（parallel dual-route model）。在 Baayen et al.（1997）基础上，我们将串行双

---

① 据作者相关表述，复合词在大脑词库中的组织形式与派生词类似。参见 Aitchison（2003: 135—136）。

路径模型进一步区分为整词列表优先型——AAM 模型（Augmented Addressed Morphology Model）和语素分解优先型（Taft，1979，1994）。

首先看整词列表优先的串行双路径模型——AAM。早期研究（Burani & Caramazza，1987；Caramazza et al.，1988；Laudanna & Burani，1985）将 AAM 作如下解释："熟知"（"known"）①词通过直接路径（即整词列表方式）通达其含义，少见或新异的词法上有规则、正字法上透明的复杂词则通过间接路径（即备选的语素分解方式）完成词汇通达。所谓"整词列表优先"，即是指在复杂词的词汇通达中，间接路径只有在直接路径执行完毕后才发挥作用。后来的研究（Laudanna & Burani，1995；Chialant & Caramazza，1995；Burani & Laudanna，1992）认为"整词列表优先"不是绝对的，那些表面频率低但内部语素频率高的复杂词可能选择此时更为有效的间接路径——语素分解方式完成词汇通达。在 AAM 模型中，表面频率效应可看成是通达表征（access representation）不同的静息激活（resting activation）水平。就词干累积频率效应而言，一些研究（Burani & Caramazza，1987；Laudanna & Burani，1985）认为该效应反映了中心表征可以启动与之相关联的所有通达表征；另一项研究（Caramazza et al.，1988）则认为，该效应可能反映通达表征水平的正字法表征情况，也可能反映中心表征水平的分解的词条（decomposed lexical entries）表征情况；还有研究（Laudanna et al.，1992）认为该效应只发生于中心表征水平。

接下来看语素分解优先的串行双路径模型。与 Taft & Forster（1975）坚持单一的语素分解通达不同，Taft（1979，1994）认为，在中心词库（central lexicon）中存在整词列表通达路径，不过在选择整词提取（full-word retrieval）路径之前，语素分解路径还是被强制执行的。目前，Taft（2004）仍然坚持认为复杂词识别中是存在这种强制分解（obligatory decomposition）的。在该模型中，依据表面频率可在中心词库中为一个给定的语素列出可与之组合的语素。而词干频率效应只发生于通达表征水平，即具有相同词干累积频率的复杂词通达其中心系统（central system）所用时间相同。

最后来看并行双路径模型。该假说由 Schreuder & Baayen（1995）、

---

① Caramazza 等（1988）认为一个词是否认作"熟知"，需要参照语言习得方面的研究。

Baayen et al.（1997）、Baayen & Schreuder（1999）提出。与上述串行双路径不同的是，该模型认为，在词汇识别时语素分解这一间接路径和整词列表这一直接路径是同时开始的。

该并行双路径模型是在扩散激活网络理论框架基础上发展起来的，该模型的表征分 3 个水平：基于刺激形式有通道特异性（modality-specific）的通达表征层（lexemes）、整合结点（integration nodes）层（lemmas）、语义和句法表征层。在该并行双路径模型中，其直接路径将整词的通达表征投射（map）到与之相联的 lemma 节点，然后激活其语义和句法表征。与直接路径同步，间接的语素分解路径也分 3 个不同的阶段进行，依次为切分（segmentation）、允准（licensing）和组构（compostion）。在切分加工阶段，词缀和词干的通达表征与整词的通达表征同步激活，导致词干、词缀在 lemma 节点的激活。在允准加工阶段，激活成分的次范畴化（sub-categorization）特征的相合性（compatability）被核查（check）。也就是说，一个语素的次范畴化特征规定可以与之组合成一个词的另一个语素应有的特征。例如，英语后缀 -ness 被次范畴化为粘附至形容词，而不会是动词：*kindness*，* *thinkness*。在组构加工阶段，复杂词的意义经由其成分的意义计算而得以通达。

另外，有关语义透明度问题，Schreuder & Baayen（1995）认为是指复杂词的语义表征与组成该复杂词的各组成成分的语义表征的重合程度。复杂词与其组成成分的语义表征重合越多则语义透明度越高，反之则越低。而且，Schreuder & Baayen（1995）还认为，从语义、句法表征层经 lemma 结点到信号体现的复杂词内组成成分通达表征层，存在一个激活反馈（activation feedback）机制。作者进一步指出，激活反馈被假定只允许累积频率效应发生于透明复杂词，且随时间推移，激活反馈将并行双路径模型调节为语素分解路径有利于透明词通达，而不利于语义不透明词通达。

众多研究表明，语义透明度在词汇通达过程中扮演一个重要角色，某种程度上说词汇通达受控于语义透明度（Morris et al.，2007；Schirmeier et al.，2004；Feldman et al.，2004；Libben et al.，2003；Jarema et al.，1999；Feldman et al.，1999；Libben，1998；Schreuder & Baayen，1995；Zwitserlood，1994；Sandra，1990）。

二 汉语研究进展

相关研究介绍见绪论第一节"一 复合词与词组的区分"中第二部分。

汉语复合词的心理表征及词汇通达，至少还有两方面的问题亟须解决。一是在大脑词库中，汉语复合词心理表征的内部结构是一种整词形式还是分解的语素形式？二是在汉语复合词的词汇通达中，是只采取单一路径的语素分解或整词列表方式，还是采取包含上述两种方式的双路径？

而且，从语言学角度来看，汉语双字词可能是单纯词，也可能是合成词，而且合成词视其构造又可分为重叠、附加和复合三种。在以往的汉语词汇认知研究中，汉语双字词的这种略显复杂的区分有时并没有被严格执行。这从其研究对象的名称为"双字词"就可见一斑。但这种严格区分是绝对必要的，因为合成词内重叠、附加和复合分别代表了不同机制的构词法，其心理运算过程可能也就不同，决定了这些不同类型的合成词词汇通达及心理表征可能也不同。

因为复合词与词组在语言层级上分属不同的层级，所以其生成过程的关涉内容可能也因此而不同。虽同为系连，但复合词在词库内，而词组则在词库外。在探讨复合词认知加工的认知神经科学研究中，通过与之高一层级的词组作对照来分析复合词的词汇通达及心理表征的，鲜有触及。若通过实验研究，或许能更为深刻地解释复合词和词组的差异，同时解决认知神经科学研究中关注的复合词的通达及心理表征问题。

另外，吕叔湘（1959，1962）认为复合构词是汉语构词法的最主要的一种类型。从统计数字上来看，复合词在现代汉语词汇体系中的地位也是极其重要的，据周荐（1994：19）统计，仅双音复合词就占《现代汉语词典》所收条目的57.8%。鉴于双音节复合词在汉语词汇体系中的重要地位，我们先将研究对象定为汉语双音节复合词。以往，汉语词汇识别研究多关注词频、语义透明度等，却忽略了词汇语素黏着性及组合方式在认知过程中的作用。因此，本章将在控制词频、语义透明度、复合词的语素黏着性及组合方式的前提下，以汉语双音节词组作对照，来考察汉语双音节复合词的通达及心理表征方式，并探讨上述各因素在汉语双音节复合词识别中的作用。

第三节　高频复合词与词组比较的 ERP 实验研究

以事件相关电位技术为手段，我们将通过下述几个实验来分析词频、语义透明度、复合词语素黏着性及组合方式因素是如何影响汉语复合词识别过程的。在神经电生理学实验分析的基础上，通过与词组的对照，讨论汉语复合词词汇通达及心理表征问题。

一　实验受试

本实验选择徐州师范大学不同专业的 16 名健康大学生做受试，男 8 名，女 8 名，年龄 18—22 岁，平均年龄为 20 岁。经爱丁堡量表测量（Oldfield，1971），均为右利手，家族中无神经或精神疾病史，视力或矫正视力正常。受试者在实验前阅读知情同意书并签字，实验后被给予一定报酬。

二　实验刺激材料

实验刺激材料包括双音节复合词、词组，双音节复合假词[①]、假词组。双音节复合词选自《现代汉语频率词典》（北京语言学院出版社，1986）中"表四（3）生活口语中前 4000 个高频词词表"，如"妇女、汽车、高兴、了解"等。双音节词组从国家语委网上免费语料库（http：//www.clr.org.cn/retrieval/linkl.htm）和《汉语常用动词搭配词典》（王砚农、焦庞颙编，外语教学与研究出版社，1984）选取，主要包括偏正词组（如"更大"）和动宾词组（如"喂鸡、买书"）。

双音节复合假词是指由拆开双音复合词后得到的一批语素随机组合而无所指（signifié）的语素组合，如"邻德、敌活、茶本、开雨"。双音节

[①] 之所以用复合假词而不用假复合词，是因为何元建、王玲玲（2005）认为汉语中存在假复合词，如"开创事业者、少儿合唱团；地震、签名；刺客、拖鞋"等，另外假复合词也会让人联想到与复合词相对的单纯词或词组。并且，英语中也有假复合词现象，如"*babysit*, *air-condition*, *bartend*"。Spencer（1991：322）称这类词为表面复合词（apparent compounds），认为这类词的形成过程与真正复合词的系连不同，属于一种逆构词法（backformation）。双音节

假词组指的是由拆开双音节词组后得到一批单音节词随机组合而无意义的双音节词组，如"避布、很锅"。

实验刺激材料除了频率控制（高频）外，还有复合词语义透明度、语素黏着性及组合方式两个方面的界定。就复合词语素黏着性及组合方式而言，本实验依据赵元任（1979）有关语素自由与否的标准，将所选高频复合词分成"黏着—黏着"（BB）"黏着—自由"（BF）"自由—黏着"（FB）和"自由—自由"（FF）四种类型，如"消息、商业"（BB）"对门、拥护"（BF）"眼力、家乡"（FB）和"水泥、争取"（FF）。

从语义透明度来看，本实验对选出的高频复合词作整词与语素语义相关程度的 5 度量表调查，具体测查方法见附录 1。① 某一复合词的语义透明度的大小是通过以下统计过程得出的。在测试中，受试者要根据自己的语感对该复合词与前、后两个语素间的语义关联度做出判断，并按 5 度量表给出相应的两个分值，这两个分值的平均值便表示该受试者对这个复合词语义透明度的心理判断。将所有受试者的此项平均值再做总平均，即得出该复合词语义透明度的数值。经统计分析，本实验将语义透明度数值≤2.4 的复合词定义为低语义透明度复合词（下文简称为低透复合词），如"消息（BB）、对门（BF）、眼力（FB）、水泥（FF）"；将语义透明度数值≥3.1 的复合词定义为高语义透明度复合词（下文简称为高透复合词），如"商业（BB）、拥护（BF）、家乡（FB）、争取（FF）"。

实验刺激共 560 个，其中双音节复合词 245 个、双音节词组 35 个，与之相匹配的双音节复合假词 245 个、双音节假词组 35 个。双音节复合词内分低透 BB 型、FB 型、FF 型，高透 BB 型、BF 型、FB 型、FF 型 7 小类，每小类各 35 个；双音节复合假词也内分 BB 型、BF 型、FB 型、FF 型 4 小类，② 各小类依次为 70 个、35 个、70 个、70 个。这里需要说明的是，本实验因高频低透复合词中 BF 型个数不足 35 个，故暂不予考察。真词/词组、假词/词组内部，真、假词/词组之间的笔画数经统计分析，均无显著差异。

---

① 语义透明度测试工作由 700 余名物电学院、教科院、美术学院、体育学院、外国语学院等徐州师范大学（现江苏师范大学）全日制在读本科生参与完成。

② 低透 BF 型因词例数过少，暂未纳入考察范围。有关双音节复合假词的内部构成，详见下文第二章第五节第一部分。

三 实验程序

刺激词为 60 号宋体，字体为银白色，屏幕为黑色。刺激逐个逐屏呈现，每个刺激呈现时间为 200ms，刺激间隔（SOA）在 2—2.5s 之间随机。实验刺激程序分 4 个序列，序列内不同类型的刺激假随机排列，实验时序列呈现次序亦随机。每序列大约耗时 5 分钟，序列间受试者可休息 2—3 分钟。

受试者处于暗光的屏蔽室，眼睛距电脑屏幕中心约 1.2m，实验过程中要注视电脑屏幕的中心。刺激系统 STIM（Neurosoft, Inc. Sterling, USA）控制刺激在屏幕上的呈现，实验开始前让受试者阅读简明的书面实验指导语，使其了解本实验的作业任务和要求。实验中，受试者被要求完成词汇判断（Lexical Decision, LD）任务[①]，即根据自己的语言知识对屏幕上呈现的刺激词或词组作真、假判断，并作按键反应。即，若认为该刺激词或词组在汉语中存在，则判为真词/词组，并用左手拇指摁 2 键；若认为该刺激词或词组在汉语中不存在，则判为假词/词组，并用右手拇指摁 3 键。16 位受试者在实验中的摁键反应作了左右手平衡。受试者均作如下要求：在保证反应正确的前提下尽可能迅速地完成按键操作；实验过程中避免无关的眼球运动和肢体运动。

实验前有大约 2 分钟的刺激程序，仅供受试者练习、熟悉实验任务，不进入正式实验。待受试者充分练习并熟悉实验任务后，开始正式实验程序。

四 脑电记录及处理

用 NeuroScan 64 导电极帽（10/20 系统），通过 SCAN（Neurosoft, Inc. Sterling, USA）同步记录脑电。左侧乳突电极记录值作参考，前额接地，使皮肤与电极之间的阻抗低于 5KΩ。水平眼动监视电极位于双眼外眦外 2cm，垂直眼动由左眼眶上下处记录。脑电信号由放大器放大，滤波带通为 0.05—100Hz，采样频率为 500Hz，离线分析处理 ERP 数据。

处理脑电时，通过 NeuroScan 的数据分析软件，参考电极记录值由左

---

① 在心理学实验中，词汇判断任务常用于词汇识别研究。在该任务中，受试需对刺激（视觉或听觉呈现的词）做出真假判断，"真"即呈现词是存在的，"假"即呈现词是生造的、不存在的。通过词汇判断任务，人们可以比较分析实验设计中不同类型真词、假词的反应时得出一些相应的结论。

侧乳突记录值转换为双侧乳突记录的均值。然后，每个电极记录点上不同刺激类型的事件相关电位被分别叠加，叠加的时间区段为1100ms，自刺激呈现前100ms至刺激呈现后1000ms。取刺激呈现前100ms作基线，对脑电进行基线校正。实验数据采用SPSS11.5进行方差分析，P值采用Greenhouse Geisser校正，波幅大于±80μV的脑电被视为伪迹自动排除，实验中反应错误或污染严重的脑电被剔除，不予统计分析。

五 实验结果

16名受试者中，3名因脑电不稳或错误率过高而未用于统计，故只有13名受试者的实验数据被纳入统计分析。

（一）行为数据

反应时（Reaction Time）统计结果显示，词组为645±15ms，高频高透复合词BB型为546±13ms、BF型为549±10ms、FB型为542±12ms、FF型为553±10ms，高频低透复合词BB型为549±10ms、FB型为583±11ms、FF型为562±11ms。经单因素方差分析，词组的反应时与高频高透复合词BB型[$F(1, 12) = 81.167, P<0.01$]、BF型[$F(1, 12) = 75.643, P<0.01$]、FB型[$F(1, 12) = 179.962, P<0.01$]、FF型[$F(1, 12) = 68.376, P<0.01$]，高频低透复合词BB型[$F(1, 12) = 109.489, P<0.01$]、FB型[$F(1, 12) = 37.023, P<0.01$]、FF型[$F(1, 12) = 62.425, P<0.01$]相比均有显著差异，即词组的反应时显著长于上述各类高频复合词。

就高频复合词而言，经两因素（语义透明度/复合词语素黏着性及组合方式）方差分析，高透复合词的反应时为547±11ms、低透复合词的反应时为565±10ms，BB型复合词的反应时为548±11ms、FB型复合词的反应时为563±11ms、FF型复合词的反应时为558±10ms，语义透明度及复合词的语素黏着性及组合方式均有显著的主效应[$F(1, 12) = 27.103, P<0.01; F(1.654, 19.852) = 3.881, P<0.05$]，且两者之间的交互效应极显著[$F(1.931, 23.172) = 7.974, P<0.01$]。

（二）脑电数据

本实验取刺激后130—190ms时间窗口的平均波幅以观察P2成分（见第一章第三节第三部分的事件相关电位成分的介绍），取刺激后250—350ms时间窗口内的峰值和潜伏期以观察N400成分。根据语义透明度的高低，本实验将复合词分高透组和低透组进行考察。

1. P2 成分

经单因素方差分析，低透复合词 BB、FB、FF 与词组的 P2 波幅均无显著差异 [$F(1, 12) = 1.328$, $P>0.05$; $F(1, 12) = 0.362$, $P>0.05$; $F(1, 12) = 2.676$, $P>0.05$]。(详见表 2-1、图 2-1)

表 2-1　　　高频低透复合词与词组的 P2 波幅比较

		时间窗口（ms）	统计电极点[①]	P2 波幅（μV）
词组		130—190	C3、C5、F1、F2、F3、F5、F7、FC1、FC2、FC3、FC4、FC5、FC6、FCZ、FT7、FT8、FZ、T7。	7.220±1.365
低透复合词	BB			7.842±1.244[a]
	FB			6.937±1.381[b]
	FF			8.050±1.351[c]

注：与词组相比较，a 表示 $P>0.05$；与词组相比较，b 表示 $P>0.05$；与词组相比较，c 表示 $P>0.05$。

而且高透复合词 BB、FB、FF 与词组的 P2 波幅亦无显著差异 [$F(1, 12) = 1.325$, $P>0.05$; $F(1, 12) = 3.065$, $P>0.05$; $F(1, 12) = 1.624$, $P>0.05$]。(详见表 2-2、图 2-1)

就高频复合词而言，经多因素方差分析，语义透明度、语素黏着性及组合方式在 P2 波幅上均无显著的主效应 [$F(1, 12) = 4.565$, $P>0.05$; $F(1.970, 23.637) = 0.667$, $P>0.05$]，且两者的交互效应亦不显著 [$F(1.631, 19.569) = 3.586$, $P>0.05$]。(见图 2-1、图 2-3)

表 2-2　　　高频高透复合词与词组的 P2 波幅比较

		时间窗口（ms）	统计电极点	P2 波幅（μV）
词组		130—190	C2、C3、C4、C5、C6、F5、F7、FC2、FC3、FC4、FC5、FC6、FCZ、FT8、T8。	6.612±1.319
高透复合词	BB			7.318±1.183[a]
	FB			7.557±1.390[b]
	FF			7.248±1.183[c]

注：与词组相比较，a 表示 $P>0.05$；与词组相比较，b 表示 $P>0.05$；与词组相比较，c 表示 $P>0.05$。

---

① 记录电极的头皮分布见附录 2。另，在 ERP 研究中，采取全头皮不分区、选取相关代表性电极来做脑电数据的统计分析，也是被认可的；后来则逐渐采用头皮分区、选取相关代表性电极来进行统计分析。

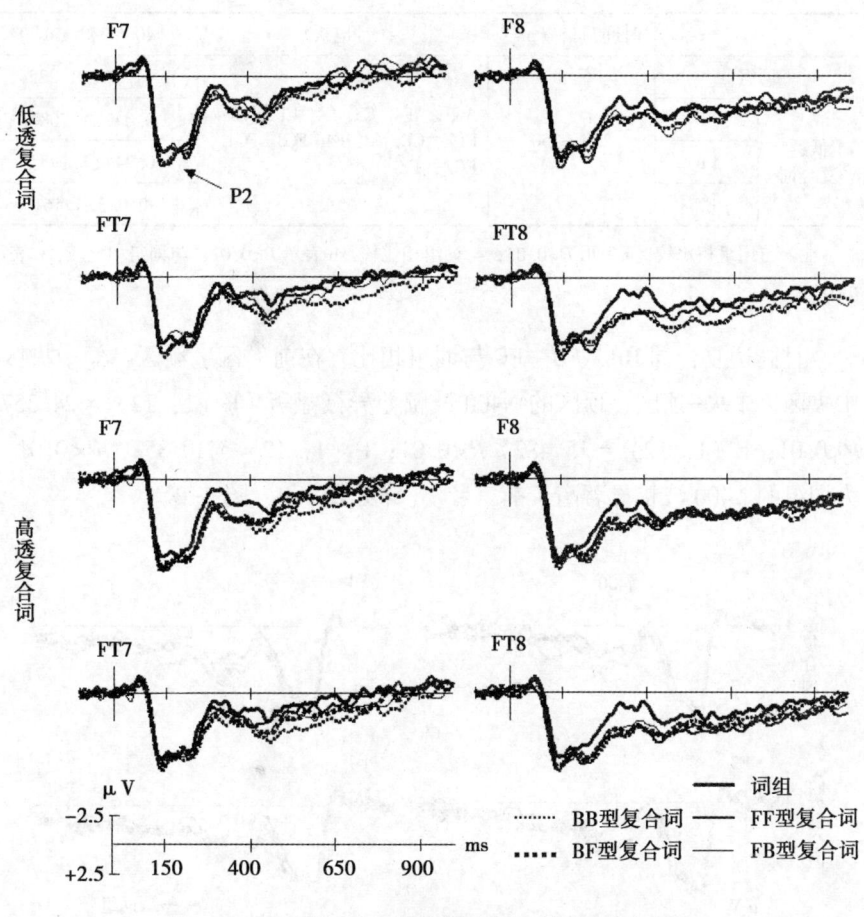

图 2-1 不同类型高频复合词与词组的 P2 成分比较

2. N400 成分

N400 成分需从波幅和潜伏期两个方面来考察。

波幅 经单因素方差分析,在前额区、额区、额中央区、中央区、中央—顶区,低透复合词中 FB、FF 与词组的 N400 波幅有显著差异 [F (1, 12) = 19.673, $P<0.01$; F (1, 12) = 6.241, $P<0.05$],为后者的 N400 波幅显著高于前两者。但低透复合词 BB 与词组在 N400 波幅上的差异却不显著 [F (1, 12) = 1.005, $P>0.05$]。(详见表 2-3、图 2-2)

表 2-3　　高频低透复合词与词组的 N400 波幅比较

		时间窗口（ms）	统计电极点	N400 波幅（μV）
词组				−1.561±1.225
低透复合词	BB	250—350	AF3, AF4, C3, C4, CP3, CP4, CPZ, CZ, F3, F4, FC3, FC4, FCZ, FZ.	0.049±1.708[a]
	FB			0.244±1.195[b]
	FF			−0.073±1.161[c]

注：与词组相比较，a 表示 $P>0.05$；与词组相比较，b 表示 $P<0.01$；与词组相比较，c 表示 $P<0.05$。

且高透复合词 BB、FB、FF 与词组相比，在前额区、额区、额中央区、中央区、中央-顶区、顶区的 N400 波幅差异极显著 [$F(1, 12) = 24.357$, $P<0.01$；$F(1, 12) = 15.482$, $P<0.01$；$F(1, 12) = 10.352$, $P<0.01$]，为词组的 N400 波幅显著高于前三者。（详见表 2-4、图 2-2）

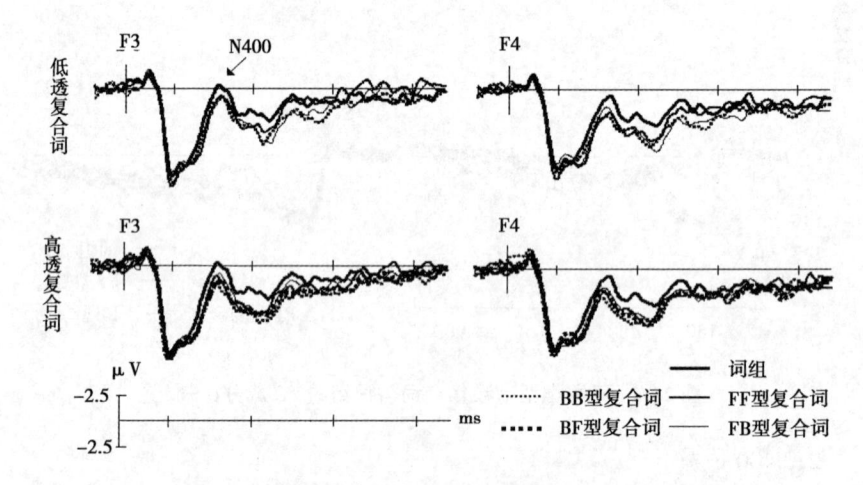

图 2-2　不同类型高频复合词与词组的 N400 成分比较

表 2-4　　高频高透复合词与词组的 N400 波幅比较

		时间窗口（ms）	统计电极点	N400 波幅（μV）
词组				−1.802±1.094
高透复合词	BB	250—350	AF3, AF4, C3, C4, CP3, CP4, CPZ, CZ, F3, F4, FC3, FC4, FCZ, FZ, P3, P4, PZ.	0.586±0.0903[a]
	FB			0.074±1.030[b]
	FF			0.271±0.0939[c]

注：与词组相比较，a 表示 $P<0.01$；与词组相比较，b 表示 $P<0.01$；与词组相比较，c 表示 $P<0.01$。

就高频复合词来说，经多因素方差分析，语义透明度、语素黏着性及组合方式在N400波幅上均无显著的主效应［F（1，12）= 1.352，P>0.05；F（1.188，14.251）= 0.094，P>0.05］，且两者的交互效应亦不显著［F（1.122，13.470）= 0.319，P>0.05］。（见图2-2、图2-3）

潜伏期 经单因素方差分析，低透复合词BB、FB、FF与词组的差异均不显著［F（1，12）= 0.202，P>0.05；F（1，12）= 0.028，P>0.05；F（1，12）= 0.004，P>0.05］。（详见表2-5、图2-2）

表2-5　　高频低透复合词与词组的N400潜伏期比较

		时间窗口（ms）	统计电极点	N400潜伏期（ms）
词组				302.554±7.209
低透复合词	BB	250—350	AF4, C3, C4, CZ, F2, F4,F6, FC1, FC2, FC3, FC4, FC5, FC6, FCZ, FZ.	298.831±5.628[a]
	FB			301.528±5.337[b]
	FF			302.985±5.824[c]

注：与词组相比较，a表示P>0.05；与词组相比较，b表示P>0.05；与词组相比较，c表示P>0.05。

且高透复合词BB、FB、FF的N400潜伏期与词组亦无显著差异［F（1，12）= 1.434，P>0.05；F（1，12）= 1.747，P>0.05；F（1，12）= 1.777，P>0.05］。（详见表2-6、图2-2）

表2-6　　高频高透复合词与词组的N400潜伏期比较

		时间窗口（ms）	统计电极点	N400潜伏期（ms）
词组				302.318±7.140
高透复合词	BB	250—350	AF4, C1, C2, CZ, F2, F4,F6, FC1, FC2, FC3, FC4, FC5, FC6, FCZ, FZ.	295.405±6.468[a]
	FB			294.985±6.494[b]
	FF			294.882±4.773[c]

注：与词组相比较，a表示P>0.05；与词组相比较，b表示P>0.05；与词组相比较，c表示P>0.05

就高频复合词来看，经多因素方差分析，语义透明度、语素黏着性及组合方式在N400潜伏期上均无显著的主效应［F（1，12）= 4.056，P>0.05；F（1.386，16.631）= 0.100，P>0.05］，且两者的交互效应亦不显著［F（1.453，17.437）= 0.171，P>0.05］。（见图2-2、图2-3）

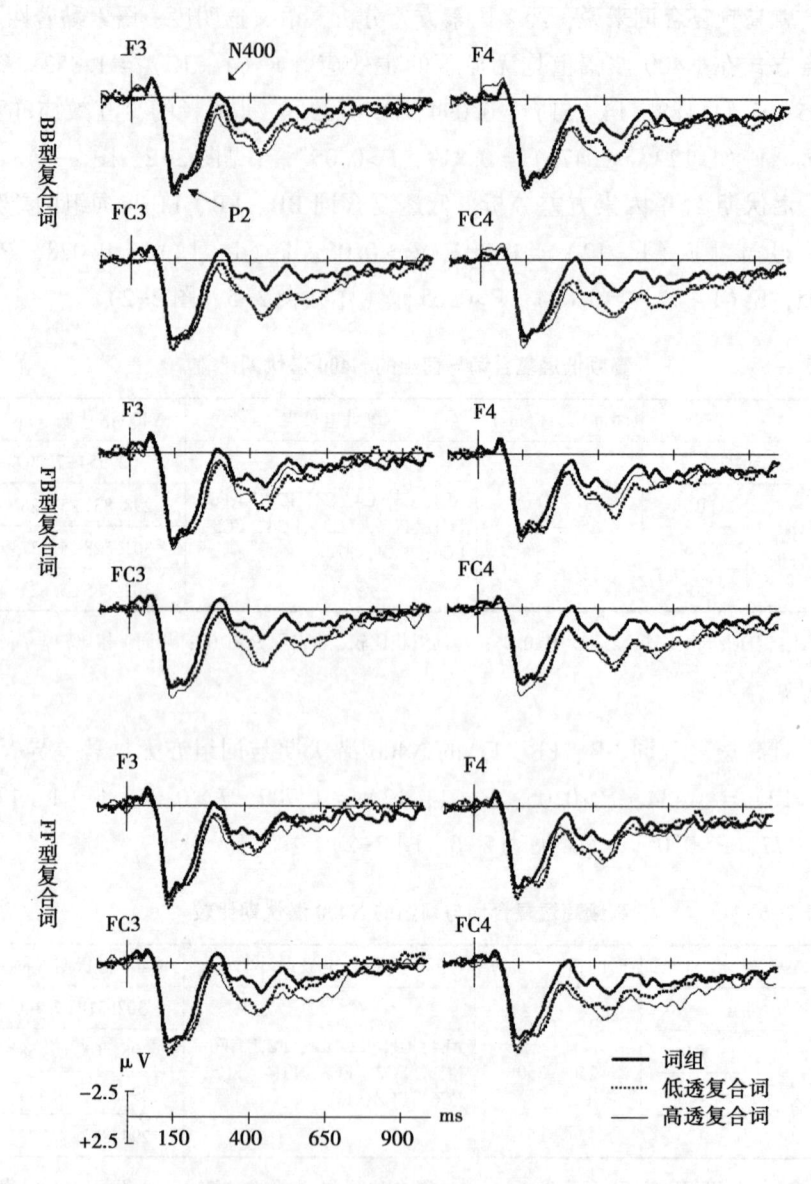

图 2-3 高频高透、低透复合词与词组的 **P2** 和 **N400** 比较

3. P2、N400 成分的头皮分布

本实验中复合词及词组的 P2、N400 分别大约在 150ms、300ms 时达到波峰，因此分别选 120—140ms、140—160ms、160—180ms 三个时间窗口和 240—280ms、280—320ms、320—360ms 三个时间窗口做顶面观灰度

脑电地形图，来观察 P2 和 N400 的头皮分布情况，见图 2-4。

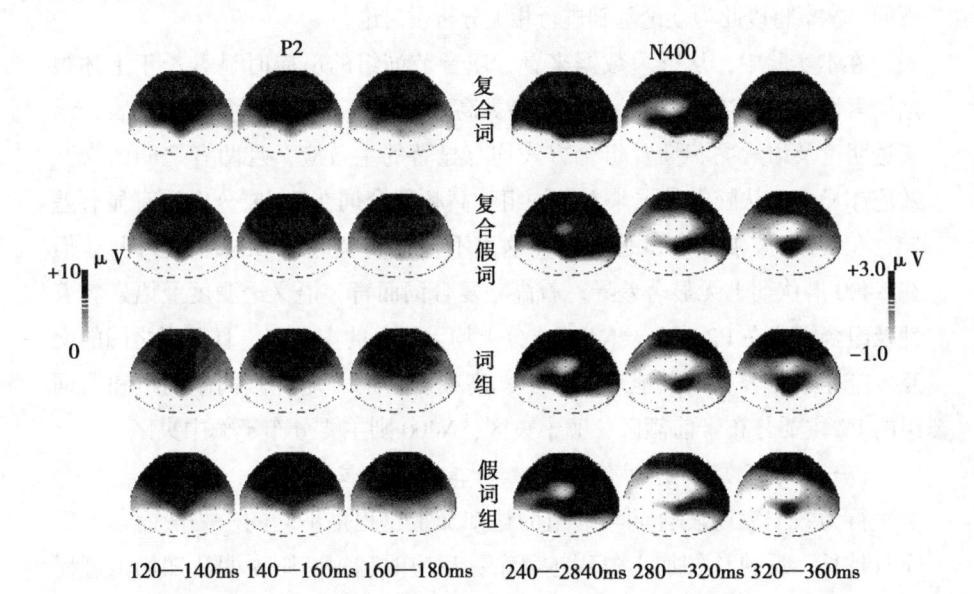

图 2-4　高频复合词、复合假词、词组及假词组的 P2、
N400 头皮分布比较（顶面观）

从上图可看出，高频复合词、复合假词、词组和假词组的 P2 主要分布于前额区、额中央区，N400 主要分布于额中央区。

六　分析与讨论

一般认为，识别由词组成的词组是要经过其组成成分——词的意义的组构加工来完成的。也就是说，词组意义的通达采取了成分分解的路径。因此在本实验中可以说，实验结果若显示汉语复合词与词组在认知加工过程上有显著差异，则说明复合词在通达过程及心理表征方式上与词组不同，可能是以整词形式表征于大脑词库，并通过整词列表（full listing）这一直接路径来完成词汇通达；反之，则说明复合词与词组在通达过程及表征方式上与词组相似，可能是以分解的语素形式表征于大脑词库，并通过语素分解这一间接路径来完成词汇通达；再有，若实验结果反映复合词与词组既有相同之处，也有不同之处，则说明汉语复合词在词汇通达及心理表征方式上是有选择的，有时采取整词形式表征于大脑词库并通过整词列表这一直接路径来通达，有时则采取分解的语素形式表征于大脑词库并通过语素分解这一间接路径来通达,也就是说,此时复合词在词汇通达和心理表征方式上表现为双路径模式。下面,本章将以此为立论基础进行相关分析、讨论。

在本实验中,从行为数据来看,双音节词组的反应时显著长于上述根据语素性质(黏着/自由)界定的各类高频复合词。就高频复合词而言,语义透明度及语素黏着性及组合方式均有显著的主效应,且两者之间的交互效应亦显著。从脑电数据来看,词组和高频复合词在P2成分上没有显著差异,在N400波幅上有显著差异(这里不包括高频低透BB型复合词),但在N400潜伏期上无显著差异。就高频复合词而言,语义透明度及语素黏着性及组合方式在P2成分、N400成分上均无显著的主效应,且两者之间的交互效应亦不显著。脑电地形图显示,高频复合词、复合假词、词组和假词组的P2主要分布于前额区、额中央区,N400则主要分布于额中央区。

(一)高频复合词与词组的认知加工过程比较

行为数据表明复合词与词组的认知加工过程是不同的。一般而言,反应时越长,反映认知加工过程越复杂;反应时越短,则说明认知加工过程相对简单。本实验中,词组的反应时长于高频复合词,说明词组的认知加工过程相对复杂,而高频复合词的则不需那么复杂的认知加工过程。这可能反映了人脑在识别复合词时采取了与词组不同的加工路径。即,词组的识别是通过如上所述的成分分解方式来完成的;而高频复合词则不需如此复杂,采取整词列表的方式来完成其通达过程。

在 ERP 研究中,继 Kutas & Hillyard(1980)发现句尾词不合语境时会引发出一个更大的 N400 成分之后,该成分日渐成为语言的 ERP 研究中不可绕开的有关语义加工指标性成分。起初,发现这个语义加工相关的 N400 成分是在句子水平的 ERP 实验,且主要分布于顶区,这一句子水平的 N400 波幅一般被看作将一个词整合于特定语境的难度的指标,其波幅越大,则词汇语义的整合难度越大(Kutas et al.,2000)。后来,Bentin et al.(1985)、Bentin(1987)、McCarthy & Nobre(1993)和 Nobre & McCarthy(1994)等发现词汇水平也存在语义加工的特异性成分 N400,但其头皮分布要较句子水平 N400 的靠前,这一词汇水平的 N400 一般认为是反映了人脑在刺激与其语义表征之间作关联搜索(link search)时的难度,其波幅越大,说明刺激和它的语义表征之间的关联越难以搜索,即语义越难通达(Bentin et al.,1999)。

本实验是词汇判断的 ERP 实验,属词汇水平的研究而非句子水平的。

从 N400 的头皮分布上来看，主要分布于额中央区（见图 2-4），这与以往词汇水平 N400 的脑电地形图是相似的。因此，可认为本实验中的 N400 也反映了人脑在刺激与其语义表征之间作关联搜索时的难度，其波幅越大，说明刺激和它的语义表征之间的关联越难以搜索，即语义越难通达。本实验中词组的 N400 波幅显著高于高频复合词，说明词组通达其意义的难度要大于高频复合词。换言之，词组在识别过程上不同于高频复合词，可能采用了组合其组成成分的意义来通达词组意义这样一种间接方式——成分分解路径，在加工难度上大于高频复合词通达所采取的整词列表方式。

综上所述，本实验中反应时和 ERP 实验结果均支持以下结论：与词组的通达和心理表征方式不同，汉语高频复合词可能是以整词形式表征于大脑词库中，并通过整词列表这一直接路径来完成词汇通达。

（二）语义透明度、语素黏着性及组合方式在高频复合词识别中的作用

1. 语义透明度

Schreuder & Baayen（1995）指出，复杂词的语义透明度是指复杂词的语义表征与组成该复杂词的各组成成分的语义表征的重合（overlap）程度，复杂词与其组成成分的语义表征重合越多则语义透明度越高，反之则越低。由该定义出发，不难推断出高语义透明度可促进复合词的通达进程。因为从复合词词汇通达这一动态过程来看，语言具线性（linearity）特征使得作为组成成分的两个语素的意义在整词意义通达之前就已经在一定程度上被激活了，若语素意义与整词在语义上的重合度越高，则整词意义越易于通达，词汇识别所需时间越少；反之，则整词意义相对难于通达，词汇识别所需时间相对较长。而且，很多实验已证明语义透明度确实影响词汇通达过程。

在本实验中，语义透明度虽然在高频复合词的脑电数据上没有显著的主效应，但在反应时上却有显著的主效应。这同样可说明语义透明度影响了汉语高频复合词的词汇通达速度。

另外，在汉语研究中也有人提出复合词的语义通达需要第二个成分的意义来证实才能完成的观点，即所谓"证实原则"来解释语义透明度对词汇识别的调控（王文斌，2001）。从某种程度上说，用"证实原则"不如用整词与语素在意义上的重合度显得更为直接，且与大脑词库内各类心理表征等概念的联系也更为紧密。

2. 语素黏着性及组合方式

要分析语素黏着性及组合方式在汉语高频复合词视觉识别中的作用，除了要确定表征层次外，还必须弄清楚汉语词汇识别是一个什么样的认知加工过程，即汉语词汇视觉识别的内在机制。Schreuder & Baayen（1995）在复杂词词汇通达的并行双路径模型中指出，复杂词有 3 个层次的表征——基于刺激形式的通道特异性的通达表征层（lexemes），整合结点层（lemmas）和语义、句法表征层。另外，作为间接路径的语素分解路径被分为 3 个阶段：切分（segmentation）、允准（licensing）和组构（composition）。

Schreuder & Baayen（1995）提出的表征分层、间接路径的分段加工同样适用于解释汉语复合词的词汇通达过程。需特别声明的是，我们不赞同汉语复合词的视觉词汇通达是一种平行分布式加工（parallel distributed processing）模式，恰恰相反，汉语复合词的视觉识别属于一种序列加工（serial processing）模式。因此，要较为系统地解释汉语复合词词汇通达问题，上述并行双路径模型中一些框架或内容必须在扩散激活网络理论框架的基础上，相应地做如下调整或扩展。

在表征层次方面，不仅汉语复合词的表征是分层的，而且作为其组成成分的语素表征也是分层的，有通达表征（access representation）和中心表征（central representation）之分。关于这一点，在 Zhou（1993）、Zhou & Marslen-Wilson（1994，1995，1997，2000）、Zhou et al.（1999）提出的多层聚类表征模型（multi-level cluster representation model），Taft（1994）、Taft & Zhu（1995，1997）提出的交互激活模型（interactive-activation model），以及 Tan & Perfetti（1999）提出的汉语双字词视觉识别模型中，语素都被认为有专门的通达表征和中心表征。

在汉语视觉词汇识别的内在机制方面，不论汉语复合词采取什么样的通达方式，"切分"和"允准"都是词汇通达的必经阶段。在"切分"阶段，语素的正字法表征被激活，连带其语音表征、语义和语法表征在一定程度上自动激活[①]。其中，语素的语法表征包含语素是自由的，还是黏着的这方面的语法性质。而且，该阶段复合词的语音表征、语义表征均未

[①] 该观点有汉语阅读实验研究的支持，其具体研究内容将在第十三章总结语中进一步阐释。

被激活。在"允准"阶段,两个语素被联结起来,形成"整词"(即整合结点表征,lemma)。同时两语素的相合性(compatability)被核查(check)。相合性核查内容包括两个方面:语音方面和语法方面。其中,语音核查要验证该整词语音在大脑词库中是否有相应的复合词语音表征与之对应;语法核查则要验证该整词的结构在大脑词库中是否有相应的结构表征与之对应。在"允准"之后的词义通达阶段,有的复合词要经过"组构"(composition)阶段,由语素的语义信息经计算得出其语义;有的则不需要"组构"加工,在扩散激活网络框架中,只需由整合结点表征直接激活其词义表征,例如本实验中汉语高频复合词的词汇通达就不需"组构"加工阶段,在整合结点表征(lemma)经"允准"加工后大脑词库中的复合词语音表征被激活,其语义、语法表征也被连带激活。也就是说,"切分""允准"之后的"组构"加工并非每个汉语复合词词汇通达的必经阶段,是否存在"组构"加工要视复合词的词频、语义透明度、语素黏着性及组合方式等因素而定。

我们将上述这一经调整、扩展后用于解释汉语复合词视觉识别的理论模型形象地称为"分叉延迟双路径"模型(fork-delayed dual route model),简称FDDR模型。有关该理论模型更为系统的理论分析见第十三章总结语,其实验证实见第二、三章的ERP实验研究。

在本实验中,行为数据分析中发现了语素黏着性及组合方式的主效应,而在脑电数据分析中则没有相应的语素黏着性及组合方式主效应。有一点可以明确,语素黏着性及组合方式可以影响高频复合词的词汇通达过程。但这种影响发生在哪个层面或哪个加工阶段是不确定的。

从表征层次上来看,这一语素黏着性及组合方式的影响可能发生于语素的语义和语法表征层面,也可能发生于整词的语义和句法表征层面。从内在机制来看,因为缺少脑电分析上的语素黏着性及组合方式主效应,所以暂不能确定这种影响发生于哪个阶段,这种对词汇通达过程的影响可能在"切分"或"允准"阶段发生,大概缘于自由语素、黏着语素激活快慢不同,也或许由于不同性质(黏着/自由)语素联结获得整词语音的过程有快有慢;但也可能伴随复合词语法表征(复合词结构)激活而发生。目前,这是不能确定的,要看后续实验研究的情况才能进一步确定。

另外,在反应时上语素黏着性及组合方式和语义透明度有显著的交互效应。这说明汉语高频复合词的词汇通达快慢既受语义透明度控制,也受复合词语素黏着性及组合方式的控制。至于脑电数据分析中均未出现语义透明度、语素黏着性及组合方式的主效应，可能是因为目前的实验技术不足以测查到上述高频复合词在认知加工过程中的差异。

总的来看，本实验中语义透明度和语素黏着性及组合方式两因素均影响了汉语高频复合词的认知加工过程。

第四节　低频复合词与词组比较的ERP实验研究

一　实验受试

本实验选择徐州师范大学16名健康大学生，男8名，女8名，年龄18—22岁，平均年龄为20岁。经爱丁堡量表测量（Oldfield，1971），均为右利手，家族中无神经或精神疾病史，视力或矫正视力正常。受试者在实验前阅读知情同意书并签字，实验后被给予一定报酬。

二　实验刺激材料

实验刺激材料包括双音节复合词、词组，双音节复合假词、假词组。双音节复合词选自《现代汉语频率词典》（北京语言学院出版社，1986）中"表三低频词词表"，如"座钟、追肥、周详"等。双音节词组从国家语委网上免费语料库（http：//www.clr.org.cn/retrieval/linkl.htm）和《汉语常用动词搭配词典》（王砚农、焦庞颙编，外语教学与研究出版社，1984）选取，主要包括偏正词组（如"更大"）和动宾词组（如"喂鸡、买书"）。双音节复合假词、假词组的设定见第二章第三节第二部分。

与高频复合词实验类似，本实验刺激材料除了频率控制（低频）外，也有复合词语义透明度、语素黏着性及组合方式两个方面的界定。就复合词语素黏着性及组合方式而言，本实验依据语素性质（黏着/自由），将所选低频复合词分成"黏着—黏着"（BB）"黏着—自由"（BF）"自由—黏着"（FB）和"自由—自由"（FF）四种类型，如"牧师、盟军"（BB）"盘剥、谋杀"（BF）"脱节、美貌"（FB）和"下酒、扫描"（FF）。

从语义透明度来看，本实验对选出的低频复合词作整词与语素语义相关程度的5度量表调查，具体测查、统计方法同高频复合词实验。经统计分析，本实验将语义透明度数值≤2.4 的复合词定义为低语义透明度复合词（下文简称为低透复合词），如"牧师（BB）、盘剥（BF）、脱节（FB）、下酒（FF）"；将语义透明度数值≥3.1 的复合词定义为高语义透明度复合词（下文简称为高透复合词），如"盟军（BB）、谋杀（BF）、美貌（FB）、扫描（FF）"。

实验刺激共 630 个，其中双音节复合词 280 个、双音节词组 35 个，与之相匹配的双音节复合假词 280 个、双音节假词组 35 个。双音节复合词内分低透 BB 型、BF 型、FB 型、FF 型，高透 BB 型、BF 型、FB 型、FF 型 8 小类，每小类各 35 个；双音节复合假词也内分 BB 型、BF 型、FB 型、FF 型 4 小类[①]，每小类各 70 个。真词/词组、假词/词组内部，真、假词/词组之间的笔划数经统计分析，均无显著差异。

三 实验程序

具体实验程序同上文高频复合词实验。

四 脑电记录及处理

脑电记录及处理方法同上文高频复合词实验。

五 实验结果

16 名受试者中，3 名因脑电不稳或错误率过高而未用于统计，故只有 13 名受试者的实验数据被纳入统计分析。

（一）行为数据

反应时（Reaction Time）统计结果显示，词组为 644±19ms，低频高透复合词 BB 型为 668±23ms、BF 型为 650±22ms、FB 型为 629±18ms、FF 型为 665±22ms，低频低透复合词 BB 型为 656±23ms、BF 型为 655±18ms、FB 型为 666±21ms、FF 型为 654±25ms。经单因素方差分析，词组的反应时与低频高透复合词 BB 型 [$F_{(1, 12)} = 7.466, P<0.05$]、FF 型 [$F_{(1, 12)} = 6.345, P<0.05$]，低频低透复合词 FB 型 [$F_{(1, 12)} = 11.322, P<0.01$] 相比均有显著差异，即词组的反应时显著短于上述 3 类低频复合词。词组的反应时与低频高透复合词 BF 型 [$F_{(1, 12)} = 0.960, P>0.05$]、

[①] 有关双音节复合假词的内部构成，详见下文第五节第一部分。

FB 型 [F (1, 12) = 4.345, P>0.05],低频低透复合词 BB 型 [F (1, 12) = 3.062, P>0.05]、BF 型 [F (1, 12) = 1.272, P>0.05]、FF 型 [F (1, 12) = 0.964, P>0.05] 相比,则无显著差异。

就低频复合词来看,经两因素(语义透明度/复合词语素黏着性及组合方式)方差分析,高透复合词的反应时为 653±21ms、低透复合词的反应时为 658±21ms,BB 型复合词的反应时为 662±22ms,BF 型复合词的反应时为 653±19ms、FB 型复合词的反应时为 648±19ms、FF 型复合词的反应时为 659±23ms,语义透明度及复合词的语素黏着性及组合方式的主效应均不显著 [F (1, 12) = 1.567, P>0.05;F (2.318, 27.812) = 2.277, P>0.05],但两者之间却有极显著的交互效应 [F (2.476, 29.708) = 6.134, P<0.01]。进一步的单因素方差分析表明,复合词语素黏着性及组合方式因素在低频高透复合词中主效应极显著 [F (2.740, 32.884) = 11.641, P<0.01],在低频低透复合词中的主效应则不显著 [F (2.209, 26.508) = 0.614, P>0.05]。

(二)脑电数据

本实验取刺激后 120—180ms 时间窗口的平均波幅以观察 P2 成分,取刺激后 250—350ms 时间窗口内的峰值和潜伏期以观察 N400 成分。

1. P2 成分

经单因素方差分析,低透复合词 BB、BF、FB、FF 与词组在 P2 波幅上无显著差异 [F (1, 12) = 2.173, P>0.05;F (1, 12) = 0.323, P>0.05;F (1, 12) = 1.908, P>0.05;F (1, 12) = 1.829, P>0.05]。(详见表 2-7、图 2-5)

表 2-7　　　　　低频低透复合词与词组的 P2 波幅比较

		时间窗口 (ms)	统计电极点	P2 波幅 (μV)
词组				7.151±0.873
低透复合词	BB	120—180	C1, F1, F2, F3, F5, FC1, FC2, FC3, FC5, FCZ, FZ.	6.300±1.036[a]
	BF			6.895±0.780[b]
	FB			6.445±0.874[c]
	FF			6.565±0.785[d]

注:与词组相比较,a 表示 P>0.05;与词组相比较,b 表示 P>0.05;与词组相比较,c 表示 P>0.05;与词组相比较,d 表示 P>0.05。

高透复合词 BB、BF、FB、FF 与词组在 P2 波幅上亦无显著差异 [F (1, 12) =1.153, $P>0.05$; F (1, 12) = 0.000, $P>0.05$; F (1, 12) = 0.045, $P>0.05$; F (1, 12) = 1.309, $P>0.05$]。(详见表2-8、图2-5)

表 2-8　　　　　　低频高透复合词与词组的 P2 波幅比较

		时间窗口（ms）	统计电极点	P2 波幅（μV）
词组				6.923±0.928
高透复合词	BB	120—180	C1, C2, CZ, F2, FC1, FC2, FC4, FCZ, FZ.	6.307±1.095[a]
	BF			6.866±0.881[b]
	FB			6.307±1.095[c]
	FF			6.176±0.915[d]

注：与词组相比较，a 表示 $P>0.05$；与词组相比较，b 表示 $P>0.05$；与词组相比较，c 表示 $P>0.05$；与词组相比较，d 表示 $P>0.05$。

就低频复合词而言，经多因素方差分析，语义透明度、语素黏着性及组合方式在 P2 波幅上均无显著的主效应 [F (1, 12) = 0.082, $P>0.05$; F (1.888, 23.571) = 1.395, $P>0.05$]，且两者的交互效应亦不显著 [F (2.475, 29.705) = 0.276, $P>0.05$]。(见图2-5、图2-6)

2. N400 成分

N400 成分分波幅和潜伏期两个方面来分析。

(1) 波幅

经单因素方差分析，低透复合词 BB、BF、FB、FF 与词组在 N400 波幅上均无显著差异 [F (1, 12) = 1.112, $P>0.05$; F (1, 12) = 0.025, $P>0.05$; F (1, 12) = 2.775, $P>0.05$; F (1, 12) = 0.084, $P>0.05$]。(详见表2-9、图2-5)

表 2-9　　　　　　低频低透复合词与词组的 N400 波幅比较

		时间窗口（ms）	统计电极点	N400 波幅（μV）
词组				-1.107±0.871
低透复合词	BB	250—350	AF3, AF4, C1, C2, CZ, F1, F2, F3, F4, F6, F8, FC1, FC2, FC3, FC4, FCZ, FZ.	-0.606±0.725[a]
	BF			-1.014±0.793[b]
	FB			-2.261±0.965[c]
	FF			-0.931±0.743[d]

注：与词组相比较，a 表示 $P>0.05$；与词组相比较，b 表示 $P>0.05$；与词组相比较，c 表示 $P>0.05$；与词组相比较，d 表示 $P>0.05$。

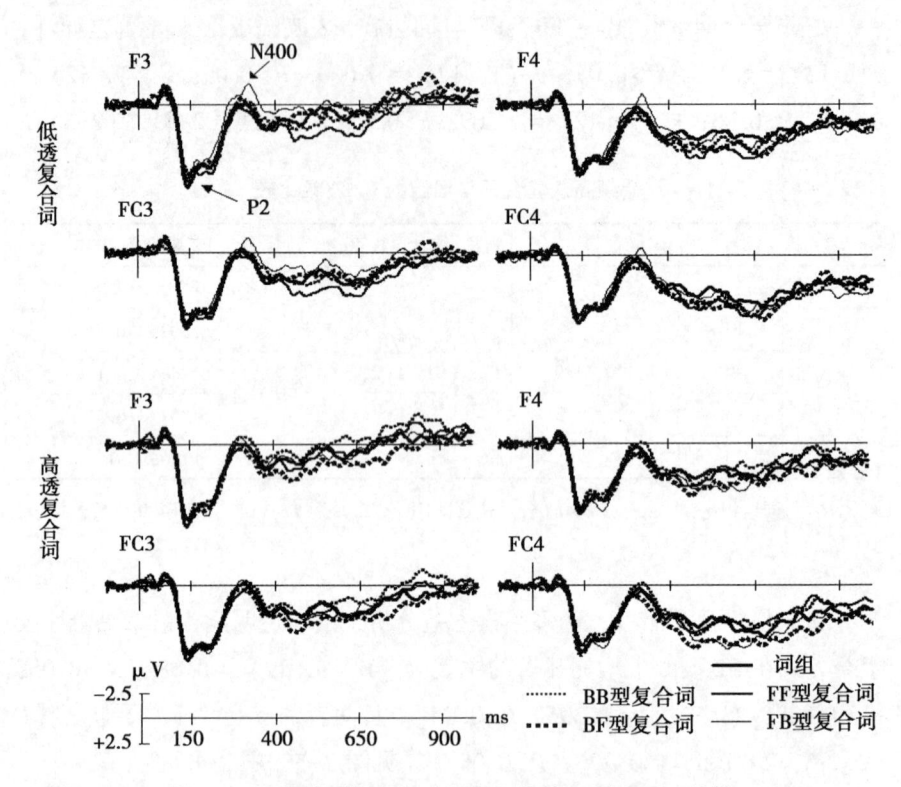

图 2-5　不同类型低频复合词与词组的 P2 和 N400 比较

且高透复合词 BB、BF、FB、FF 与词组在 N400 波幅上亦无显著差异 [$F(1, 12) = 0.688$, $P>0.05$；$F(1, 12) = 4.625$, $P>0.05$；$F(1, 12) = 0.001$, $P>0.05$；$F(1, 12) = 0.470$, $P>0.05$]。(详见表 2-10、图 2-5)

表 2-10　　　　低频高透复合词与词组的 N400 波幅比较

		时间窗口 (ms)	统计电极点	N400 波幅 (μV)
词组				−0.736±0.725
高透复合词	BB	250—350	F2, F3, F4, F5, F6, F7, F8, FC3, FC4, FC5, FC6, FT7, FT8, FZ.	−1.110±0.750[a]
	BF			0.153±0.716[b]
	FB			−0.725±0.812[c]
	FF			−0.323±0.925[d]

注：与词组相比较，a 表示 $P>0.05$；与词组相比较，b 表示 $P>0.05$；与词组相比较，c 表示 $P>0.05$；与词组相比较，d 表示 $P>0.05$。

就低频复合词来说，经多因素方差分析，语义透明度在 N400 波幅上主效应不显著 [$F(1, 12) = 4.473, P>0.05$]，而语素黏着性及组合方式因素在额区、额中央区 N400 波幅上的主效应显著 [$F(2.287, 27.446) = 3.242, P<0.05$]，表现为 FB、BB、FF、FF 的 N400 波幅依次降低。然而，语义透明度和语素黏着性及组合方式之间并无显著的交互效应 [$F(2.290, 27.481) = 3.094, P>0.05$]。（见图 2-5、图 2-6）

（2）潜伏期

经单因素方差分析，低透复合词 BB、BF、FB、FF 与词组在 N400 潜伏期上无显著差异 [$F(1, 12) = 0.196, P>0.05$；$F(1, 12) = 0.901, P>0.05$；$F(1, 12) = 0.176, P>0.05$；$F(1, 12) = 1.027, P>0.05$]。（详见表 2-11、图 2-5）

表 2-11 低频低透复合词与词组的 N400 潜伏期比较

		时间窗口（ms）	统计电极点	N400 潜伏期（ms）
词组				308.029±4.897
低透复合词	BB	250—350	AF3, AF4, F1, F2, F3, F4, F5, FC1, FC2, FC3, FC4, FZ.	310.551±5.937[a]
	BF			302.708±4.640[b]
	FB			310.190±5.716[c]
	FF			301.453±4.895[d]

注：与词组相比较，a 表示 $P>0.05$；与词组相比较，b 表示 $P>0.05$；与词组相比较，c 表示 $P>0.05$；与词组相比较，d 表示 $P>0.05$。

虽然高透复合词 BB、FB、FF 与词组在 N400 潜伏期上无显著差异 [$F(1, 12) = 0.313, P>0.05$；$F(1, 12) = 4.311, P>0.05$；$F(1, 12) = 0.002, P>0.05$]，但是低频高透复合词 BF 与词组的 N400 潜伏期，在右前额区、右额区、右侧额中央区、右额颞区、紧邻中线的左侧额中央区及左侧中央区上却有显著差异 [$F(1, 12) = 6.769, P<0.05$]。（详见表 2-12、图 2-5）

表 2-12　低频高透复合词与词组的 N400 潜伏期比较

		时间窗口（ms）	统计电极点	N400 潜伏期（ms）
词组			AF4, C1, C2, F2, F4, F6, F8, FC1, FC2, FC3, FC4, FC6, FT8.	312.979±4.783
高透复合词	BB	250—350		315.332±5.407[a]
	BF			300.889±5.469[b]
	FB			303.212±4.444[c]
	FF			313.151±6.114[d]

注：与词组相比较，a 表示 $P>0.05$；与词组相比较，b 表示 $P<0.05$；与词组相比较，c 表示 $P>0.05$；与词组相比较，d 表示 $P>0.05$。

就低频复合词而言，经多因素方差分析，语义透明度、语素黏着性及组合方式在 N400 潜伏期上均无显著的主效应 [$F(1, 12) = 0.404$, $P>0.05$；$F(2.441, 29.289) = 3.023$, $P>0.05$]，且两者的交互效应亦不显著 [$F(2.328, 27.935) = 2.082$, $P>0.05$]。（见图 2-5、图 2-6）

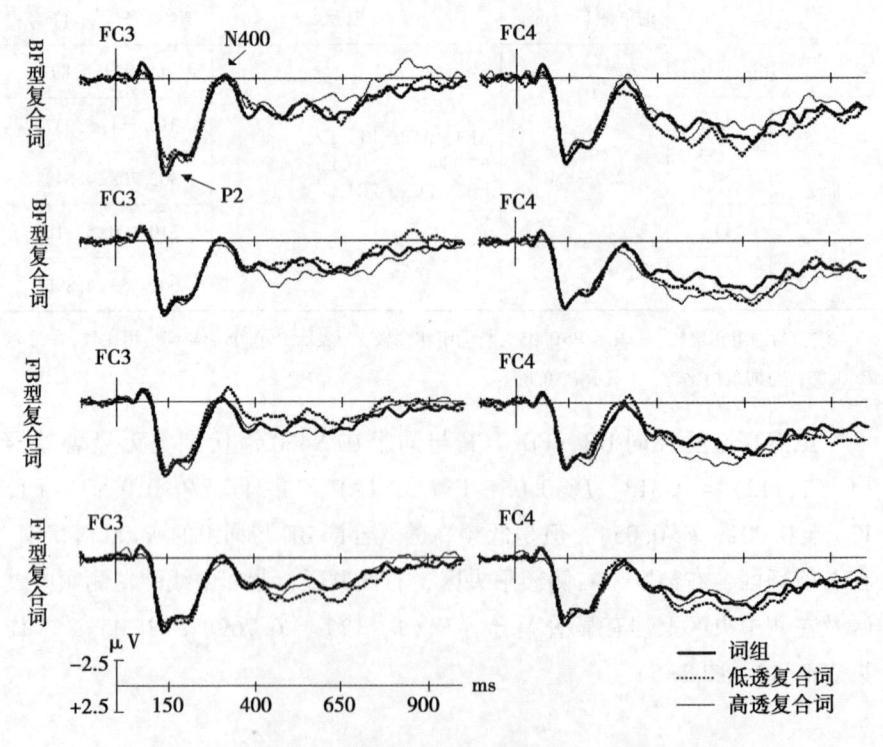

图 2-6　低频高透、低透复合词与词组的 P2 和 N400 比较

3. P2、N400 成分的头皮分布

与高频复合词实验相似，本实验中复合词及词组的 P2、N400 也分别大约在 150ms、300ms 时达到波峰，因此分别选 120—140ms、140—160ms、160—180ms 三个时间窗口和 240—280ms、280—320ms、320—360ms 三个时间窗口做顶面观灰度脑电地形图，来观察 P2 和 N400 的头皮分布情况，见图 2-7。

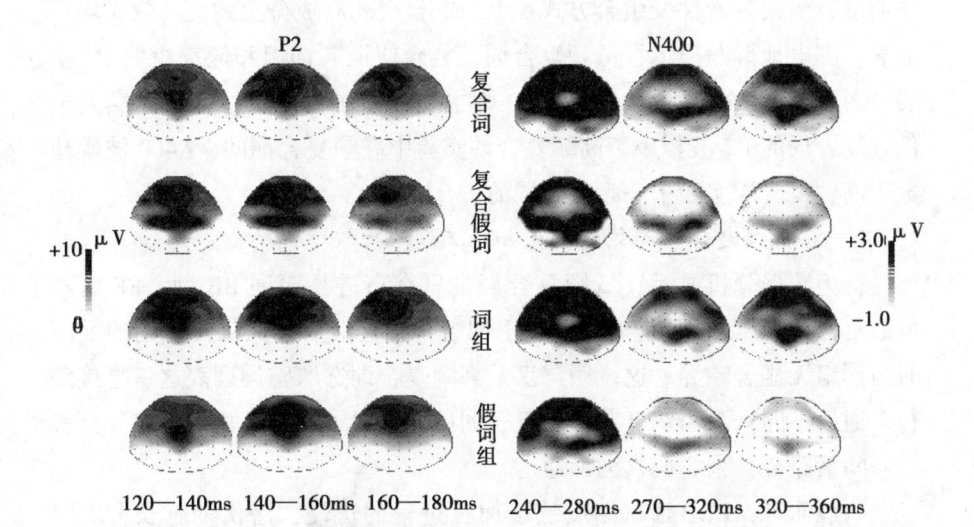

图 2-7 低频复合词、复合假词、词组及假词组的 P2、
N400 头皮分布比较（顶面观）

从上图中可看出，低频复合词、复合假词、词组和假词组的 P2 主要分布于前额区、额中央区，N400 主要分布于额中央区。值得注意的是，本实验中低频复合词的 P2 波幅小于高频复合词实验中高频复合词的，N400 波幅却大于高频复合词实验中高频复合词的。

六 分析与讨论

在本实验中，从行为数据来看，词组的反应时显著短于低频高透复合词 BB 型、FF 型和低频低透复合词 FB 型，但与其他低频复合词无显著差异。就低频复合词而言，语义透明度、语素黏着性及组合方式均无显著的主效应，但二者之间的交互效应显著，表现为低频高透复合词中有显著的语素黏着性及组合方式主效应，而低频低透复合词中语素黏着性及组合方

式的主效应则不显著。

从脑电数据来看，词组与低频复合词在 P2 成分、N400 波幅上均无显著差异，只与低频高透复合词 BF 型在 N400 潜伏期上有显著差异，复合词的 N400 更早达到波峰。就低频复合词来说，语义透明度在 P2 成分、N400 成分上均无显著的主效应。语素黏着性及组合方式在 P2 成分、N400 潜伏期上均无显著的主效应，但在 N400 波幅上的主效应显著。语义透明度、语素黏着性及组合方式在 P2 成分、N400 成分上的交互效应均不显著。脑电地形图显示，低频复合词、复合假词、词组和假词组的 P2 主要分布于前额区、额中央区，N400 则主要分布于额中央区；且本实验中低频复合词的 P2 波幅小于高频复合词实验中高频复合词的，N400 波幅却大于高频复合词实验中高频复合词的。

（一）低频复合词与词组的认知加工过程比较

行为数据分析显示，低频复合词中只有高透复合词 BB 型、FF 型和低透复合词 FB 型的反应时显著长于词组，且其他 5 种低频复合词的反应时与词组无显著差异。这说明与汉语高频复合词选取整词列表这一直接路径来通达不同，汉语双音节低频复合词可能采取了与词组相似的成分分解这一间接路径，来完成其词汇通达。

一般而言，ERP 潜伏期反映了加工过程的快慢，潜伏期越长，表明完成加工所需时间越长。另外，结合脑电地形图来看，本实验中的 N400 与上文第三节第六部分中分析的词汇水平 N400 一致，反映了人脑在刺激与其语义表征进行关联搜索（link research）的加工情况。本实验中，脑电数据分析显示，低频复合词与词组只在 N400 潜伏期有显著差异，且只有低频高透 BF 型复合词一种，表现为词组更晚到达波峰。这说则明词组通达其意义需要更长的时间。虽然反应时结果暗示低频复合词可能采取了与词组相似的成分分解的方式来通达意义，但在性质上还是有差异的。如上文所言，复合词的系连是在词库内完成的，而词组的系连不是在词库内完成。

综上所述，汉语低频复合词可能是以分解的语素形式表征于大脑词库中，并以语素分解这一间接路径来完成词汇通达。但是，从低频复合词与词组在 N400 潜伏期上的差异来看，两者在意义通达中所采取的成分分解方式还是有差异的，这大概同时也显示了系连在词法过程和句法过程中的不同。

(二) 语义透明度、语素黏着性及组合方式在低频复合词识别中的作用
1. 语义透明度

在行为数据和脑电数据的分析上，语义透明度均无显著的主效应。上文分析指出，低频复合词采取了与词组认知加工过程相似的成分分解这一间接路径来完成词汇通达。如 Schreuder & Baayen（1995）在其并行双路径模型中提到的间接路径那样，这种语素分解路径要求复合词的识别过程需经过组构（composition）加工，由其组成成分语素的意义经计算得出复合词的意义。即是说，低频复合词的语义表征不是单独存在的，是需要依赖其组成成分语素的意义而存在，不像高频复合词那样在大脑词库中有独立的语义表征。

由此来看，这种语素分解方式的词汇通达路径可能在某种程度上削弱了语义透明度在词汇认知加工中的作用，所以语义透明度没有显著的主效应。

2. 语素黏着性及组合方式

在行为数据分析中，本实验只在高透复合词的反应时上表现出语素黏着性及组合方式的主效应。而在脑电数据分析中，所有低频复合词在 N400 波幅上表现出语素黏着性及组合方式的主效应。

第三节第六部分的分析已指出，高频复合词实验中单凭行为数据难以确定语素黏着性及组合方式在哪个阶段，或是哪个表征层次上发挥作用。但本实验则不同，语素黏着性及组合方式的主效应既在反应时上出现，也在 N400 波幅上出现。这就为确定语素黏着性及组合方式在哪个加工阶段奠定了基础。上文已指出，词汇水平的 N400 波幅一般认为是反映了人脑在刺激与其语义表征进行关联搜索（link search）的困难程度。本实验中，语素黏着性及组合方式在低频复合词词汇通达的 N400 波幅上有显著主效应。这说明语素黏着性及组合方式在人脑进行刺激与其语义表征的关联搜索中是发挥作用的，也就是在复合词的语义通达中是起作用的。而且，上文分析指出汉语低频复合词在词汇通达中选取了与词组相似的成分分解路径，需要经过"组构"（composition）加工才能通达其意义。因此，似乎可说明汉语低频复合词的语素黏着性及组合方式主效应发生在"组构"加工阶段，与高频复合词实验中高频复合词不同，语素黏着性及组合方式主效应可以确定在低频复合词的"组构"加工阶段是发挥作用的。从表征层次上来看，与高频复合词实验相似，本实验中语素黏着性及组合

方式主效应可能与语素的语义和语法表征相关，也可能与复合词的语义和句法表征相关。

另外，在反应时上语义透明度和语素黏着性及组合方式表现出显著的交互效应，这说明汉语低频复合词的词汇通达过程同时受控于语义透明度和语素黏着性及组合方式两因素。

综上所述，与词组的通达和心理表征方式相似，汉语低频复合词可能以分解的语素形式表征于大脑词库中，并通过语素分解这一间接路径来完成词汇通达；且在其认知加工过程中语素黏着性及组合方式在"组构"阶段是起显著作用的，而语义透明度的作用则不显著。另外，结合高频复合词实验中高频复合词的研究结果，可以认为汉语复合词在认知加工过程中既存在整词列表这一直接路径，也存在语素分解这一间接路径。换言之，汉语复合词在词汇通达和心理表征方式上显示出双路径模式。

第五节　语素黏着性及组合方式在词汇判断中的作用

上文探讨了语素黏着性及组合方式在汉语双音节复合词心理表征及通达中作用。其实，根据汉语构词的特点，有关语素黏着性及组合方式在词汇判断中的作用也可以通过词汇判断中假词的情况来考察。

一　假词材料

此处假词材料，是指低频复合词实验以及上文的首字启动、尾字启动实验中用于词汇判断中与真词作对照的一部分刺激材料。其刺激呈现方式同真词，详见上文的低频复合词实验及上文的首字启动、尾字启动实验。这里主要谈这些假词的语素黏着性及组合方式。

复合假词的情况见第三节第二部分。本研究中的假词均为此种情形。复合词按组成语素是黏着（bound）还是自由（free），可分成"黏着—黏着"（BB）"黏着—自由"（BF）"自由—黏着"（FB）和"自由—自由"（FF）四种类型，如"牧师、盟军"（BB）"盘剥、谋杀"（BF）"脱节、美貌"（FB）和"下酒、扫描"（FF）。这些假词的语素黏着性及组合方式也作了同样的控制。具体做法为，将实验中未用于真词的，且语素黏着性及组合方式已确定的一系列双音节复合词按前后顺序拆分成两个纵列的语素，且保持原复合词内语素的前后顺序。然后，将这两纵列的语素随机组合到一起，构成无所指却有着不同语素黏着性及组合方式的复合假词，即 BB 型假词（如"邻德"）、BF 型假词（如"敌活"）、FB 型假词（如"茶本"）及 FF 型假词（如"开雨"）。

需要指出的是，在上文首字启动实验假词"F∗，B∗"及尾字启动实验假词"∗F，∗B"中，"∗"代表该位置的语素的性质（自由或黏着）不定，即自由和黏着语素均可；"F""B"分别指示该位置语素为自由、黏着。在具体实验中，"∗"位置出现语素为自由语素和黏着语素各一半。

二 实验结果

在上述三实验中，16 名受试者中有 3 名因脑电不稳或错误率过高而未用于统计，故只有 13 名受试者的实验数据被纳入假词的统计分析。

（一）行为数据

无启动词汇判断任务（低频复合词实验）中，双音节复合假词反应时统计结果显示，BB 型假词为 723 ± 23ms、BF 型假词为 738 ± 22ms，FB 型假词为 742 ± 23ms、FF 型假词为 738 ± 25ms。经单因素方差分析，语素黏着性及组合方式无显著的主效应 [$F(1.441, 17.293) = 3.197$，$P>0.05$]。

启动词汇判断（首字启动、尾字启动实验）中，在首字、尾字启动下，不同语素黏着性及组合方式的双音节复合假词（B∗，F∗，∗B，∗F）反应时如表 2-13 所示。经单因素方差分析，无论在首字启动还是尾字启动，语素黏着性及组合方式均有显著的主效应 [$F(1, 12) = 5.305$，$P<0.05$；$F(1, 12) = 19.809$，$P<0.01$]。（见表 2-13）

表 2-13　首字、尾字启动条件下，不同语素黏着性及组合方式双音节复合假词的反应时比较

	假词（B∗）	假词（F∗）	假词（∗B）	假词（∗F）
首字启动	672±16	699±21	—	—
尾字启动	—	—	665±22	715±26

（二）脑电数据

此处脑电数据也从无启动词汇判断和启动词汇判断两个方面来分析。

1. 无启动词汇判断

该实验条件下,取刺激后 250—350ms 时间窗口内的峰值和潜伏期以观察 N400 成分,该成分需从波幅和潜伏期两个方面来分析。

(1) N400 成分

波幅 统计电极点共 8 个,为 AF3、AF4、F1、F3、F5、F7、FT7、T7。双音节复合假词 BB 型为 $-1.837\pm0.748\mu V$,BF 型为 $-1.075\pm0.639\mu V$,FB 型为 $-1.836\pm0.593\mu V$,FF 型为 $-1.269\pm0.736\mu V$。经多因素方差分析,语素黏着性及组合方式在前额区、左侧额区、左额颞区的 N400 波幅上有显著主效应 [$F(2.460, 29.516) = 3.181$, $P<0.05$]。(见图 2-8)

潜伏期 统计电极点共 7 个,为 AF3、AF4、F1、F3、FC1、FC3、FZ。双音节复合假词 BB 型为 $317.275\pm5.736ms$,BF 型为 $311.758\pm6.266ms$,FB 型为 $309.143\pm5.827ms$,FF 型为 $320.264\pm5.186ms$。经多因素方差分析,语素黏着性及组合方式在 N400 潜伏期上无显著主效应 [$F(2.442, 29.309) = 2.577$, $P>0.05$]。(见图 2-8)

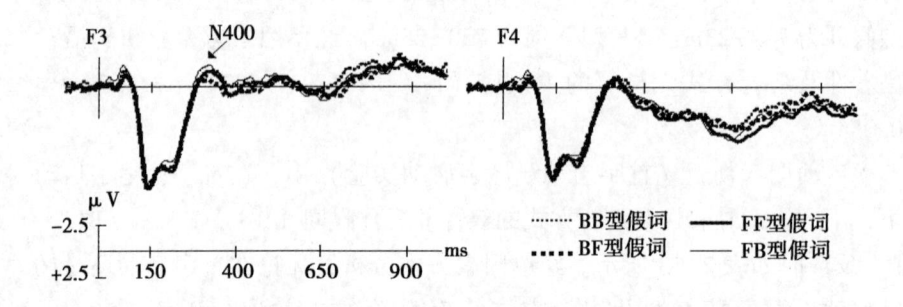

图 2-8 无启动词汇判断中不同语素黏着性及组合方式复合假词的 N400 比较

2. 启动词汇判断

该实验条件下,取刺激后 120—170ms 时间窗口的平均波幅观察 P2 成分;取刺激后 240—440ms 时间窗口的平均波幅以观察 N400 成分。

(1) P2 成分

首字启动 统计电极点共 16 个,依次为:C1、C2、C3、C4、C5、C6、CP1、CP2、CP3、CP4、CPZ、CZ、FC4、FC6、FT8、FZ。双音节复合假词 B∗ 的 P2 波幅为 $3.289\pm1.294\mu V$,F∗ 为 $1.900\pm1.352\mu V$。经多因素

方差分析，在右侧额中央区、右额颞区、中央区、中央顶区，语素黏着性及组合方式在 P2 波幅上具有显著的主效应 [F (1, 12) = 5.021, $P <$ 0.05]。(见图 2-9)

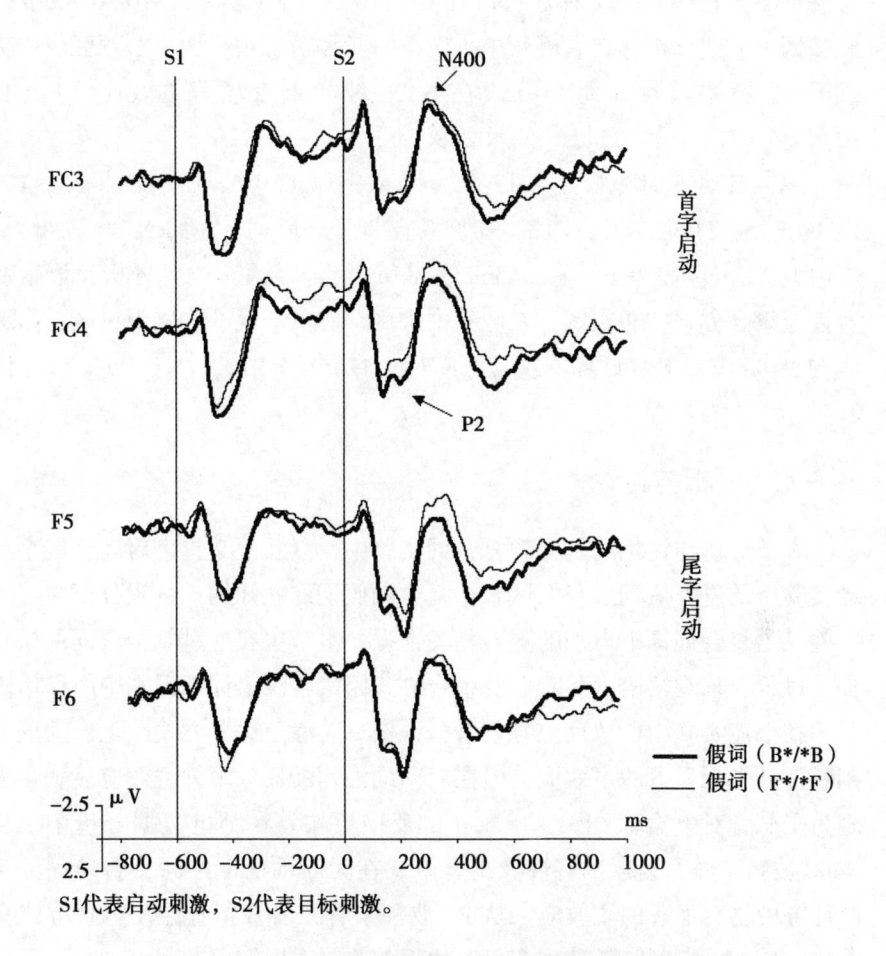

图 2-9　首字、尾字启动条件下，不同语素黏着性及组合方式复合假词的 P2、N400 成分比较

尾字启动　统计电极点共 13 个，为 AF3, C4, C6, CZ, F1, F5, F7, FC4, FC5, FC6, FCZ, FT8, T8。双音节复合假词 *B 的 P2 波幅为 3.724±1.108μV，*F 为 2.554±1.015μV。经多因素方差分析，语素黏着性及组合方式在 P2 波幅上主效应不显著 [F (1, 12) = 4.116, $P >$ 0.05]。(见图 2-9)

（2）N400 成分

首字启动 统计电极点共 18 个，为 C1、C2、C3、C4、C5、C6、CP1、CP2、CP3、CP4、CPZ、CZ、F1、FC4、FC6、FT8、FZ、T8。双音节复合假词 B* 的 N400 波幅为 $-0.716\pm1.170\mu V$，F* 为 $-2.316\pm0.953\mu V$。经多因素方差分析，在右侧额中央区、右额颞区、中央区、右颞区、中央顶区，语素黏着性及组合方式在 N400 波幅上有显著主效应 [$F(1, 12) = 6.477, P<0.05$]。（见图 2-9）

尾字启动 统计电极点共 13 个，为 AF3、C4、C6、CZ、F1、F5、F7、FC4、FC5、FC6、FCZ、FT8、T8。双音节复合假词 *B 的 N400 波幅为 $-0.910\pm0.706\mu V$，*F 为 $-2.456\pm0.585\mu V$。经多因素方差分析，语素黏着性及组合方式在左额区、右侧额中央区、右额颞区、右侧中央区、右颞区的 N400 波幅上有显著主效应 [$F(1, 12) = 5.922, P<0.05$]。（见图 2-9）

三 分析与讨论

本节分析与讨论的是低频复合词实验中，以及上文首字启动、尾字启动实验中的复合假词。我们试着从复合词假词的认知加工过程分析中寻求一些汉语复合词词汇识别的重要相关证据。本节主要通过复合假词的认知加工过程，来观察语素黏着性及组合方式因素在汉语词汇识别中的作用。

在上述实验中，从反应时来看，语素黏着性及组合方式在无启动词汇判断任务中无显著的主效应，但在启动词汇判断任务中的主效应显著，表现为受试者对复合假词 B*、*B 的反应更快。在脑电数据分析中，从 N400 波幅来看，语素黏着性及组合方式在无启动词汇判断、启动词汇判断任务中均有显著的主效应。从 P2 波幅来看，语素黏着性及组合方式只在首字启动词汇判断任务中有显著的主效应，在尾字启动词汇判断、无启动词汇判断任务中的主效应均不显著。从 N400 潜伏期来看，语素黏着性及组合方式在无启动词汇判断、启动词汇判断任务中均无显著的主效应。

1. 无启动词汇判断实验

在该实验中，复合假词在 N400 波幅上也发现了语素黏着性及组合方式的主效应。这说明语素黏着性及组合方式在复合假词的词汇识别过程中也是起作用的。结合第三节第六部分有关词汇水平 N400 分析及图 2-7 中复合假词 N400 的脑电地形图分布，可认为低频复合词实验中复合假词语素黏着性及组合方式在 N400 波幅上的主效应说明语素黏着性及组合方式在人脑进行关联搜索通达其意义的过程中是起作用的。同时，前文已指出复合假词是没有所指的，即在大脑词库中没有语义表征与之对应。由此来看，可以认为语素黏着性及组合方式的认知加工是独立于语义认知加工的，即本实验结果支持语法加工与语义加工是分离的。

2. 有启动词汇判断实验

可分首字启动、尾字启动两种情况来看。

（1）首字启动

复合假词的语素黏着性及组合方式主效应不仅出现于反应时上，也出现于 P2 波幅和 N400 波幅上，表现为 B∗型复合假词的识别更快，B∗型复合假词的 P2 波幅更大，B∗型复合假词的 N400 波幅更小。这说明语素黏着性及组合方式不仅可以影响复合假词的识别速度，也可以影响复合假词语义加工的强度。[①]

要分析语素黏着性及组合方式在 P2 波幅上主效应，首先必须确定该成分的认知含义。在视觉 ERP 研究中，额区分布的 P2 从 20 世纪 90 年代开始就引起了研究者的注意。Luck & Hillyard（1994）、Dunn et al.（1998）、Potts（2004）及 Coulson et al.（2005）认为该成分反映了人脑对视觉刺激的评价（evalutation）或特征觉察（feature detection）。本实验中，P2（120—180ms）亦主要分布于额区（见图 2-7），这与上述视觉 ERP 研究中 P2 成分的脑电地形图分布相似。因此，可认为本实验中 P2 也反映了人脑对复合假词某一特征的觉察。

本实验中，语素黏着性及组合方式主效应在 P2 波幅上显著。这说明语素黏着性及组合方式在复合假词识别中是发挥作用的，同时也反映了人脑对复合假词的语素黏着性及组合方式特征的识别。

另外，复合假词是没有所指的，在大脑词库中没有语义表征与之对应。且前文第三节第六部分中曾提出假设，不论汉语复合词在进行词汇通达时是采取整词列表这一直接路径还是语素分解这一间接路径，"切分"和 "允准" 都是必经的加工阶段，且两个阶段均有不同的加工内容，其后意义识别阶段的 "组构" 加工则是可选的，并非每个汉语复合词词汇通达的必经阶段。结合 "切分" "允准" 阶段的认知加工内容，人脑要识

---

① 有关词汇水平 N400 成分所反映认知加工的含义分析，见第二章第三节第六部分。

别复合假词的语素黏着性及组合方式特征，至少要到"允准"阶段。因此，似乎有理由认为本实验中 P2 成分可能反映了汉语视觉词汇识别过程中"切分"至"允准"阶段的加工过程，即词汇的结构加工过程。

有必要指出的是，在语言学研究中，结构一般与语义相对立；而在心理语言学研究中，结构则往往指与语义表征相对立的语形表征（包括正字法、语音方面）。本书旨在探讨汉语复合词在人脑内的认知加工过程，结构加工涵盖了包括构词法信息在内的语言结构表征、以及之前的词形表征，前者则由潜伏期略晚的 P200 反映，后者由潜伏期更早的 P150 反映。已有研究指出，视觉 ERP 研究中额区分布的、潜伏期较早的 P2 可能反映了人脑在汉语词汇识别时对汉字部件组合规则及汉字语音加工（顾介鑫等，2007）。

至于复合假词在 N400 波幅上的语素黏着性及组合方式主效应，可与低频复合词实验中复合假词作一致解释。从首字启动实验中复合假词的研究结果来看，其语素黏着性及组合方式在反应时、P2 波幅、N400 波幅上的显著主效应也说明语素黏着性及组合方式这种语言结构加工是独立于语义加工的。

（2）尾字启动

与首字启动相比，尾字启动下的复合假词的语素黏着性及组合方式主效应在 P2 波幅上没有出现，而在反应时和 N400 波幅上仍然出现。P2 波幅上没有出现语素黏着性及组合方式的主效应，可能是启动方式的不同造成的。与低频复合词实验、首字启动实验相似，该实验中复合假词在反应时和 N400 波幅上的语素黏着性及组合方式主效应，同样支持语素黏着性及组合方式在大脑词库中有不同于语义的独立表征——复合词的结构表征。

第六节　结语

通过上述高频复合词、低频复合词实验以及上文首字启动、尾字启动实验中复合假词的实验结果讨论与分析，可作如下小结：

在汉语复合词的词汇通达及心理表征问题上，复合词的词频、语义透明度以及语素黏着性及组合方式各自扮演不同的角色。也就是说，复合词的上述特征不同，其词汇通达和心理表征方式可能也就不一样。基于扩散激活网络理论框架，在实验结果讨论、分析的基础上，可得出以下几点结论：

（1）在汉语中，高频复合词以整词列表方式表征于大脑词库，在词汇通达中经整词语音表征激活其独立的语义表征。而低频复合词则采取语素分解路径完成词汇通达，即在大脑词库中没有独立的语义表征，而必须依赖其组成成分语素，是以分解的语素语义形式表征的。

换言之，汉语复合词的认知加工中存在两条路径，一条为整词列表的直接路径，另一条为语素分解的间接路径。

（2）词频、语义透明度、语素黏着性及组合方式都影响复合词的词汇通达及心理表征方式。词频往往决定是以整词列表还是以语素分解方式表征于大脑词库，高频复合词通常选前者，低频复合词通常选后者。语义透明度影响语义通达的速度，语义透明度越高，则语义通达越快。复合词的语素黏着性及组合方式不同，则在词汇识别的阶段加工上存在差异。

（3）复合假词中 P2 波幅上的语素黏着性及组合方式主效应，这一点可暗示 P2 大概反映了汉语视觉词汇识别中"切分"至"允准"阶段的加工情况。

（4）经过与复合假词实验结果的对照分析，可认为语素黏着性及组合方式的识别是独立于语义识别的，即复合词的语素黏着性及组合方式在大脑词库中有独立的语法表征——结构表征。或者说，本研究也从词汇识别的角度支持语法加工与语义加工是分离的。

第三章　离合词认知中语素黏着性的影响

第一节　引言

汉语中有一类称为"离子化"（ionization）的语言现象，即双音节动宾式语素组合（VO-expression）内语素间可作有限扩展，且这两个语素挨得相当近，这种有限的扩展叫"离子化"（赵元任 1979：85—86，200—201）。这些有限的扩展方式包括动词带后缀或补语（如"磕头'磕着头祷告'；作揖'作作揖'，'作完了揖就走了'"），宾语带修饰语（如"注意'注（一）点儿意'；费神'费了您（的）许多神'"），动宾颠倒（如"睡觉'你的觉睡足了'"）等。这类双音节动宾式语素组合的特殊用法，陈望道早在 1940 年即已在《语文运动的回顾和展望》中提及，后来这些动宾式语素组合被形象地称为"离合词"。

离合词的语言单位性质问题是广受关注的。根据两语素间能否插入成分，王力（1985：172）将此类双音节动宾式组合（如"打仗、睡觉、害病"）归入"仂语"（即短语）。吕叔湘（1979：22）则认为"从词汇的角度看，'睡觉'，'打仗'等等都可以算做一个词，可是从语法的角度看，不得不认为这些组合是短语"。在吕先生看来，这体现了词汇原则和语法原则之间的矛盾，但他还是倾向于认为"打仗、睡觉"虽然"词汇上可以认为是一个词，而语法上宁可认为是一个短语"，"这种例子最好还是归入短语"（吕叔湘，1979：26）。除上述"短语说"外，还有"词说""离为短语合为词说""中间状态说"等（王海峰、姚敏，2010）。但不管赞同上述哪一家观点，都得面临比较离合词与短语的问题。

从人脑的认知加工过程来看，这类可作有限扩展的双音节动宾式离合词是否也与短语类似呢？张珊珊、江火（2010）通过事件相关电位实验，没能证明离合词不同于短语，得出了趋近肯定的结论，认为离合词与短语的加工机制更为接近。该研究首次从认知加工神经基础的角度来探讨离合词的语言单位性质问题，是一次有益的尝试。但从实验考察的内容来看，有一些问题有待进一步解决。其一，频率早已被证明是影响语言认知加工的重要因素（Caramazza et al., 1988; Baayen et al., 1997），该实验没有区分频率因素。其二，据施茂枝（1999）统计分析，《现代汉语词典》（1996年修订版）收录离合词3111条，其中动宾式离合词即有2960条，占离合词总数的95.14%。一般来说，学界讨论的典型离合词也主要限于动宾式，如赵元任（1979）、吕叔湘（1979）、朱德熙（1982）等。在该实验中，离合词的实验刺激中不仅有动宾式（如"查岗"），还包括主谓式（如"心软"）、动补式（如"提高"）。其中，动补式组合在吕叔湘（1979：21—22）中则被称为"短语词"，往往只能插入"得、不"成分，在扩展方式上远不如通常认为的"离合词"（动宾式）丰富。也就是说，在语料取样上该实验没能很好地反映汉语离合词原貌。

跟语料取样密切相关的问题是，离合词的鉴定标准是什么。在这一问题上，不少研究是依据语素的黏着性来鉴别的。在区分动宾式离合词与动宾式短语问题上，朱德熙（1982：113）指出含有黏着语素的是离合词。赵淑华、张宝林（1996）在讨论动宾式离合词的鉴定标准时，也提出"凡含有黏着语素的（动宾式组合）都是离合词"。

关于黏着性问题，有研究已指出自由语素只是有时候自由，而黏着语素则永远是黏着的，"（构词）成分之为F（自由）或B（黏着），要看它进入复合词时候的情况"（赵元任：80, 179）。针对汉语特点，吕叔湘（1979：18）提出汉语中自由语素可分"单用""单说"两种情形。"单用"在自由运用的程度上较"单说"低，或者说，从"单用"到"单说"反映出了语素黏着程度由高到低的变化。若汉语自由语素有"单用""单说"之分，由自由语素组成的短语，其语素均为能"单说"的，即$F_{单说}$；而由自由语素组成的离合词，其语素则相应地有能"单用"、能"单说"之分，即$F_{单用}$、$F_{单说}$两种情况。从语素黏着性来看，汉语双音节离合词除FF型外，还有BB型、BF型、FB型三类，而双音节短语常为FF型（且为$F_{单说}F_{单说}$），离合词与短语在结构（语素黏着性）上是明显不同的。从人脑认知加工过程来看，这一语素黏着性上的结构差异是否会导致离合词与短语有差异呢？

下文将从语素黏着性这一视角，区分高频离合词、低频离合词，通过视觉词汇/短语判断的 ERP 实验，比较汉语双音节动宾式（VO 式）离合词、短语在人脑中的认知加工过程，并据此探讨离合词在以汉语为母语者的人脑中的心理表征及通达问题。

第二节　离合词语素黏着性的 ERP 实验研究

基于杨庆蕙（1995）所收离合词，参考《现代汉语频率词典》（北京语言学院出版社，1986）中相关条目，筛选出 209 个动宾式（VO 式）离合词。依据语素黏着性，将这些离合词划分为高频的 BB 型（如"罢工、道歉"）19 个，BF 型（如"发愣"）6 个，FB 型（如"开幕、录音"）35 个，FF 型（如"抽烟、签字"）35 个；低频的 BB 型（如"贬值、助威"）19 个，BF 型（如"蓄水"）3 个，FB 型（如"追肥、拆台"）51 个，FF 型（如"还手、讨债"）41 个。

由于筛选出的可用于实验研究的 BB 型、BF 型离合词个数太少，也为了更便于在黏着性上与短语比较，V 位的语素均为 $F_{单说}$。本研究将选取典型的 FB 型/FF 型双音节 VO 式离合词、双音节 VO 式短语为实验刺激，控制频率（高频/低频）、O 位语素黏着性（B/$F_{单用}$/$F_{单说}$）[①] 两方面因素，通过比较双音节 VO 式离合词、短语在人脑中的认知加工过程，来考察频率、语素黏着性因素对人脑中汉语离合词认知加工方式的影响。

一　实验受试

本实验选择不同专业的 16 名健康大学生作受试，男 8 名，女 8 名，年龄 18—22 岁，平均年龄为 21 岁。经爱丁堡量表测量（Oldfield，1971），均为右利手，家族中无神经或精神疾病史，视力或矫正视力正常。受试在实验前阅读知情同意书并签字，实验后被给予一定报酬。

二　实验刺激材料

刺激语料包括双音节 VO 式离合词、双音节 VO 式短语、双音节复合假词、双音节假短语，以及一些填充语料。VO 式离合词选自杨庆蕙

[①] 这里的 B、$F_{单用}$、$F_{单说}$ 分别用于指代 VO 式离合词、短语中 O 位语素的黏着性，以反映 FB 型离合词、FF 型离合词、短语在黏着性上的差异。

(1995)，并同时参考《现代汉语频率词典》（北京语言学院出版社，1986）中相关条目。双音节 VO 式短语选自国家语委网上免费语料库（http://www.clr.org.cn/retrieval/linkl.htm）和王砚农、焦庞颙（1984），如"喂鸡、买书"。双音节复合假词见。双音节假短语指的是由拆开双音节词组后得到一批单音节词随机组合而无意义的双音节词组，如"避布、很锅"。

除频率外，我们还控制了语素的黏着性。在本实验中，刺激共计 600 个。其中 VO 式双音节高频离合词 70 个（FB 型、FF 型各 35 个）、低频离合词 70 个（FB 型、FF 型各 35 个），动宾式双音节短语 35 个，作为填充刺激的非 VO 式双音节复合词 100 个、非 VO 式双音节短语 25 个；以及与真词、短语数量匹配的双音节复合假词 240 个，双音节假短语 60 个。真词/短语、假词/短语内部，真、假词/短语之间的笔画数经统计分析，均无显著差异。刺激示例见表 3–1。

三　实验程序

刺激词或词组为 60 号宋体，字体为银白色，屏幕为黑色。刺激逐个逐屏呈现，每个刺激呈现时间为 200ms，刺激间隔（SOA）在 2—2.5s 之间随机。实验刺激程序分 4 个序列，序列内不同类型的刺激假随机排列，实验时序列呈现次序亦随机。每序列大约耗时 4 分钟，序列间受试者可休息 2 分钟。

表 3–1　　　　　　　　　不同实验条件下的刺激示例

	高频	低频
FB 型离合词	开幕、录音	追肥、拆台
FF 型离合词	抽烟、签字	还手、讨债
短　语	喂鸡、买书	

受试处于暗光的屏蔽室，眼睛距电脑屏幕中心约 1.2m，实验过程中要注视电脑屏幕的中心。刺激系统 STIM^2（Neurosoft, Inc. Sterling, USA）控制刺激在屏幕上的呈现。实验开始前让受试阅读简明的书面实验指导语，使其了解本实验的作业任务及要求。实验中，受试根据语感对屏幕上呈现的刺激作真、假词或短语的判断，并作按键反应。16 位受试在实验中的摁

键反应作了左、右手平衡。在实验过程中,受试均被要求在保证反应正确的前提下尽可能迅速地完成按键操作,并避免无关的眼球运动和肢体运功。实验前有大约 2 分钟的刺激程序,供受试练习、熟悉实验任务,不进入正式实验。待受试充分练习并熟悉实验任务后,开始正式实验程序。

四 脑电记录及处理

脑电采集、处理的方法同高频复合词实验,但统计分析有别。

在数据统计分析时,头皮上的记录电极被分成 7 个区:左前区(AF3,F1,F3,FC1,FC3)、左中区(T7,C1,C3,C5)、左后区(CP1,CP3,P1,P3,PO3)、中线区(FZ,FCZ,CZ,CPZ,PZ)、右前区(AF4,F2,F4,FC2,FC4)、右中区(T8,C2,C4,C6)、右后区(CP2,CP4,P2,P4,PO4)。详见附录 3。实验数据采用 SPSS13.0 进行方差分析,P 值采用 Greenhouse Geisser 校正,波幅大于 $\pm 80\mu V$ 的脑电被视为伪迹自动排除,实验中反应错误或污染严重的脑电被剔除,不予统计分析。脑电地形图由 NeuroScan64 导 ERP 数据得出。

五 实验结果

16 名受试中,4 名因脑电不稳或错误率过高(error rate ≥40%)而未用于统计,故只有 12 名受试的实验数据被纳入统计分析。

(一)行为数据

1. 反应时

经单因素(结构-语素黏着性)方差分析,在高频条件下发现了极显著的结构主效应 [$F(1.6, 17.601) = 19.29$, $P<0.001$],即 FB 型离合词、FF 型离合词、短语的反应时依次增大;但在低频条件下却未发现显著的结构效应 [$F(1.469, 16.163) = 2.948$, $P>0.05$]。见表 3-2。

表 3-2　　　　　不同频率条件下各类刺激的行为数据

	离合词				短语
	高频		低频		
	FB 型	FF 型	FB 型	FF 型	
反应时(均值±标准差,ms)	590±13	596±14	657±20	638±19	652±20

续表

	离合词				短语
	高频		低频		
	FB型	FF型	FB型	FF型	
正确率（均值±标准差,%）	96.9±0.8	94.2±1.1	90.2±1.3	96.2±0.6	89.8±1.3

2. 正确率

经单因素（结构-语素黏着性）方差分析，在高频条件下发现了极显著的结构主效应 [$F(1.695, 18.644) = 12.161$, $P<0.01$]，即 FB 型离合词、FF 型离合词、短语的正确率依次降低；在低频条件下也发现了极显著的结构效应 [$F(1.473, 16.2) = 9.891$, $P<0.01$]，即 FF 型离合词、FB 型离合词、短语的正确率依次降低。见表 3-2。

(二) 脑电数据

本实验取刺激呈现后 130—170ms、170—210ms 两个时间窗的平均波幅来观察头皮前部 P2（anterior P2，简称 P2a）成分；取 250—300ms、300—350ms 两个时间窗的平均波幅来观察 N400 成分；取 430—520ms、520—610ms 两个时间窗的平均波幅来观察 P600 成分。区分高/低频条件，采用结构（FB 型离合词/FF 型离合词/短语）×头皮分区（左前/左中/左后/中线/右前/右中/右后）两因素重复测量方差分析，分高频、低频两种条件，主要考察语素黏着性因素在离合词、短语视觉认知加工中的作用。

1. P2a 成分

在高频条件下，在 P2a（130—170ms）上发现了显著的结构（语素黏着性）主效应 [$F(1.388, 15.273) = 4.554$, $P<0.05$]，即 FF 型离合词、FB 型离合词、短语的 P2a 波幅依次增大，还发现了显著的结构×头皮分区的交互效应 [$F(3.347, 36.821) = 4.166$, $P<0.05$]，即 FB 型离合词、FF 型离合词、短语均在头皮左前区记录到最大波幅的 P2a，且以短语的 P2a 波幅最大；但在 P2a（170—210ms）上却未发现显著的结构效应 [$F(1.498, 16.476) = 0.331$, $P>0.05$]。见图 3-1。

在低频条件下，在 P2a（130—170ms）或 P2a（170—210ms）均未发现显著的结构主效应 [$F(1.766, 19.43) = 0.333$, $P>0.05$, 130—

高 频 条 件

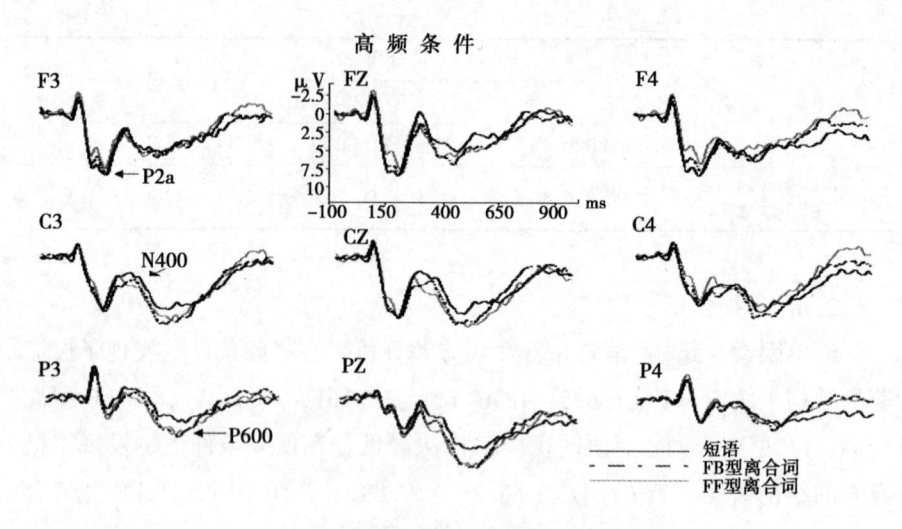

图 3-1 高频条件下 ERP 波形比较

170ms；F（1.933, 10.307）= 0.366，P > 0.05，170—210ms]。见图 3-2。

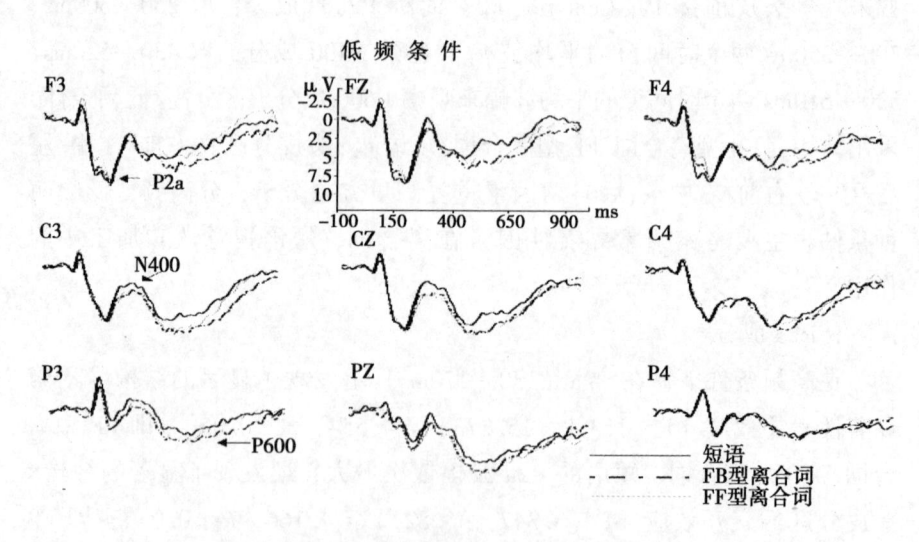

低 频 条 件

图 3-2 低频条件下 ERP 波形比较

2. P2a 成分的头皮分布

本研究分别选 130—170ms、170—210ms 两个时间窗做顶面观灰度脑电地形图，来观察不同实验条件下 P2a 的平均波幅在头皮上的分布情况。实验发现头皮前区的电极记录到了双音节 VO 式离合词、短语最大波幅的

P2a。见图3-3。

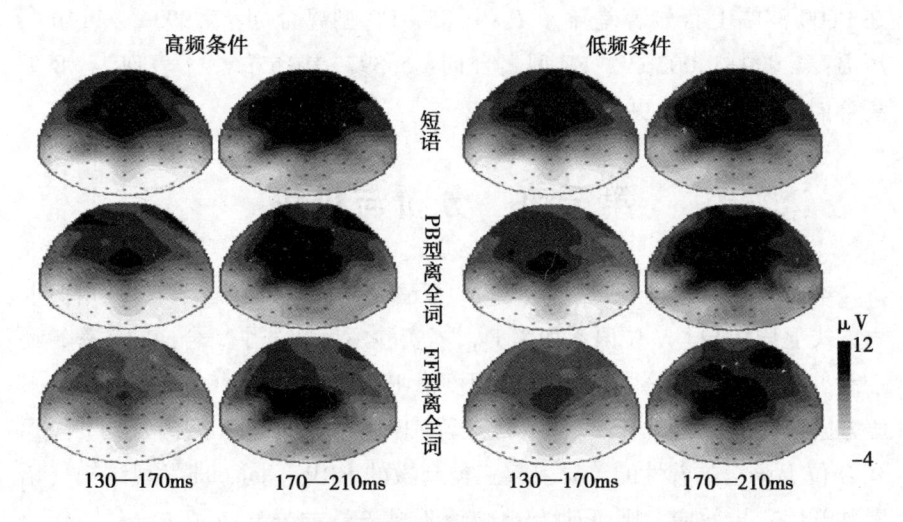

图3-3 不同实验条件下P2的头皮分布（顶面观）

3. N400 成分

无论是高频条件还是低频条件，在250—300ms、300—350ms 两个时间窗均未发现显著的结构（语素黏着性）主效应［高频：$F(1.779, 19.574) = 2.452$, $P>0.05$, 250—300ms, $F(1.575, 17.327) = 2.009$, $P>0.05$, 300—350ms；低频：$F(1.744, 19.185) = 1.963$, $P>0.05$, 250—300ms, $F(1.942, 21.364) = 1.315$, $P>0.05$, 300—350ms］。见图3-1、图3-2。

但在高频条件下，在300—350ms 时间窗发现了 FF 型离合词与短语在 N400 波幅上有显著差异（$P<0.05$, FF 型离合词：$2.986±0.679μV$，短语：$1.839±0.852μV$；FB 型离合词：$2.475±0.674μV$），表现为短语的 N400 更偏负向（见图3-1）。

4. P600 成分

无论是高频条件还是低频条件，在430—520ms、520—610ms 两个时间窗均未发现显著的结构（语素黏着性）主效应［高频：$F(1.749, 19.243) = 1.192$, $P>0.05$, 430—520ms, $F(1.743, 19.173) = 1.646$, $P>0.05$, 520—610ms；低频：$F(1.962, 21.585) = 0.712$, $P>0.05$, 430—520ms, $F(1.778, 19.561) = 2.717$, $P>0.05$, 520—610ms］。见图3-1、图3-2。

但在低频条件下，在 520—610ms 时间窗发现了 FB 型离合词与短语在 P600 波幅上有显著差异（$P<0.05$，FB 型离合词：$5.993±1.114\mu V$，短语：$4.099±1.002\mu V$；FF 型离合词：$5.397±1.155\mu V$），表现为 FB 型离合词的 P600 波幅更大（见图 3-2）。

第三节 分析与讨论

本研究中离合词、短语刺激均为双音节 VO 式，在音节长度、构词/语方式上均相同，V 位语素均为 $F_{单说}$。实验不仅区分了离合词的频率，还控制了 O 位语素黏着性，其黏着程度沿 FB 型离合词→FF 型离合词→短语方向依次降低，即 $B>F_{单用}>F_{单说}$。若 FB 型离合词、FF 型离合词、短语在 O 位上语素黏着性的差异引起三类刺激的 ERP 不同，即发现结构（语素黏着性）主效应，则可认为 O 位语素黏着性差异导致了离合词、短语在人脑认知加工过程上的差异。据此，我们可以探讨汉语离合词在人脑中的心理表征及通达问题。

一 在人脑的认知加工中低频离合词类似于短语，高频离合词则不然

汉语离合词可作有限扩展，有研究将扩展后的形式称为变式，将未扩展的形式称为原式（赵淑华、张宝林，1996）。朱德熙（1982：13）将未扩展的原式（如"理发"）看成词，把扩展后的变式（如"理了个发、理不理发"）看成词组。从形式来看，扩展后的变式看成短语没有什么问题，关键是未作扩展的原式是否也可划入短语，则不好断定。谢耀基（2001）在分析词与短语问题时指出："变式属于短语，不难分析；原式却可离常合，亦松亦紧，是短语还是词，十分扰人。"

上述内容表明，站在离合词的原式角度来探讨离合词作为语言单位的性质问题确是很有必要的。张珊珊、江火（2010）即从原式角度来考察离合词在人脑认知加工过程上与短语的关系，认为汉语离合词趋近于短语。但从实验设计来看，频率因素在该研究中没有考察。在词汇通达研究中，频率往往是首先要考虑的因素。一般认为，在非单纯词的词汇通达中，高频词往往选取不同于低频词的路径，前者倾向于以整词方式通达词义，而后者则倾向于以语素义组合（即计算）方式通达词义，此即词汇

通达的双路径模型（Caramazza et al.，1988；Baayen et al.，1997）。① 在汉语研究中，频率也已被证明是影响词汇通达的重要因素（王春茂、彭聃龄 1999；顾介鑫 2008）。也就是说，要探讨离合词在人脑中的认知加工过程就不得不考虑频率。

本研究也是站在离合词原式角度的，并且分别拿双音节 VO 式高频离合词、低频离合词与同为双音节 VO 式的短语比较，来考察频率是否影响离合词在人脑中的认知加工过程。从词汇/短语判断实验的行为数据来看，在正确率上，不论频率高低，均发现了极显著的结构（语素黏着性）主效应，离合词被判为真的正确率均高于短语的（见表 3-2）；在反应时上，仅在高频条件下发现了显著的结构（语素黏着性）主效应，高频离合词的远小于短语的，低频离合词的与短语的则无显著差异（见表 3-2）。

本研究的实验任务是双音节词汇/短语判断。一般认为，词汇/短语判断实验的反应时、正确率往往反映人脑通达词汇/短语过程的复杂程度，反应时越短、正确率越高，说明通达过程相对简单，反之则说明通达过程相对复杂。

在高频条件下，FB 型离合词、FF 型离合词、短语的反应时依次增大，正确率依次降低（见表 3-2）。这表明人脑在高频离合词的通达过程相比短语要简单得多。在本实验中，短语是由两个单说的单音节词（即 $F_{单说}$）组成的（如"喂鸡、买书"），其语义可由词义组合得出，在语义通达上类似于双路径模型所说的经语素义组合（计算）通达语义这一间接路径（Baayen et al.，1997）。据此可以推测，高频离合词可能选取较为简单的整词方式来通达语义，不同于短语通达语义的方式。在低频条件下，虽然在反应时上没有发现显著的结构（语素黏着性）主效应，但在正确率上仍发现了极显著的结构（语素黏着性）主效应（见表 3-2）。从反应时来看，低频离合词与短语的通达方式类似；但从正确率来看，两者在通达过程上还是有不同之处的。

---

① 除频率因素外，语义透明度（semantic transparency）也被认为是决定词汇通达方式的重要因素。所谓语义透明度，即是指由语素义组合可推知词义的程度，可推导程度高者为语义透明度词，反之则为语义不透明词（或称语义模糊词）。一般而言，语义透明词常以语素义组合（即计算）方式来通达词义，而语义模糊词则往往以整词方式通达词义（Baayen et al.，1997）。

从行为数据来看，在心理表征及通达方式上，双音节 VO 式高频离合词不同于短语，低频离合词则类似于短语。这一推论可以在下文的 ERP 数据分析中得到进一步验证。

二 语素黏着性影响人脑对离合词的认知加工过程

在词汇启动（lexical priming）研究中，相比含黏着词根的派生词（如"*survive*"），含自由词根的派生词（如"*conform*"）有更大的启动效应（Pastizzo & Feldman，2004）。即，在这两类派生词前分别呈现同词根派生词（如"*revive*""*deform*"）时，含自由词根的派生词更快被识别。换言之，词根语素黏着性是影响词汇识别的。至于词根语素黏着性如何影响词汇识别过程，可从一些相关的 ERP 研究中找到答案。

在西班牙语派生词视觉启动词汇判断研究中，前缀相关词对（*reacción*-*REFORMA*［*reaction*-*reform*］）较音节相关词对（*regalo*-*REFORMA*［*gift*-*reform*］）诱发了一个明显的左前额分布的 P2（150—250ms），该研究认为这一 P2a 成分可能反映了词汇前缀信息的快速识别（Domínguez et al.，2006）。

本实验在高频条件下在 P2a（130—170ms）上发现了显著的结构（语素黏着性）主效应，即高频的 FF 型离合词、FB 型离合词、短语的 P2a 波幅依次增高；还发现了显著的结构（语素黏着性）×头皮分区的交互效应，即 FB 型离合词、FF 型离合词、短语均在头皮左前区记录到最大波幅的 P2a，且以短语的 P2a 波幅最大（见图 3-3）。本实验中 P2 也是左前额分布（见图 3-3），在头皮分布上与 Domínguez et al.（2006）的 P2 相似。该结果表明，本实验中的 P2a 反映了人脑对双音节 VO 式组合的结构（语素黏着性）的加工过程。换言之，语素黏着性影响人脑中离合词、短语的结构加工。但在低频条件下，在 P2a（130—210ms）上未发现显著的结构（语素黏着性）主效应。这表明，在结构（语素黏着性）加工阶段，低频离合词与短语类似。

在词汇判断的 ERP 研究中，N400 一般被认为是反映了人脑在刺激与其语义表征之间作关联搜索（link search）的难度，N400 越偏负向，刺激和它的语义表征之间的关联就越难以搜索，即语义越难通达（Bentin et al.，1999）。本实验是词汇/短语判断的研究，在 N400 上虽未发现结构（语素黏着性）主效应，但在高频条件下在 N400（300—350ms）波幅上却发现 FF 型离合词与短语有显著差异，表现为短语的 N400 更偏负向（见图 3-1）。这说明短语在语义通达上较高频 FF 型离合词难，同时也暗示高频 FF 型离合词在语义通达上可能采取整词方式，不同于短语的词义组合（计算）方式。

在句子水平的 ERP 研究中，P600 被认为是反映了涉及重新分析（re-analysis）的语法加工过程（Osterhout & Holcomb, 1992; Kim & Osterhout, 2005）或语义加工过程（Munte et al., 1997）。在词汇判断的 ERP 研究中，顾介鑫、杨亦鸣（2010）则发现 P600 波幅越大时，被加工的复合构词法越能产；P600 波幅越小时，被加工的复合构词法越不能产。据此，该文认为 P600 反映了人脑对汉语复合构词法能产性的认知加工过程，体现了人脑对汉语复合构词法的再分析。本实验为词汇/短语判断研究，虽然没有在 P600 上发现显著的结构（语素黏着性）主效应，却在低频条件下在 P600（520—610ms）上发现 FB 型离合词与短语有显著差异，即 FB 型离合词的 P600 波幅更大。这在一定程度上说明，低频 FB 型离合词在结构（语素黏着性）的再分析上还是不同于短语的。

总体来看，本研究采用词汇/短语判断任务，从语素黏着性这一角度分别比较了高频、低频离合词与短语在人脑中的认知加工过程。实验发现，在高频条件下，反应时、正确率，以及 P2a（130—170ms）波幅上均有显著的结构（语素黏着性）主效应，且短语的 N400（300—350ms）较 FF 型离合词更偏负向；在低频条件下，仅正确率上有显著的结构（语素黏着性）主效应，FB 型离合词的 P600（520—610ms）波幅显著大于短语的。这些结果表明，从人脑的认知加工过程来看，离合词为低频时与短语类似，但尚存不同之处；离合词为高频时，语素黏着性影响人脑对离合词、短语的认知加工方式，离合词与短语在人脑中的结构（语素黏着性）加工、语义加工阶段皆有差异。

第四节　结语

离合词既有"合"（原式）的用法，也有"离"（变式）的用法，且后者常在口语中出现。张珊珊、江火（2010）及本研究都是站在原式角度，拿"合"态离合词与短语作比，通过 ERP 实验分析了离合词的语言单位性质问题。原式是常态，变式是特例（赵淑华、张宝林，1996），且离合词原式与短语的区分更为棘手（谢耀基，2001），从原式角度来考察离合词在人脑中的认知加工方式确是很有必要的。

但毋庸置疑的是，离合词之所以特殊，很大一方面是因为它在日常的有声言语交流中有"离"的用法。因此，从语音听觉通路，拿"离"态离合词与"离"态短语作比，无疑将成为离合词研究中下一个值得着力探讨的方向。

第四章 离合词的音系特征及其神经基础

第一节 引言

在汉语中，离合词可合用，如"注意车辆"；也可离用，如"注（一）点儿意"（赵元任，1979）。在离合词研究中，学界一般称前者为原式，后者为变式（赵淑华、张宝林，1996）。以往研究多着眼于离合词变式，很少关注原式离合词。谢耀基（2001）指出"（离合词）原式却可离常合，亦松亦紧，是短语还是词，十分扰人。"由此看来，原式离合词理应受到更多关注。本文主要关注原式离合词①音系特征的研究。

离合词的音系特征研究，可分音步、重音两个方面来看。就音步而言，有研究根据汉语韵律词理论（冯胜利，1996），认为凡是离合词都是韵律词，其两音节构成一个标准音步（冯胜利，2001b）。就重音而言，汉语里的词是否适合从重音角度来分析，学界有不同的观点。近年来，冯胜利（2001a）认为汉语中词的韵律分析应看长度（音节数），不应倚重重音；而端木三（1999）则认为汉语中的词既可从音步，也可从重音来分析，并指出汉语中词的重音为左重。

就语法层面而言，研究大多认为离合词属于词汇层面（赵元任，1979；朱德熙，1982）。那么，离合词在音步上是否为一音步，在重音上是否为左重呢？若答案为是，则与一般复合词无异，这与离合词在违反词汇整体性假说（Lexical Integrity Hypothesis, LIH）上表现出的潜在可扩展性相悖；若答案为否，则应重新审视、分析这一问题。下文将尝试从音步形成、重音分布两个方面分析该问题。

---

① 为行文方便，若不作特别说明，下文的离合词均指原式离合词。

第二节　离合词音系特征研究

据施茂枝（1999）统计分析，《现代汉语词典》（商务印书馆，1996修订版）收录离合词3111条，其中VO式离合词就有2960条，占离合词总数的95.14%。一般来说，学界讨论的典型离合词也主要限于动宾式，如赵元任（1979）、吕叔湘（1979）、朱德熙（1982）等。因此，下文将以双音节VO式离合词（如"吃亏、破例"）为例，着手分析离合词的音系特征问题。

一　离合词的音步形成

在音系学中，语音表达式的生成过程受语法特征的制约（Selkirk, 1995; Seidl, 2008）。离合词因其潜在的、有限可扩展性在语法特征上不同于一般复合词（王海峰、姚敏，2010；顾介鑫，2008：39—40）。那么，在音步形成上，离合词也应不同于一般的复合词。

从生成音系学来看，词、短语的语音表达式是由不同的底层表征（underlying representation）经过不同的音系范畴生成程序（phonological domain generator, PDG）生成的。就语音表达式生成而言，同为双音节的复合词、短语对应于不同层级的韵律单位。

(1) 复合词：词汇 X^0 边界投射出音系词（phonological word）边界

短语：短语 XP 边界投射出音系短语（phonological phrase）边界

从语法层面来看，语言规则通常决定着人们如何使用语言进行交际。但是，语言是会发展变化的，语言使用也会反过来影响语言规则。

(2) 在具体情况下，除公式（formulas）外，说话人必须通过习惯来应付新场合的需要，以表达在细节上未曾表达过的东西。因此，说话人不可能受制于习惯，而必须变动这些习惯，以适应不同的需要。这样，随时间推移就可能催生新的表达式和习惯，即新的语法形

式和新的用法。(Jesperson, 1924: 29)

在日常言语交流中,双音节 VO 式离合词除了做动词外,还保持着有限扩展的潜能,如"吃了三次亏、吃了不懂规则的亏"。汉语离合词的"离用"使得它在语法上不同于一般的复合词。这一语法差异使得双音节 VO 式离合词在底层表征上不同于一般 VO 式复合词,在韵律层级投射上也就具备潜在的跨层级性。

(3) 双音节 VO 式离合词:离合词 X^s[①]边界投射出音系词边界,但可潜在地投射至音系短语边界,表现在其特征性的音步形成、重音分布上(见图 4-1)。

从音步形成来看,人们在单说双音节 VO 式复合词(如"得罪、采暖")时,V、O 在同一音步 $[V_1+O_1]$;在单说双音节 VO 式短语(如"洗脸、垒墙")时,V、O 则在不同音步 $V_1 [O_1+0]$[②]。但人们在单说双音节 VO 式离合词时,会因日常言语交流中较为频繁的"离用"致使双音节 VO 式离合词 V、O 两音节间存在一潜在空位(potential gap)。该潜在空位在语流中会表现为一种语音停顿,进而影响离合词的音步形成。

但需同时指出的是,此处讨论的原式离合词为双音节形式。在语音表达式生成上,双音节 VO 式离合词仍表现为一音步,但在稳定性上弱于双音节 VO 式复合词,存在一定的游离性。即,由于 V、O 这两音节间的潜在空位造成操汉语者形成了程度较深的语音停顿经验,双音节 VO 式离合词在语音表达式生成上存在 V、O 被分到两个音步 $V_1 [O_1+0]$ 的潜势,进而类似于双音节 VO 式短语。

二 离合词的重音分布

在韵律音系学中,重音[③]分布往往与音步形成结合起来分析。端木三(2000)认为,"词以上的结构里,两个字(音节)是不是在同一个音步

---

① s 意指 separability,是说原式离合词具备潜在的可扩展性。
② V_1、O_1 代表单音节的动词性语素、名词性语素,0 代表空拍(端木三,1999)。
③ 也有研究从实验语音学的音域敛展来分析重音问题(王洪君,2001)。

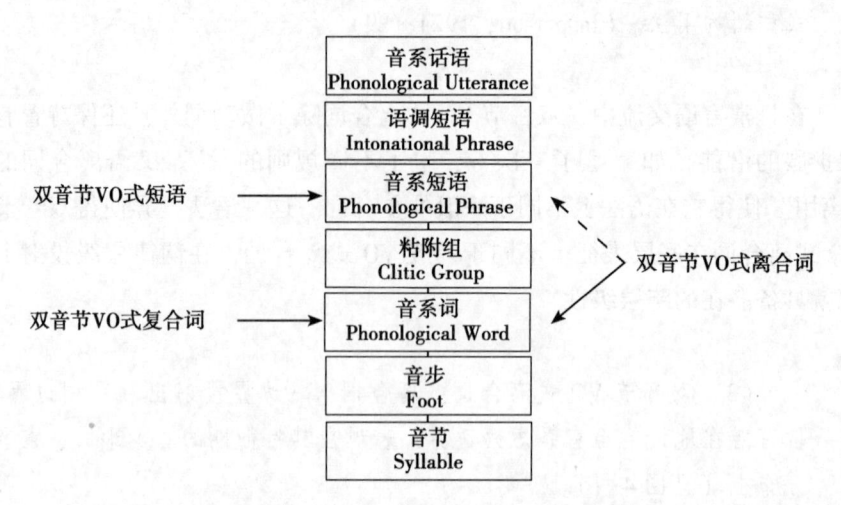

```
                    ┌─────────────────────┐
                    │    音系话语          │
                    │ Phonological Utterance│
                    ├─────────────────────┤
                    │    语调短语          │
                    │ Intonational Phrase │
                    ├─────────────────────┤
双音节VO式短语 ────→ │    音系短语          │ ←┐
                    │ Phonological Phrase │  │
                    ├─────────────────────┤  ├─ 双音节VO式离合词
                    │    粘附组           │  │
                    │   Clitic Group      │  │
                    ├─────────────────────┤  │
双音节VO式复合词 ──→ │    音系词           │ ←┘
                    │ Phonological Word   │
                    ├─────────────────────┤
                    │    音步             │
                    │    Foot             │
                    ├─────────────────────┤
                    │    音节             │
                    │   Syllable          │
                    └─────────────────────┘
```

图 4-1 双音节 VO 式短语、离合词、复合词的韵律单位边界投射

里要看哪个字更重。如果前面的字重，两个字可以组成一个左重步；如果后面的字重，两个字就不能组成一个左重步，所以它们也就不能在同一个音步里"。双音节 VO 式离合词的音步形成有其特殊性，它的重音分布也会因其不同于一般 VO 式复合词而不同于一般复合词。

关于汉语中词、短语的重音分布，端木三（1999）有较为详细的阐述。

(4) a. 汉语中词有重音，为左重；

　　 b. 词以上的重音由句法关系决定，由一个中心成分和一个辅助成分组成的结构里，辅助成分比中心成分重，即"辅重论"。（端木三 1999）

就 VO 式双音节结构而言，若其为复合词，在读音上为左重读，且 V、O 成分组成一个音步，即左重步；若其为短语，按辅重原则(4) b，在音系上为右重读，为满足 (4) a 中词为左重读的条件，此时 V、O 成分不在一个音步里，即 V、O 被分到两个音步中去了。从语音表达式来看，双音节 VO 结构的复合词、短语的语音表达式可进一步表述为 (5)。

(5) a. 复合词左重读，V、O 在同一音步 $[V_1+O_1]$；

　　 b. 短语右重读，V、O 在不同音步 $V_1[O_1+0]$。

上文提到，汉语离合词 V、O 间的潜在有限扩展性使得 V、O 间形成一个潜在空位。而且，该潜在空位使得操汉语者在日常言语使用中形成了较强的语音停顿经验。端木三（2014）较为充分地论证了语音停顿可以改变原有的重音分布。双音节 VO 式离合词因为操汉语者较强的语音停顿经验，在重音分布上会不同于双音节 VO 式复合词。后者为一左重读的一音步（见（5）a），前者也因用为合式而基本同于（5）a。但是，存在于双音节 VO 式离合词上较强的语音停顿经验，在一定程度上动摇了原本的左重步稳定性。即，语音停顿经验可能促使原本处于 V 上的重音右移，进而使得双音节 VO 式离合词在重音分布上类似于（5）b。换言之，操汉语者在说原式离合词时，虽读左重但有右重读潜势。总而言之，双音节 VO 式离合词在音步形成、重音分布上的音系特征不同于双音节 VO 式的复合词、短语，可归纳为表 4-1。当然，上文的分析仍有待于语音学实验予以验证。

表 4-1　双音节 VO 式的复合词、离合词、短语的音系特征

	复合词	离合词	短语
音步	一音步	一音步，有分为两音步潜势	两音步
重音	左重读	左重读，有右重读潜势	右重读

三　离合词的语音特征实验研究

为验证上述理论分析，我们尝试用小样本的语音实验来证实。实验随机选取 10 组双音节 VO 式复合词、离合词、短语，于隔音室中由一汉语普通话水平为一级乙等的女生朗读并录音。语音采集时的采样频率为 11KHZ，量化级为 16 bit。我们采用 Cool-Edit 软件将录音材料切分成单独的双音节组合（见图 4-2），然后通过 Praat 软件提取其音节起始及结束时间、音节发音中连续的基频数值，用于计算双音节组合中各音节的音长、音高数据[①]。

上文理论分析的音步、重音特征可以分别由 VO 式两音节间的语音停

[①] 在与中国社会科学院李爱军教授的电子邮件交流中，李教授指出汉语中的重音与音长、音高关系密切，而音强则次之。因此，我们在该语音实验中主要通过音长、音高数据来分析离合词的音系特征。

驱　蚊　　　拆　台　　　租　船

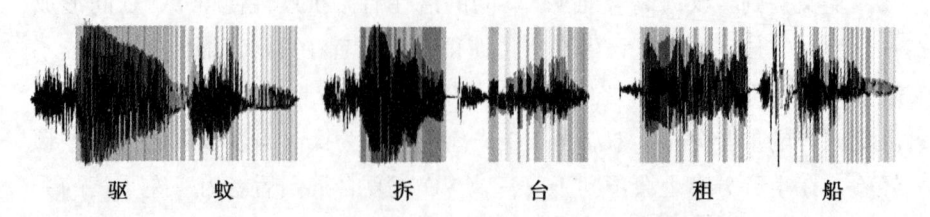

图 4-2　双音节 VO 式复合词、离合词、短语的语谱图（依次举例，线栅为脉冲（pulse）标记）

顿，后、前两音节的音长差及音高差来反映（见表 4-2）。语音实验数据统计显示，在两音节间语音停顿时长上，双音节 VO 式复合词、离合词、短语依次增长（见图 4-3）；有必要指出的是，在图 4-3A 中，10 组复合词、离合词、短语的语音值（即两音节间语音停顿时长）标识于雷达图上，三者各自对应的 10 个数值点各自围成一个圈，综而观之，复合词的在最内侧，短语的在最外侧，离合词的则居于其间；图 4-3B 则明晰地用柱形图显示出复合词、离合词、短语在音节间语音停顿时长依次增加的态势。

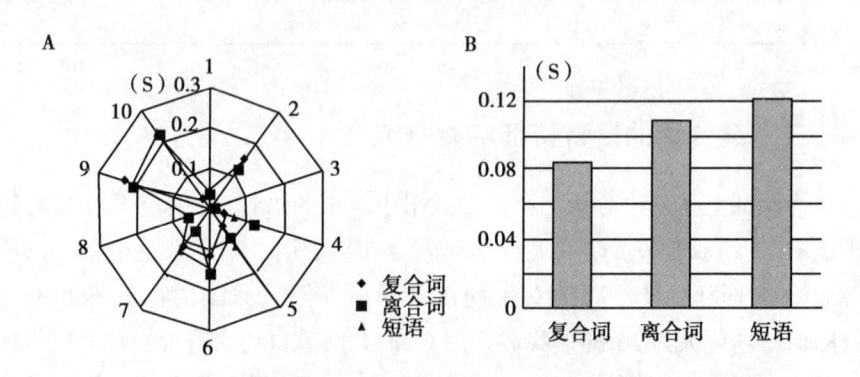

图 4-3　双音节 VO 式复合词、离合词、短语的音节间语音停顿时长比较（A 为单项值，B 为平均值）

而在音长、音高差（后音节-前音节）上，双音节 VO 式复合词、离合词、短语在后音节较前音节音长更长的幅度上依次降低，且在后音节较前音节音高更低的幅度上依次升高（见表 4-2）。

表 4-2　双音节 VO 式的复合词、离合词、短语的音长、
音高差及音节间语音停顿（平均值）

	复合词	离合词	短语
音节间语音停顿（s）	0.085	0.109	0.121
后音节音长—前音节音长（s）	0.078	0.069	0.061
后音节音高—前音节音高（Hz）	-5.99	-41.7	-50.0

就该小样本语音实验的结果来看，同为双音节 VO 式的离合词在其音节间的语音停顿时长比一般复合词长，但又较短语短。这表明汉语离合词内部存在"潜在空位"的假设是有其语音学证据的。但在由音长差、音高差反映的重音特征上，该小样本语音实验的结果没有证明前文理论分析的音系特征（即复合词左重读，短语则右重读），且有相左的表现，即复合词右重读，短语则左重读（见表 4-2）。这可能与语音采集的方法有关，该语音实验是通过朗读孤立的双音节组合，而不是通过朗读置于语境中的双音节组合来采集语音；前者较后者对双音节中前、后两音节在音长、音高上的限制少得多，进而可能影响重音特征比较的结果。值得注意的是，汉语离合词在重读上仍然表现出界于复合词与短语之间的特点。为进一步验证汉语离合词在音系上界于复合词与短语之间的特点，有必要采用高时间分辨率的事件相关电位技术予以实验。

第三节　离合词音系特征的 ERP 实验研究

汉语双音节 VO 式离合词在音系层面上也表现出不同于复合词、短语的特点，是从理论角度推演的，且在随后小样本语音实验中获得了部分证实，即汉语离合词虽往往被看做特殊的复合词，但其内部确存在一个"潜在空位"。理论推演中最好的证据莫过于有科学实验提供的证据，语言学研究亦是如此（杨亦鸣，2007）。进一步的实验证据既可以从大规模的语音数据中寻找，也可以从认知神经科学实验中寻找。在基于事件相关电位技术的神经电生理学研究中，P200[①]被证明是反映阅读过程中语音

[①] 因 P200 是刺激呈现后第二个出现的正波（positivity），也可称为 P2 成分（见绪论第三节第三部分）。

加工的特征成分（Kong et al.，2010）。鉴于词语的韵律、节奏与人脑的语音感知密切相关，本文拟先从后者着手来寻找离合词音系特征在认知神经基础方面的证据。

关于离合词的认知神经科学实验研究，张珊珊、江火（2010）首次通过 ERP 实验探讨了汉语离合词的属性问题，认为离合词与短语在加工机制上更为接近。但略显遗憾的是，该研究没有控制频率，语料取样也未能充分反映汉语离合词原貌（顾介鑫等，2011）。本 ERP 实验将控制频率因素，尝试在离合词音系特征分析的基础上进一步探讨其神经基础问题。下文将分高频、低频两种条件，通过视觉词语判断任务[①]，采用 ERP 技术，比较同为双音节 VO 式的离合词与复合词、短语的在线认知加工过程，着重探讨离合词的结构加工（尤其是语音加工）的神经基础问题。

一　实验受试

本实验选择不同专业的 18 名健康大学生做受试，男 9 名，女 9 名，年龄 19—22 岁，平均年龄为 21.3 岁。受试均为右利手，家族中无神经或精神疾病史，视力或矫正视力正常。受试在实验前阅读知情同意书并签字，实验后被给予一定报酬。

二　实验设计和刺激材料

我们控制频率因素（高频/低频），通过视觉词语判断的 ERP 实验考察结构差异（语法层面/音系层面）在汉语视觉认知加工中的影响。

本研究实验语料包括双音节 VO 式复合词、离合词、短语、假词、假短语。复合词选自《现代汉语频率词典》（北京语言学院出版社，1986）中"表四（3）生活口语中前 4000 个高频词词表"和"表三低频词词表"，择取高、低频词各 30 个。离合词主要选自《现代汉语"离合词"用法词典》（杨庆蕙主编，北京师范大学出版社，1995），同时参考《现

[①] 词汇判断任务是词汇识别研究中常用的实验任务，受试在实验中需凭语感判断看到的（视觉）或听到的（听觉）词在某语言中是否存在，并作相应的按键操作。通过相应的刺激程序软件，我们可以记录受试完成词汇判断所需的时间（即反应时）和正确率。本实验中的刺激除复合词、离合词外，还有短语，故称为词语判断；因三者均为双音节，不影响受试作如上判断操作，可用于考察人脑对三者的认知加工过程。

代汉语频率词典》中"表四（3）生活口语中前 4000 个高频词词表"和"表三低频词词表"，择取高、低频词各 30 个。短语选自《汉语常用动词搭配词典》（王砚农、焦庞颙编，外语教学与研究出版社，1984）和 CCL 语料库（http：//ccl. pku. edu. cn：8080/ccl_ corpus/index. jsp？dir = xiandai），依据其在语料库出现的频次高低，择取高、低频短语各 30 个。例见表 4-3。

表 4-3　　　　　　　　不同频率条件下的实验语料示例

	低频	高频
复合词	采暖	得罪
离合词	破例	吃亏
短　语	垒墙	洗脸

其中，假词是由拆开双音复合词后得到的一批语素随机组合，且无所指（signifié）的语素组合，如"邻德、开雨"。假短语由拆开双音节短语后得到一批单音节词随机组合，且无意义的双音节短语，如"避布、很锅"。实验刺激共 480 个，包括双音节 VO 式复合词 60 个（高/低频各 30 个），离合词 60 个（高/低频各 30 个），短语 60 个（高/低频各 30 个），作为填充语料的双音节非 VO 式复合词 40 个、短语 20 个；以及与真词数量对应的假词 160 个，假短语 80 个。真、假词内部，真、假词之间的笔画数经统计分析，均无显著差异。

三　实验程序

刺激词或词组为 60 号宋体，字体为银白色，屏幕为黑色。刺激逐个逐屏呈现，每个刺激呈现时间为 200ms，刺激间隔（SOA）在 2—2.5s 之间随机。实验刺激程序分 3 个序列，序列内不同类型的刺激假随机排列，实验时序列呈现次序亦随机。每序列耗时 5—6 分钟，序列间受试者可休息 2 分钟。受试处于暗光的屏蔽室，眼睛距电脑屏幕中心约 1.2m，实验时须注视电脑屏幕的中心。刺激系统 STIM2（Neurosoft, Inc. Sterling, USA）控制刺激在屏幕上的呈现，实验开始前让受试阅读实验指导语，让其了解本实验的作业任务和要求。实验中，受试默读刺激词/语，并根据语感对其作真、假判断，并作按键反应。18 位受试在实验中的按键反应作了左右手平衡,并被要求在保证反应正确的前提下尽可能迅速地完成按键操作,避免无关的眼球运动和肢体运动。实验前有大约2分钟的刺激程序,供受试练习、熟悉实验任务,不进入正式实验。待受试充分练习并熟悉实验任务后,开始正式实验程序。

四 脑电记录及处理

用 NeuroScan 64 导电极帽(10/20 系统),通过 SCAN(Neurosoft, Inc. Sterling, USA)同步记录脑电。左侧乳突电极记录值作参考,前额接地,使皮肤与电极之间的阻抗低于5KΩ。水平眼动监视电极位于双眼外眦外2cm,垂直眼动由左眼眶上下处记录。脑电信号由放大器放大,滤波带通为0.05—100Hz,采样频率为1000Hz,离线分析处理ERP数据。处理脑电时,通过NeuroScan的数据分析软件,参考电极记录值由左侧乳突记录值转换为双侧乳突记录的均值。然后,每个电极记录点上不同刺激类型的事件相关电位被分别叠加,叠加的时间区段为1100ms,自刺激呈现前100ms至刺激呈现后1000ms,取刺激呈现前100ms作基线。数据统计分析时,头皮上的记录电极被分成7个区:左前区(AF3, F1, F3, FC1, FC3)、左中区(T7, C1, C3, C5)、左后区(CP1, CP3, P1, P3, PO3)、中线区(FZ, FCZ, CZ, CPZ, PZ)、右前区(AF4, F2, F4, FC2, FC4)、右中区(T8, C2, C4, C6)、右后区(CP2, CP4, P2, P4, PO4)。实验数据采用SPSS13.0进行方差分析,P值采用Greenhouse Geisser校正,波幅大于±80μV的脑电被视为伪迹自动排除,实验中反应错误或污染严重的脑电被剔除,不予统计分析。脑电地形图由NeuroScan64导ERP数据得出。

五 实验结果

18名受试中,3名因脑电不稳或错误率过高(error rate≥40%)而未用于统计,故只有15名受试的实验数据被纳入统计分析。

(一)行为数据

经频率(低频/高频)×结构(复合词/离合词/短语)两因素方差分析,发现了极显著的频率效应[$F(1, 14) = 107.117, P < 0.01$],即高频条件下复合词、离合词、短语的反应时更短;发现了显著的结构效应[$F(1.679, 23.506) = 4.189, P < 0.05$],表现为复合词、短语、离合

词的反应时依次降低；还发现了极显著的频率×结构交互效应［F（1.96, 27.436）= 8.978，P<0.01］，即低频条件下结构效应更显著。不同条件下词汇/语判断的反应时，见表4-4。

表4-4　不同频率条件下各类刺激的反应时（均值±标准差，ms）

	低频	高频
复合词	730±21	648±20
离合词	693±23	647±21
短　语	723±19	641±19

（二）脑电数据

本实验取刺激呈现后150—180ms、180—210ms、210—240ms三个时间窗来观察头皮前部P200成分；取300—350ms、350—400ms两个时间窗来观察N400成分；取440—500ms、500—560ms、560—620ms三个时间窗来观察P600成分。在统计分析上，采用频率（低频/高频）×结构（复合词/离合词/短语）×头皮分区（左前/左中/左后/中线/右前/右中/右后）多因素重复测量方差分析，主要考察结构因素在汉语视觉认知加工中的作用。

1. P200成分

仅在P200（150—180ms）上发现了显著的结构效应［F（1.928, 26.991）= 3.605，$p<0.05$］，即P200波幅随复合词、离合词、短语的可扩展性依次增高而增大。但是，各时间窗均未发现显著的频率效应（$PS>0.05$）；也未发现显著的频率×结构交互效应、结构×头皮分区交互效应（$PS>0.05$），见图4-4。

2. P200成分的头皮分布

本研究中P200呈现出双峰（见图4-4），我们分别选150—180ms、180—210ms、210—240ms三个时间窗做灰度脑电地形图，来观察不同实验条件下P200的平均波幅在头皮上的分布情况，在头皮前区的电极记录到了最大波幅的P200。见图4-5。

3. N400成分

两个时间窗均发现了显著的频率效应［F（1, 14）= 10.701，$P<0.01$，300—350ms；F（1, 14）= 4.657，$P<0.05$，350—400ms］，即低

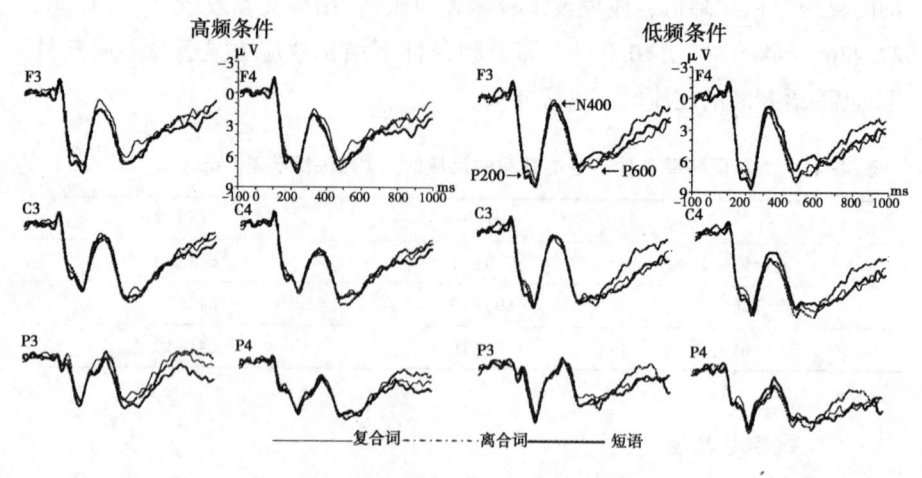

图 4-4 不同频率条件下的 ERP 波形比较

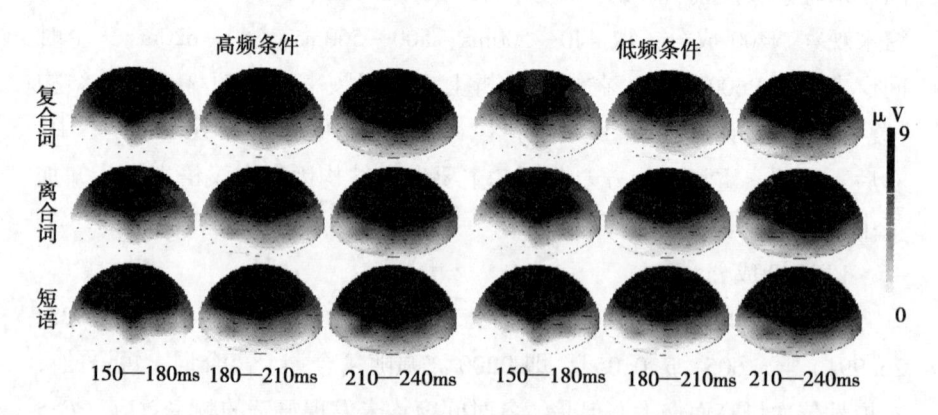

图 4-5 不同频率条件下 P200 的头皮分布（顶面观）

频复合词、离合词、短语诱发更负的 N400。但两个时间窗均未发现显著的结构效应（$PS>0.05$）；也未发现显著的频率×结构交互效应、结构×头皮分区交互效应（$PS>0.05$），见图 4-4。

4. P600 成分

前两个时间窗发现了显著的频率效应 [$F(1, 14) = 6.451$, $P<0.05$, 440—500ms；$F(1, 14) = 5.658$, $p<0.05$, 500—560ms]，即高频的复合词、离合词、短语诱发了波幅更大的 P600。但是，三个时间窗均未发现显著的结构效应（$PS>0.05$）；也未发现显著的频率×结构交互效应、结构×头皮分区交互效应（$PS>0.05$），见图 4-4。

第四节 讨论

从语言学理论分析来看，汉语双音节 VO 式离合词与复合词、短语在音步、重音等音系特征上不同，体现出一种处于短语、复合词之间的过渡状态。就结构主效应来看，仅在 P200（150—180ms）上表现出显著的结构主效应，即复合词、离合词、短语诱发了波幅依次增大的 P200。

一 离合词音系特征的 ERP 证据：P200

一般认为，阅读过程中每一个词对应的语音是自动激活的（Tan et al., 2005）。在汉语阅读的心理学实验研究中，字、词的语音也已被证明是自动激活的（Perfetti et al., 1991；Tan et al., 1999）。在 ERP 研究中，P200 被证明跟阅读过程中的语音激活有关。

关于 P200，在诸多语言的视觉词汇识别中很早就受到关注。在英语中，Kramer & Donchin（1987）通过同—异韵律判断（same - different rhyme-judgement）任务，发现正字法、音系特征均不同的词对诱发了最大波幅的 P200，正字法与语音一致的词对诱发了最小波幅的 P200，而正字法特征不同或音系特征不同的词对诱发的 P200 波幅则居中，处于前两者之间。Kramer 和 Donchin 认为，该 P200 成分反映了在信息加工初期（大概是刺激分类阶段），词的正字法、语音信息的提取（extraction），以及语音加工和正字法加工之间的相互作用。在希伯来语中，Barnea & Breznitz（1998）也通过韵律判断（rhyme-non-rhyme decision）任务，发现了类似的 P200 现象。这表明，P200 可反映印欧系语言视觉词汇识别中的语音加工。

近年来，P200 在汉语字词阅读中越来越受到关注。在默读形声字并判断该形声字与之后在电脑屏幕上呈现的探测词（probe）是否同音的 ERP 实验中，发现低一致性汉字（"缀、悚"，声旁与形声字读音对应得差）较高一致性汉字（"殇、琬"，声旁与形声字读音对应得好）诱发了更大的 P200；作者认为低一致性汉字在刺激感知水平上正字法、语音激活较高一致性汉字低（Lee et al., 2007；Hsu et al., 2009）。在视觉通道的启动语义判断①ERP 研究中，Zhang et al.（2009）发现汉语低频单音节同音（且语义无关）字对（"苞—褒"）较参照的无关字对（"翱—褒"）诱发了更强的 P200，他们认为在语义激活（由 N400 反映）之前即发生了语音激活。在同样的启动语义判断任务下，同音字对（"桔—雇"）、押韵字对（"恤—雇"）较参照字对（"甥—雇"）诱发了更大的 P200，Kong et al.（2010）认为 P200 反映了视觉字词识别过程中音节及次音节水平的语音加工。也就是说，P200 也反映汉语字词视觉识别过程中的语音加工。

在本研究的词语判断 ERP 实验中，双音节 VO 式复合词、离合词、短语诱发的 P200 在 150—180ms 窗口依次增大（见图 4-4）；且 P200 上未发现频率效应，即频率高低不影响 P200 波幅的变化。在排除频率影响的基础上，可以认为本研究中的 P200 反映了同为双音节 VO 式的复合词、离合词、短语在结构上的差异。

有关语言视觉识别中的结构加工问题，分叉延迟双路径（fork-delayed dual route, FDDR）模型（顾介鑫，2008）指出，汉语视觉词汇识别是分阶段进行的，可分为结构加工、语义加工两个阶段；其中结构加工包括切分（segmentation）、允准（licensing）两个步骤，在切分步骤中词将被切分为其组成成分，在允准步骤中词的音系特征将被核查（check）②，语音信息此时即已激活，结构加工由 ERP 成分 P200 反映。

下面来详看音系特征核查。需要首先说明的是，本实验中短语、离合词、复合词均为双音节，可同条件地放在一起作语音的在线加工分析。一般而言，无论是在听别人说话还是在阅读文字时，语言都体现出线性（linearity）特点，即在时间维度上表现出一定的先后顺序。从语言认知加工的角度来看，一个音步的通常较两个音步的识别起来会更快；早出现的重音（左重读）往往较晚出现重音（右重读）早识别。从音系特征上来看，同为双音节 VO 结构的复合词为一音步、左重读，短语为两音步、右

---

① 在视觉启动语义判断实验中，受试会看到屏幕上前后呈现的一对刺激，前一刺激为启动刺激（prime），后一刺激为目标刺激（target），并被要求判断前后呈现的刺激在语义上是否相关。在该类实验中，可以通过控制启动刺激与目标刺激在语音（或正字法）、语法上的关联程度（相关/无关）来考察人脑对语音（或正字法）、语法的认知加工情况。

② 在相关的视觉词汇识别模型（Baayen et al., 1997）中，已提及语音信息的激活问题。

重读；而离合词则为一音步兼具两音步潜势、左重读兼具右重读潜势（见表4-1）。基于语言的线性及其认知加工的特点，就语音加工而言，复合词最快，短语最慢，离合词则居于其中，这与本实验中的复合词、离合词、短语诱发出波幅依次增大的P200（见图4-4）是一致的。这表明，P200波幅越大时语音加工越慢。

二 频率不影响离合词的语音加工，但影响语义、语法加工

本章第四节第一部分已经指出，P200反映人脑对汉语音步形成、重音分布等的语音加工过程；且在P200上未发现频率主效应，即频率高低不影响P200波幅的变化。也就是说，双音节VO式的离合词、复合词、短语是否常用并不影响人脑对它们的语音加工。这与顾介鑫（2008）提出的频率不影响汉语复合词识别的结构加工阶段的观点是一致的。

但是，本ERP实验在N400、P600上却均发现了显著的频率效应，即离合词、复合词、短语三者均在低频条件下诱发了更负的N400和更小的P600。在语言认知的ERP研究中，一般认为N400反映语义加工（Kutas & Federmeier, 2011），P600则反映后期的语义（Munte et al., 1997）或语法的再分析（Osterhout & Holcomb, 1992；Kim & Osterhout, 2005）。在词汇判断的ERP研究中，N400也被证明反映了语义加工（Bentin et al., 1999；顾介鑫，2008），语义越难于识别则诱发越负的N400；P600被证明反映了词法的再分析，再分析的程度越深则诱发越大的P600（顾介鑫、杨亦鸣，2010）。

在以往的词汇判断心理学实验研究中，频率被认为是影响词汇识别的一个重要因素。高频合成词往往较低频合成词易于识别，在于二者采取了不同的识别方式。即，在大脑词库（mental lexicon）中，高频合成词一般以整体方式（full-listing）被识别，而低频合成词则通常以语素组合方式（full-parsing）被识别（Caramazza et al., 1988；Baayen et al., 1997；王春茂、彭聃龄，1999）。从语法角度来看，双音节VO式离合词、短语具有可扩展性，这往往使得人脑在识别它们时倾向于采取语素组合方式。但语言是存在于使用中的，某一语言单位使用频率的高低难免会影响人脑识别它的快慢。高频离合词、短语经常以双音节形式同现，可能倾向于采取整体方式被识别；而低频复合词、离合词、短语则可能仍倾向于采取语素组合方式被识别。本词语判断的ERP实验中双音节VO式的复合词、离

合词、短语在 N400、P600 上的频率效应，与人脑在不同频率条件下采取不同的方式识别它们有关，低频条件下的离合词、复合词、短语较高频条件在语义识别上更难，在语法（或语义）再分析的程度上越低。换句话说，频率是影响离合词的语义、语法加工的。

从行为数据来看，离合词的平均反应时较短语、复合词短。本实验任务为视觉词语判断任务，受试需要凭语感来判断呈现的刺激在汉语中是否能说，涉及人脑对刺激的语音、语义、语法加工过程。一般而言，声音是语言的第一载体，文字是继声音之后语言的第二载体。而且，已有的研究（见第四节第一部分）及本实验已证明人在阅读文字时伴随着语音激活。从语言视觉识别的 ERP 研究来看，语音信息一般被认为早于语义、语法信息被激活。就某一语言单位来说，语音、语义、语法是具备内在一致性的，语音激活在一定程度上决定着后续的语义、语法加工。上文第四节第一部分已指出，双音节 VO 式离合词在视觉识别中体现出不同于复合词、短语的音系特征，在音步上为一音步（兼具两音步潜势），在重音上为左重读（兼具右重读潜势），在韵律音系上体现出短语、复合词之间的过渡状态。离合词这一音系特征的激活，可促使人脑同时从整体方式、语素组合方式（即采取并行模式）来识别其语义、语法信息。相比而言，复合词、短语音系特征的激活却无法产生类似的促发作用。也就是说，与同为双音节 VO 式的复合词、短语相比，离合词音系特征信息的激活促进了语音加工之后的语义、语法信息加工，使得离合词的反应时较前两者短。

第五节 结语

就词汇整体性原则而言，汉语离合词是一种例外。离合词的特殊体现在它的潜在有限扩展性上，而它的有限扩展性投射到音系层面，也有其相应的特征，即离合词在音步上为一音步（兼具两音步潜势），不同于一般 VO 式复合词的一音步及短语的两音步；在重音上为左重读（兼具右重读潜势），不同于一般 VO 式复合词的左重读。而且，离合词在音步上界于复合词与短语之间这一推论还获得了语音学实验数据的支持（见图 4-3）。

认知神经科学领域中语言认知神经基础的解释离不开语言学理论的有效指引，语言学理论的发展也得益于不断充实的认知神经科学实验证据。

在视觉词语判断的 ERP 实验中，同为双音节 VO 式的复合词、离合词、短语诱发了波幅依次增大的 P200（见图 4-4）。值得注意的是，在 P200 上未发现显著的频率效应。实验结果说明：（1）上文第二节中分析的离合词在音系上表现出不同于复合词、短语的特征，是有其神经基础的；（2）汉语词语视觉识别中语音加工不受使用频率高低的影响。

另外，本实验在 N400、P600 上均未发现显著的结构效应，这可能与离合词、复合词、短语孤立呈现时缺乏语境支持有关。换言之，在孤立条件下，离合词、复合词、短语的结构特征的神经基础考察主要限于音系方面，语义、语法方面尚不具备充分条件。

第五章 合成复合词的神经电生理学研究

第一节 引言

合成复合词则由动转的核心成分（deverbal head）与填充该动词论元的非核心成分（nonhead）生成（Spencer，1991：319），且合成复合词（如"他是汽车修理工"）与包含相同动词的短语结构（如"他是修理汽车的"）共同遵循题元指派统一论①（Uniform Theta Assignment Hypothesis，UTAH，Baker，1988：46）。而在语序上，合成复合词却不同于包含相同动词的短语结构。那么，合成复合词的生成过程是涉及词法还是句法运算呢？这一问题在汉语学界也引起了广泛讨论，研究的观点基本可分为词汇论和句法说。词汇论虽主张合成复合词的生成是一个词法过程，却在解释中涉及移位操作，这与生成语法中坚持移位句法专属的观点不合。句法说主张合成复合词生成是一个句法过程，但又很难解释为什么合成复合词忠守于词汇整体性原则（Principle of Lexical Integrity），其内部不能插入其他成分。

不得不说的是，这一棘手表现与合成复合词的词法—句法界面特征关联密切。如果词法操作能获得与句法操作平行的地位，合成复合词的生成过程或许可以得到更为妥善的解释。词法不对称理论（Asymmetry in Morphology）即主张，词法派生（morphological derivation，D_M）在语言生成过程中与句法派生（syntactic derivation，D_S）平行存在（Di Sciullo，2005）。该理论为合成复合词的生成解释指出了一个新的方向。

---

① 在题元结构研究中，虽然包含相同动词的短语与合成词的表层语序可以有别，但动词的题元跟动词之间的相对结构关系却是一致的。Baker（1988）就此提出题元指派统一论。

在已有理论研究的基础上，我们尝试结合词法不对称理论来分析汉语合成复合词的生成过程，并进一步通过神经电生理学实验给予相关的脑科学证据。

第二节　基于词法不对称理论的汉语合成复合词生成研究

合成复合词的研究主要是在转换生成语言学理论框架下，问题聚焦于其生成过程涉及的运算系统是词法的还是句法的。自21世纪初，合成复合词的生成过程受到了汉语学界的广泛关注。一般而言，汉语合成复合词的生成过程研究基本也可以归纳为"词汇论""句法说"两种观点。"词汇论"主张合成复合词是在词汇层面生成的，但在合成复合词经由规则生成的理论分析则不甚相同；"句法说"则认为合成复合词的与短语在生成过程上没有差异。详见顾介鑫（2007），此不赘。近年来，程工、周光磊（2015）从分布形态学理论入手，认为汉语合成复合词是经由句法操作得来的，即汉语OVX型合成复合词由语类特征未定的词根合并（Merge）、并入（Incorporate）操作得来；何元建（2009，2013）则强调汉语合成复合词与题元结构相似的动词短语在表层语音形式上差异，应坚持题元指派统一论（UTAH）这一原则下，结合"中心语素右向原则"（Right-hand Head Rule, RHR, Williams, 1981a）来分析。

值得注意的是，除词法、句法过程争论外，韵律、重音等语音因素在合成复合词的生成分析中也受到了更多关注。庄会彬、刘振前（2011）从历时角度观察汉语动词、施事、受事成分在合成复合词中的分布次序，提出中心语素右向原则（RHR）及句法方向性参数（Lieber, 1992; Baker, 1998）共同调控汉语合成复合词的构词过程，同时强调韵律因素在其中不可替代的作用。洪爽、石定栩（2012）则参照句法—音系界面研究中的"深重原则"（Cinque, 1993），结合汉语复合词中重音分布于左首（如"汽车修理工"中，"汽车"获得重音）这一现象，认为诸如"汽车修理工"的汉语合成复合词宜分析为构词结构［［N1+V］+N2］，而非短语结构［N1+［V+N2］］。

就最简方案（Minimalist Program, Chomsky, 1995）的分析理念来看，要分析合成复合词的生成过程，除了逻辑表达式（Logic Form, LF）外，还要兼顾语音表达式（Phonological Form，PF）。Di Sciullo（2005）关于英语合成复合词的词法不对称理论分析与这一理念是合拍的，这似乎可以给汉语复合词生成过程的理论探讨指出一个新方向。

在词法不对称理论中，英语合成复合词被认为是由词法派生得来的，其在语序上与题元结构的不对称（何元建，2009）可仅由 PF 生成过程中的翻转（M-Flip）得来，且无需中心移位（Head movement）或 XP 移位（Di Sciullo, 2005）。该理论认为，在语言生成中存在四种派生操作：词法的（D_M）、句法的（D_S）、语音的（D_φ）、语义的（D_Σ），见（1）。

(1) 　　　　　φ　　domain$_1$ ⋯ domain$_n$
　　　　　　　　　　　→　　　　　　　　LF
　　　Lex (LA)　M　S　D_M/D_S　D_M/D_S
　　　　　　　　　　　　　　　　　　　　→　PF
　　　　　　　Σ　　domain$_1$ ⋯ Domain$_n$

（LA = lexical array 见 Di Sciullo，2005：22）

Di Sciullo（2005）指出英语等语言中的合成复合词是由词法生成的，即由 D_M 派生得来；且因语序不同于句法，在线性化（linearization）过程中需要于 D_φ 阶段的语音表达式 PF 上经历一次翻转，但基础复合词因与句法语序相同，其线性化过程则无需此种翻转。值得注意的是，词法不对称理论指出在 D_φ 完成的翻转需要 D_Σ 表达式中指示语（specifier）位置上没有合法语音特征（legible phonetic feature）。

汉语合成复合词具备较高的能产性，且与英语的合成复合词在结构上类似。因此，有理由认为汉语合成复合词也是由词法生成，由 D_M 派生操作得来，且会因其语序不同于汉语句法，在线性化过程中也需要发生翻转以得到其表层的语音形式。相反，汉语基础复合词、"的"字短语的语序与汉语句法相同，在线性化过程中则无需此种翻转。如（2）所示，相比基础复合词、"的"字短语（下划线标识部分），合成复合词的 D_Σ 表达式中指示语位置的特征符合条件可以进行翻转，而前两者则因不符合条件不能进行翻转。

(2) a. 他是<u>节目主持人</u>　（合成复合词）
　　 b. 他是<u>非洲土著人</u>　（基础复合词）
　　 c. 他是<u>主持节目的</u>　（"的"字短语）

在（2）中，"节目主持人"与"非洲土著人""主持节目的"在语义运算上虽均表指称义，有其相似性；但各自的 D_Σ 表达式却各不相同。就指示语位置上的语音特征来看，三者中仅"节目主持人"是没有合法语音特征的（见图5-1a），而其他两者均与之不同（见图5-2）。在语言线性化过程中，合成复合词"节目主持人"生成 PF 过程中会经历翻转（见图5-1）；

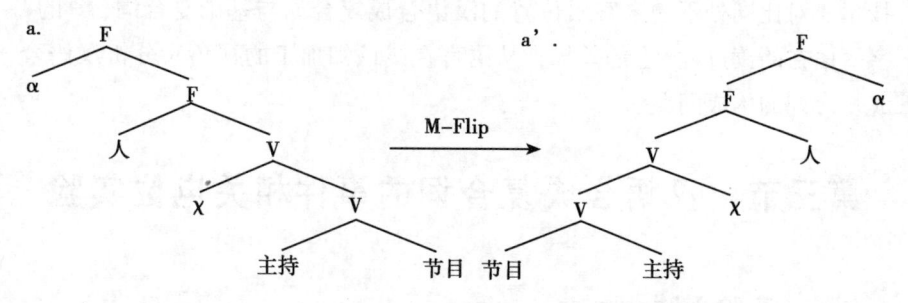

图 5-1　"节目主持人"的 D_Σ 表达式及翻转过程

而基础复合词"非洲土著人"则因其 D_Σ 表达式的指示语位置上有合法语音特征，在生成 PF 过程中则不经历翻转（见图5-2a）；同理，"的"字短语也因其 D_Σ 表达式的指示语位置上有合法语音特征而无须翻转（见图5-2b）。

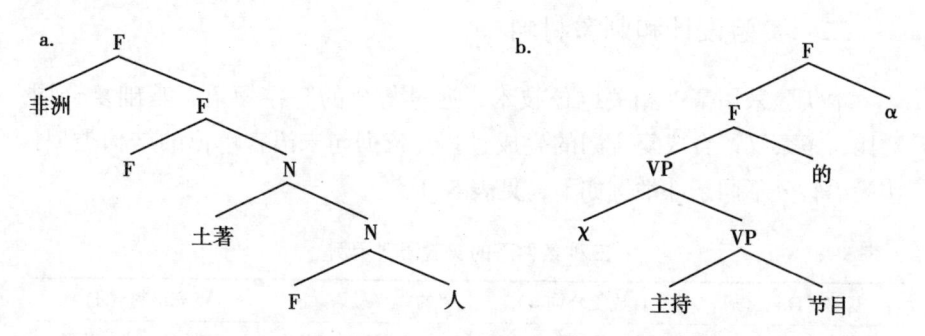

图 5-2　"非洲土著人""主持节目的"的 D_Σ 表达式

简言之，从词法不对称理论来分析，汉语合成复合词是由词法派生得来的，且在 PF 生成上是不同于基础复合词和"的"字短语的。远早于生成语言学中区分 PF 和 LF，索绪尔即从语言心理学的角度将语言符号区分出能指（signifier）和所指（signifié），前者为语言的声音的心理印迹，后者为语言所反映的事物的概念（索绪尔，1980）。从某种程度上说，语言加工过程可由能指加工和所指加工组成。就（2）中的三种宾语成分来看，合成复合词在所指上与基础复合词、"的"字短语类似，均表指称义；但在能指上，仅合成复合词在生成 PF 时经历翻转。那么，上述三种条件在能指上不同、所指上近似的特点在语言加工过程中是否有其相应的体现呢？若答案为是，则可以有力地证实上文中关于汉语合成复合词生成的假设。在上述研究的基础上，我们拟采用高时间分辨率的事件相关电位技术，对比同处于句末宾语位置的汉语合成复合词与基础复合词、"的"字短语在阅读过程[①]上的差异，从语言在线认知加工的视角来分析汉语合成复合词的构成问题。

第三节　汉语合成复合词的事件相关电位实验

一　实验受试

本实验选择不同专业的 18 名健康在校大学生作受试，男 9 名，女 9 名，年龄 19—22 岁，平均年龄为 22.1 岁。受试经爱丁堡量表（Oldfield, 1971）测试均为右利手，家族中无神经或精神疾病史，视力或矫正视力正常。受试在实验前阅读知情同意书并签字，实验后被给予一定报酬。

二　实验设计和刺激材料

本实验采用事件相关电位技术，通过与"的"字短语、基础复合词对比，考察汉语合成复合词的生成过程。依据句末语言单位的结构类型，实验语料分不同条件举例如下，见表 5-1。

表 5-1　　　　　　　　三种条件下的实验语料示例

基础复合词（a）	合成复合词（b）	"的"字短语（c）	填充语料（d）
a1. 他是英国哲学家	b1. 他是汽车修理工	c1. 他是修理汽车的	d1. 他是一班的班长
a2. 这是橡木首饰盒	b2. 这是空气净化剂	c2. 这是净化空气的	d2. 这是坏掉的桌椅
a3. 这儿是郊区植物园	b3. 这儿是图书阅览室	c3. 这儿是阅览图书的	d3. 这儿是自习大教室

---

① 据强语音理论（Strong Phonology Theory），在阅读时语音是自动激活的（Frost, 1998）。因此，通过阅读来研究语言能指的加工是可行的。

实验刺激共 170 个 trial（刺激组，本实验中 1 个刺激组为 1 个句子），包括基础复合词条件、合成复合词条件和"的"字短语条件各 35 个句子，填充语料条件 65 个句子。在实验中，上述四种条件的句子（见表 11-1）的呈现顺序做了假随机。三种条件下实验语料的熟悉度经五度量表测试结果经 t 检验分析显示，基础复合词（3.7±0.7）、合成复合词（3.8±0.7）、"的"字短语（3.8±0.7）两两比较均无显著性差异 [$PS>0.45$]。三种条件下实验语料的最后五音节组合的平均笔画数经 t 检验分析显示，合成复合词（40±8）与"的"字短语（41±6）无显著性差异 [$p=0.89$]；而两者均显著多于基础复合词（36±5）[$P=0.015$; $P=0.011$]。

三　实验程序

实验刺激在视觉通道呈现，字号为 60 号宋体，字体为白色，背景为黑色。实验的一个刺激组（trial）为"+"和一句话，或"?"和一句话。实验时，电脑屏幕中央先呈现"+"300ms，空屏 300ms 后呈现第一个刺激词 300ms，空屏 300ms 后呈现下一个刺激词 300ms，目标刺激呈现前空屏 500ms，呈现目标刺激（五音节的基础复合词、合成复合词、"的"字短语）1000ms；在空屏 2000ms 后呈现下一个刺激组。实验中每隔 3—5 个刺激组会随机出现一个针对刚呈现过的句子内容的提问，即电脑屏幕中央呈现"?"300ms 后空屏 300ms，呈现问句（如针对 c1 的提问，"他是石匠吗?"）2000ms，受试则需通过按键作"是/非"回答[①]。实验同时记录受试的脑电活动。实验刺激程序分 4 个序列，实验时序列呈现次序亦随机。每序列耗时 5—6 分钟，相邻序列间受试者可休息 2 分钟。

受试处于暗光的屏蔽室，眼睛距电脑屏幕中心约 1.2m，实验时须注视电脑屏幕的中心。刺激系统 STIM^2（Neurosoft, Inc. Sterling, USA）控制刺激在屏幕上的呈现，实验开始前让受试阅读实验指导语，让其了解本实验的作业任务和要求。实验中，受试被要求认真默读电脑屏幕上呈现的句子，根据句子意思对呈现的问题做"是/非"判断，并作按键反应。18 位受试在实验中的按键反应作了左右手平衡，并被要求在保证反应正确的

---

① 通过随机提问的方式，可以保证实验受试注意理解整个句子的意思，以考察作为目标刺激的基础复合词、合成复合词、"的"字短语的认知加工过程。

前提下尽可能迅速地完成按键操作,避免无关的眼球运动和肢体运动。实验前有大约2分钟的刺激程序,供受试练习、熟悉实验任务,不进入正式实验。待受试充分练习并熟悉实验任务后,开始正式实验。

四 脑电记录及处理

用 NeuroScan 64 导电极帽(10/20 系统),通过 SCAN(Neurosoft, Inc. Sterling, USA)同步记录脑电。左侧乳突电极记录值作参考,前额接地,使皮肤与电极之间的阻抗低于 5KΩ。水平眼动监视电极位于双眼外眦外 2cm,垂直眼动由左眼眶上下处记录。脑电信号由放大器放大,滤波带通为 0.05—100Hz,采样频率为 1000Hz,离线分析处理 ERP 数据。

处理脑电数据时,通过 NeuroScan 的数据分析软件,参考电极记录值由左侧乳突记录值转换为双侧乳突记录的均值。然后,每个电极记录点上不同刺激类型的事件相关电位被分别叠加,叠加的时间区段为1100ms,自刺激呈现前 100ms 至刺激呈现后 1000ms,取刺激呈现前 100ms 作基线。

在数据统计分析时,头皮上的记录电极被分成4个区:左前区(AF3,F1,F3,F5,FC3)、左后区(C1,C3,C5,CP3,P3)、右前区(AF4,F2,F4,F6,FC4)、右后区(C2,C4,C6,CP4,P4)(见图5-3)。在统计分析方法上,采用结构(基础复合词/合成复合词/"的"字短语)×头皮分区(左前/左后/右前/右后)多因素重复测量方差分析,主要考察汉语合成复合词在汉语认知加工过程中是否不同于基础复合词与"的"字短语。实验数据采用 SPSS13.0 进行方差分析,P 值采用 Greenhouse Geisser 校正,波幅大于 $\pm 80\mu V$ 的脑电被视为伪迹自动排除,实验中反应错误或污染严重的脑电被剔除,不予统计分析。脑电地形图由 NeuroScan64 导 ERP 数据得出。

五 实验结果

在18名受试中,有4名因脑电不稳或错误率过高(错误率≥40%)未纳入统计范围,故只有14名受试的实验数据被纳入统计分析。本实验取目标刺激呈现后 110—130ms 时间窗的平均波幅来观察头皮前部 N1 成分;取 170—220ms 时间窗观察 P2 成分;取 330—380ms、380—430ms 两个时间窗观察 N400 成分;取 500—600ms、600—700ms、700—800ms 三个时间窗观察 P600 成分。

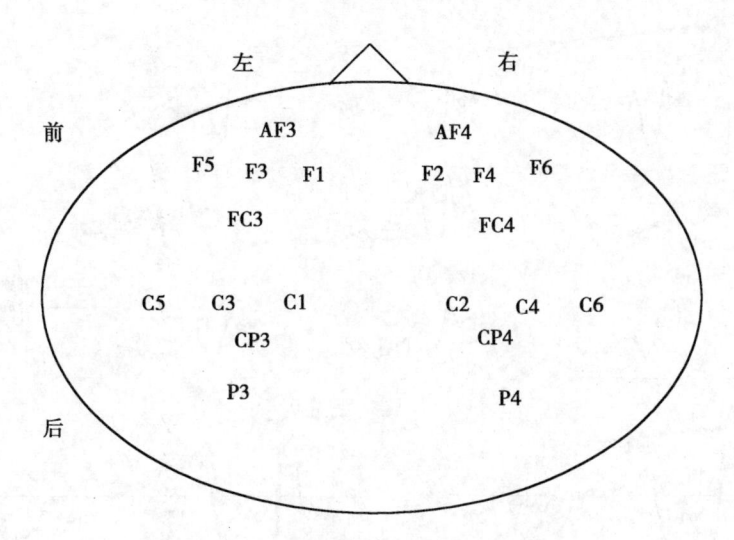

图 5-3 统计电极点于头皮上分布示意

1. N1 成分

在 N1 （110—130ms）上发现了极显著的结构效应 [$F(1.651, 21.466) = 9.826$, $p = 0.002$]，基础复合词和"的"字短语诱发了比合成复合词更负的 N1。而且，右侧头皮上记录到了较左侧头皮更负的 N1 [$F(1, 13) = 6.619$, $P = 0.023$]，见图 5-4、图 5-5。因该早期 N1 成分有明显的右侧头皮优势，我们称此 N1 成分为 ERN（Early Right Negativity, ERN）。

2. P2 成分

在 P2（170—220ms）上发现了显著的结构效应 [$F(1.929, 25.082) = 3.847$, $P = 0.036$]，合成复合词和基础复合词诱发了比"的"字短语更大的 P2。而且，P2 在头皮分布上有显著的左侧前部优势 [$F(1, 13) = 5.622$, $P = 0.034$]，见图 5-4、图 5-5。因该 P2 成分有明显的左侧前部头皮分布优势，我们称此前部 P2 成分为 LAP（Left Anterior Positivity, LAP）。

3. N400 成分

在 330—380ms、380—430ms 两个时间窗均未发现显著的结构效应 [$F(1.594, 20.072) = 0.319$, $P = 0.682$; $F(1.206, 15.682) = 0.027$, $P = 0.91$]；但在上述两个时间窗中我们都发现右侧头皮上记录到了更负的 N400 [$F(1, 13) = 8.638$, $P = 0.012$; $F(1, 13) = 22.937$, $P =$

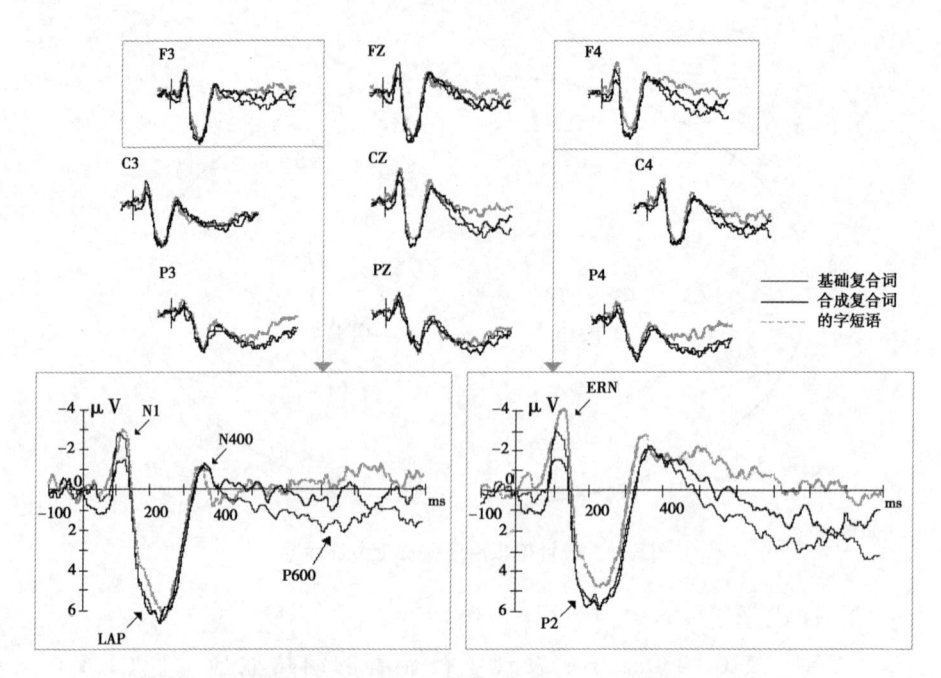

图 5-4 基础复合词、合成复合词、"的"字短语的 ERP 波形

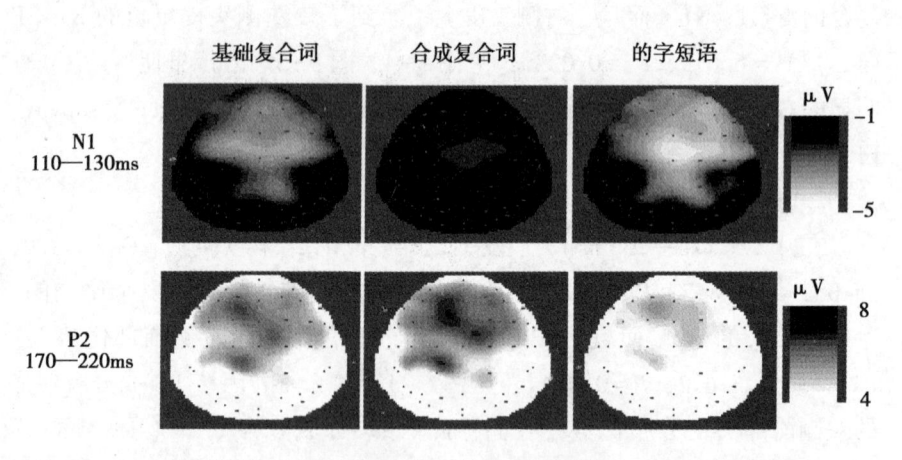

图 5-5 基础复合词、合成复合词、"的"字短语的 N1、P2 的脑电地形

0.000],并同时于前部头皮记录到了更负的 N400 [F (1, 13) = 7.605, $P=0.016$;F (1, 13) = 7.432, $P=0.000$],见图 5-4。

4. P600 成分

在 500—600ms 时间窗,未发现显著的结构效应[F (1.51,19.633)=

1.551，$P=0.236$]，基础复合词、合成复合词与"的"字短语在 P600 上无显著差异；在 600—700ms 时间窗，仍未发现显著的结构效应 [$F(1.38, 17.942) = 3.529$，$P=0.065$]；在 700—800ms 时间窗，发现了显著的结构效应 [$F(1.514, 19.679) = 4.874$，$P=0.027$]，基础复合词、合成复合词诱发了较"的"字短语更大的 P600。见图 5-4。

总体而言，本研究通过汉语母语者阅读的 ERP 实验发现，汉语合成复合词的阅读过程早在 110—130ms 时（N1）即已不同于基础复合词与"的"字短语，诱发了更负的 N1，在 170—220ms 时（P2）又有别于"的"字短语，诱发了更大波幅的 P2（见图 5-4、图 5-5）；而在 330—430ms 时（N400）合成复合词却没有表现出与基础复合词、"的"字短语不同（见图 5-4）；但在 700—800ms 时（P600）合成复合词较"的"字短语诱发了更大波幅的 P600（见图 5-5）。

第四节　分析与讨论

在本 ERP 实验中，合成复合词与基础复合词、"的"字短语同处于句末宾语位置（见表 5-1），三者在语法功能上均作为名词性宾语成分；在所指上类似，均表指称义，且合成复合词与"的"字短语在实验中的指称义基本相同；在能指上则不同，合成复合词在生成 PF 时经历翻转（见图 5-1），而基础复合词、"的"字短语在生成 PF 却不经历翻转。从结构上来看，基础复合词、"的"字短语在语言学上可分别明确分析为词、短语结构。就上文第二节中的语言学分析而言，合成复合词在生成过程上不同于基础复合词、"的"字短语，在结构上三者是有差异的。

作为成熟神经电生理学技术手段，ERP 的优势是能轻易到捕捉认知加工过程中的细微差异。这些不同加工阶段 ERP 成分在合成复合词与基础复合词、"的"字短语上的异同，结合三者在结构上的差异，可以帮助我们分析合成复合词在不同加工阶段的特点。从实验结果来看，合成复合词在阅读的早期阶段即已不同于基础复合词、"的"字短语（见图 5-4、图 5-5 中的 N1、P2）；在晚期阶段则有同有异，合成复合词在 N400 上与基础复合词、"的"字短语表现类似，在 P600 上也不同于"的"字短语

(见图 5-4)。下文将结合阅读时反映语言形式表征①、语义表征及语法表征加工过程的 ERP 成分分析实验结果。

一 合成复合词在语言形式加工上既不同于基础复合词，也有别于短语

本实验研究中基础复合词、"的"字短语均较合成复合词诱发了更大波幅的 N1（110—130ms），且表现出明显的右半球优势，即"的"字短语、基础复合词较合成复合词诱发出明显的 ERN（Early Right Negativity）。而且，合成复合词与基础复合词、"的"字短语在笔画数上异同没有影响到 N1 在这三种结构上的变化，表现为合成复合词与"的"字短语笔画数无显著差异（$P=0.89$），但后者却诱发了比合成复合词更负的 N1。实验中，合成复合词与基础复合词、"的"字短语在句中语法成分上相同，均处于句末宾语位置；在语义上也近似，均指称人、物或地点（见表5-1）；不同的是它们的结构形式。因此，本实验中 ERN 上的差异可能反映了三者在阅读过程中，人脑对它们结构形式早期加工不同。

在阅读研究中，早期 ERP 成分 N1 被认为反映了阅读早期语音激活、超音段语音加工（Ashby, 2010）。就阅读中的语音加工而言，在 PF 上是否存在 M-Flip 翻转会在一定程度上影响语音激活的进程。一般而言，这种 M-Flip 翻转会在一定程度上影响音节间联系的强弱程度，即存在翻转者音节间联系强度弱，反之则强。汉字是音节文字，在阅读时读者势必会将相邻的音节联系起来，而音节间联系的强弱将会反映于在线认知加工过程。本实验中汉语合成复合词诱发了最小波幅的 ERN，说明它的音节间联系强度相比基础复合词、"的"字短语是较弱的；换言之，本实验中 ERN 可以反映音节组合间联系的强弱，波幅越小则反映音节组合间联系越弱。从语音表征的激活程度上来看，汉语"的"字短语、基础复合词在 110—130ms 时间窗的激活程度要高于合成复合词，或者说在此阶段的语音表征通达上要好于合成复合词。

---

① 就词汇通达（lexical access）而言，词形表征包括词的正字法表征及语音表征，要视刺激呈现通道而定；与词的通达表征相对的是词的中心表征（central representation），亦即语义、语法表征。本文中三种五音节结构可以从语言形式、语义、语法表征三个方面来分析它们的加工过程。

二 合成复合词在早期语言结构加工上不同于"的"字短语

本实验发现合成复合词、基础复合词诱发的 P2（170—220ms）在波幅上显著高于"的"字短语，且在左半球前部记录到更大的 P2（LAP），见图 5-4、图 5-5。且与 N1 情形类似，合成复合词与基础复合词、"的"字短语在笔画数上的差异也没有影响到 P2 在这三种结构上的变化，表现为合成复合词与"的"字短语无显著差异（$P=0.89$），但前者却诱发了比后者波幅更大的 P2。如上所述，本实验中合成复合词与基础复合词、"的"字短语在担当句法成分上相同、语义上近似，不同的是它们的构成方式。因此，本实验中 LAP 上的差异可能也反映了三者在阅读过程中人脑对其结构加工上的不同。

在阅读的 ERP 研究中，有人认为 P2 反映阅读中的音节加工（Carreiras et al., 2005; Kwon et al., 2011; Wu et al., 2012）；也有人认为头皮前区分布的 P2 反映了人脑对语言刺激的结构加工（Domínguez et al., 2006；顾介鑫等, 2012）。就 P2 的头皮分布来看，本实验在左半球前部记录到了最大波幅的 P2（LAP），与 Domínguez et al.（2006）和顾介鑫等（2012）发现的头皮前区分布的 P2 相似。有理由认为，本实验中的 LAP 可能反映了人脑对语言刺激的结构加工。上文第二节已分析，汉语合成复合词是通过词法（D_M）生成的，基础复合词也是通过词法生成的；这两者不同于"的"字短语通过句法（D_S）生成（见图 5-1、图 5-2）。因此，合成复合词、基础复合词诱发了比"的"字短语更大的 LAP，大概可归因于前两者是词法生成，为构词结构；而后者是句法生成，为构语结构。

三 合成复合词在语义加工上与"的"字短语类似，在语法加工上则较难

关于 N400，Kutas & Hillyard（1980）在句子水平的视觉 ERP 研究，Bentin et al.（1985）在词汇水平的视觉 ERP 研究中均认为是反映语义加工的。需要指出的是，合成复合词、基础复合词及"的"字短语在 N400 上没有表现出显著差异。本实验较好地控制了语义因素，让合成复合词条件与"的"字短语条件在语义上对等，基础复合词也相应地在语义上选

择表人或表物（见表 5-1）。因此，三种条件下语义表征加工没有差异也是预料之中的。且语义上的相似可以为我们提供一个更好的比较前提，用在线认知加工中的 ERP 成分上表现出来的差异来探讨这三种条件下的语法表征加工。

关于 P600 成分，它可能反映了重新分析的语法加工过程（Osterhout & Holcomb，1992；Kim & Osterhout，2005）；也可能反映了重新分析的语义加工过程（Munte et al.，1997）。一般来说，重新分析越难进行，P600 越大。就本 ERP 实验来看，语义因素得到了较好的控制，三者在语义加工上也没有显著差异（见图 5-4）。因此，在 P600 成分的讨论上可以暂时撇开语义，重点探讨语法结构这一因素。本实验中合成复合词诱发了比"的"字短语更大的 P600（700—800ms）。这两种条件下的语料熟悉度无显著性差异（$P=0.861$），因此该 P600 上的差异可认为是反映了语法结构重新分析的难易程度，即合成复合词的语法表征加工要难于"的"字短语。这一结果可能也与最初的线性化过程中合成复合词需要一次翻转有关。

第五节 结语

本研究分两个阶段，其一，从词法不对称理论着手分析汉语合成复合词的构成问题，假设汉语合成复合词是由词法派生的，在 PF 生成时会经历翻转得到表层的语序形式。其二，通过 ERP 实验验证这一理论假设。实验发现汉语合成复合词在（1）语言形式表征加工上既不同于基础复合词，也有别于"的"字短语；（2）早期结构加工上不同于"的"字短语；（3）在语义表征加工上与"的"字短语、基础复合词没有差异，但在语法表征的重新分析上却难于"的"字短语。该结果可能反映了合成复合词生成过程的词法—句法界面的属性。

需要特别指出的是，汉语合成复合词在生成 PF 时需要经历一次翻转（M-Flip）的理论假设从 ERP 实验中找到了有力的证据：即合成复合词在反映阅读过程中语言形式、结构加工的两个 ERP 成分 ERN、LAP 上不同于基础复合词，有别于"的"字短语。

第六章 合成复合词理解与产出的失语症研究

第一节 引言

一般来说，无论是"词汇论"还是"句法论"，反应在人脑中应该是词汇加工同句法加工的区别。但是现有的研究已经得出人脑在对词汇和句法有着不同的神经基础。大脑中已经存储的词汇的语音形式、词汇的意义与记忆相关的不规则的形态变化等形式与词汇的语法规则操作（如规则的形态变化）是分开的，也就是说词汇能力和语法能力加工的脑区是分离的，有着不同的神经基础。

一 失语症研究

从已有研究来看，存储在大脑中的词的提取主要依靠大脑左半球后部区域，尤其是颞叶和颞顶处的结构（Damasio, 1992; Damasio et al., 1996; Goodglass, 1993）；而语法的利用主要依靠大脑左半球额叶皮质，尤其是 Broca 区（Damasio, 1992）以及周围的区域（Damasio, 1992; Grodzinsky, 2000; Zurif, 1995）。

在失语症研究中，研究者通常选取流利型失语患者和非流利型失语症患者进行比较。流利型失语症患者主要是大脑左半球颞叶和颞顶部的损伤，在实验中表现为单词的声音意义的创造、阅读、辨认上有障碍，这些患者倾向于造一些语法结构恰当的句子，遗漏形态上的附加成分（如"-ed"）；而非流利型失语症患者由于大脑左半球额叶的损伤，所以在他们典型的表现就是语法缺失，但是相对能区分一些非组合的单词。

Theodor & Bader（1976）从行为学的角度研究了不同类型失语症患者对词汇信息和语法信息的保留程度。他们的研究采用了 The Sentence Order

Test (SOT) 的实验方法,将完整的陈述句分成三个部分,分别写在卡片上,受试利用这三张卡片排列出句子。该实验选取了三类失语症患者,分别是 Broca's 失语症、Wernicke's 失语症和完全性失语症患者,发现 Broca's 失语症患者可以根据词汇信息摆出具有语法错误的句子;Wernicke's 失语症患者摆出的句子语法结构正确但是忽略词汇的意义使得句子不合法;绝大多数完全性失语症患者的接近于 Wernicke's 失语症患者的表现,但会伴随有语法错误。Theodor & Bader 认为,这主要是因为他们由于词汇意义理解的障碍妨碍了他们正确地使用语法规则;Broca's 失语症患者由于大脑左侧额叶的损伤,导致了语法能力的障碍;Wernicke's 失语症患者由于大脑左侧颞上回后部的损伤,导致了对词汇语义理解的混乱。

Ullman (2004) 通过选取流利型失语症患者和非流利型失语症患者对单词过去式的规则和不规则变化的产出、阅读和判断情况与对应的控制组进行比较得出:非流利型失语症患者由于大脑左半球额叶损伤,在过去式规则性变化的产出、阅读和判断的障碍比不规则变化严重;而流利型失语症患者由于大脑左半球颞叶/颞顶部损伤,所以他们表现与非流利型失语症患者相反。Ullman 认为,大脑词库中记忆的词汇相对应的脑区是大脑左半球颞叶/颞顶部;而语法部分,尤其是规则形态变化运算对应的脑区是大脑左半球额叶。

二 神经影像学研究

正电子发射断层扫描 (Positron Emission computed Tomopraphy, PET) 和功能性磁共振成像 (functional Magnetic Resonance Imaging, fMRI) 研究也发现了词汇和语法加工相分离的情况。Ullman (2004) 指出,颞叶/颞顶区后部的激活与词汇和语义任务相关,例如听觉词汇语义范畴的判断 (Wise et al., 1991);颜色、动物和工具的命名 (Damasio et al., 1996);句法相同,但是有一个单词不同的两个句子的判断 (Bookheimer et al., 1993)。相应地,当实验任务涉及句法加工的时候 Broca 区域会激活。Caplan et al. (1998) 和 Stromswold et al. (1996) 发现受试判断句法简单和句法复杂的句子是 Broca 区有激活;Bookheimer et al. (1993) 指出,当句子语序不一致,句子的语义和所包含的单词相同时,Broca 区也会激活。

虽然上述研究并不是针对合成复合词加工的神经机制的直接研究,但都得出了基本一致的结论：Broca 区（BA44、45[①]）参与句法信息的加工，而 Wernicke 区（BA22）则参与词汇语义信息的加工。

第二节　汉语合成复合词的失语症测查

一　研究目的

本研究选取汉语五音节的基础复合词、合成复合词、与合成复合词语义一致的"的"字短语。通过比较不同类型的失语症受试（Broca's 失语症/Wernicke's 失语症）和正常对照组受试对三种语料的言语理解和言语产出的情况，来探讨汉语合成复合词理解和产出的神经基础，并以此为基础来讨论合成复合词的生成机制问题，即探讨合成复合词的生成是词法过程，还是句法过程。

二　测查方案和程序

本研究的实验设计参照北京医科大学第一医院神经心理研究室编订的"汉语失语症检查法"（Aphasia Battery of Chinese，ABC）、波士顿诊断性失语症检查法（Boston Diagnostic Aphasia Examination，BDAE）等失语症检查方法，结合本研究的研究目的，基于"汉语失语症检查法""波士顿失语症检查法"，设计了受试筛查量表（见附录4）、测查实验方案。

实验前的受试筛查工作，主要包括自发谈话[②]和听理解[③]、复述[④]几个部分，以及利手判断量表（见附录 5）。关于失语症受试筛选，我们结合患者的损伤部位以及他们在临床上的表现，根据受试筛查量表的结果可选

[①] BA，即 Brodmann area 的简称，是一种国际通用的脑科学术语，它是根据皮层细胞构筑来给大脑皮层的分区；BA 后附上不同的数字，代表不同的脑区。最早由德国解剖学家 Brodmann Korbinian 在 20 世纪初提出。

[②] 自发谈话，主要是对患者的语言状况进行初步了解。谈话内容也比较简单，大多是简单回答姓名、年龄等简单问句。通过患者回答情况，可以确定患者是流利型还是非流利型的。而且，自发谈话能拉近主试与患者之间的距离，便于后续实验测查。

[③] 听理解，测查患者的语言理解能力，患者需要简单回答"是"或"不是"的是非问句。

[④] 复述，主要考察患者言语产出能力。一般而言，患者如果理解了所听到的复述项后进行复述，会比不理解的复述反应上更快，复述内容上也更准确。

择相应类型的实验受试。

测查实验方案中包括语—图匹配、图片命名[①]两个部分。其一,语—图匹配,是失语症测试中最常用的测试言语理解的方式,受试按主试指令指出跟指令内容一致的图片。其二,图片命名,即是让受试对主试呈现的图片进行命名,据此来考察受试言语产出的状况。

三 实验受试

本实验的受试一共分为 A、B 两组,A 组为失语症患者组,B 组为对照组。A 组又分为两类:Broca's 失语症患者和 Wernicke's 失语症患者。要求受试在临床表现和颅脑 CT 或 MRI 扫描明确为左侧脑血管意外或左侧脑外伤的患者,无明显认知功能障碍,既往无任何精神性疾病病史,无听力损伤或耳部疾病,视力正常,经汉语标准失语症检查表评估为失语症。母语为汉语,右利手,受教育年限五年以上。本研究失语症患者受试的搜集从 2013 年 7 月开始到 2014 年 2 月结束,在徐州市中医院、徐州市康复医院进行调查,共收集可用病例 10 例,其中 Broca's 失语症 5 例,Wernicke's 失语症 5 例(详见表 6-1)。B 组受试为成年人对照组,要求无脑部病变和损伤,无精神病史,视力良好,听力正常,四肢运动自如;无明显的认知功能障碍和语言障碍。受教育程度与 A 组相当。

表 6-1　　　　　　　　　失语症患者情况

序号	受试	性别	年龄	利手	文化程度	患者脑区受损部位情况
1	ZY	女	65	右	初中	左侧额枕叶
2	LCH	男	54	右	高中	左侧额顶叶
3	ZYS	男	55	右	初中	左侧额枕叶
4	YGF	男	42	右	高中	左侧额顶枕叶
5	MXW	女	66	由	初中	左侧额顶枕叶
6	LT	女	34	右	高中	左侧颞顶叶
7	SYC	男	36	右	高中	左侧岛叶及颞顶叶
8	WY	男	58	右	初中	左侧颞叶挫裂伤

---

① 语—图匹配、图片命名是失语症测查中的常用方法,前者用于测查失语症患者的语言理解能力;后者用于测查失语症患者的语言产出能力。语—图匹配,实验受试需根据主试的指令从几幅图片中指出与指令内容相符的图片。图片命名,实验受试需说出主试呈现的图片的名称。

续表

序号	受试	性别	年龄	利手	文化程度	患者脑区受损部位情况
9	ZGY	男	57	右	初中	左侧颞顶枕叶
10	WXY	女	69	右	初中	左侧颞顶枕叶

1—5号为Broca's失语症患者，6—10号为Wernicke's失语症患者。

需要说明的是，目前国际上对失语症的分类还没有一个严格的标准，且即便是同类型的失语症，患者的个体差异较大，临床上的语言表现具有复杂性和不确定性，所以对于受试失语症类型的划分，我们主要是依据受试CT或是MRI结果损伤部位，以及在医院的临床医生陪同下参照《汉语失语症检查量表》及高素荣（2006）对受试进行言语测查，据其测查的表现进行分类。

四　实验语料

本研究的实验语料主要分为三类：

1）基础复合词：这类复合词是系连（concatenated）的词（Spencer 1991），为"名词$_{双}$+名词$_{双}$+名词$_{单}$"①结构。如"非洲土著人、橡木首饰盒"等，共30个。

2）合成复合词：这类复合词由动转中心（deverbal head）与填充该动词主目 argument）的非核心成分（nonhead）组成（Spencer 1991：319），为"名词$_{双}$+动词$_{双}$+名词$_{单}$"结构。如"纸张粉碎机、汽车修理厂"等，共45个。

3）"的"字短语：此类短语采用与合成复合词语义一致，论元结构也一致的"的"字短语，但是语序不同，为"动词$_{双}$+名词$_{双}$+的"结构。如"粉碎纸张的、修理汽车的"等，共45个（见表6-2、附录6）。

表6-2　　　　　　　　　实验语料示例

基础复合词	合成复合词	"的"字短语
交通信号灯	电影放映机	放映电影的
太空宇航员	货物搬运工	搬运货物的

---

① 下标"双"为双音节，下标"单"为单音节。下同。

续表

基础复合词	合成复合词	"的"字短语
恐龙博物馆	资料存放室	存放资料的

实验刺激共为 120 个含有基础复合词、合成复合词或是与合成复合词意义一致的"的"字短语的简单句，以及配套的图片 45 张（见图 6-1、附录 7）。

在实验语料选择上，我们主要参考了《现代汉语实词搭配词典》（张寿康、林杏光编，商务印书馆，1992）和北大 CCL（Center for Chinese Linguistics）语料库，并根据《现代汉语频率词典》（北京语言学院出版社，1986）控制词汇的使用频率。本研究语料中名词选取《现代汉语频率词典》中使用频率最高的前 1000 个，根据《现代汉语实词搭配词典》以及在图片表现语料的力度，选取了基础复合词、合成复合词各 40 个。在正式实验之前，将这 80 个词以及 40 个合成复合词转化成的"的"字短语在 40—65 岁的健康人中进行五度量表的熟悉度调查，共发出调查问卷 30 份，最后有效问卷 27 份。在控制熟悉度的基础上，选取了熟悉度值≥3.0 的 90 个词语[①]进行语—图匹配度调查。同样，采取五度量表对选取的 90 个语料每个都配有图片进行匹配度调查，确保语—图的匹配度在 3.0 以上，同时合成复合词与短语的语—图匹配度保持一致（$P=0.068$），减少其他因素对实验结果的影响。此次共发出问卷 30 份，收回有效问卷 29 份。

五 实验程序

本实验研究对失语症患者进行试验研究主要从言语理解、言语产出两方面来测查，具体包括语—图匹配、复述、图片命名三项任务。在实地测查中，主试由两人承担，以便在呈现图片或给出指令时，同步记录受试的反应时、反应结果。

（一）言语理解：实验一 语—图匹配

实验语料为基础复合词、合成复合词、与合成复合词语义一致的

[①] 基础复合词、合成复合词和"的"字短语各 30 个，其中合成复合词与短语在语义上相互对应；同时基础复合词、合成复合词以及短语在熟悉度上，三者没有显著差异。

资料存放室	电影放映机	货物搬运工
太空宇航员	恐龙博物馆	交通信号灯

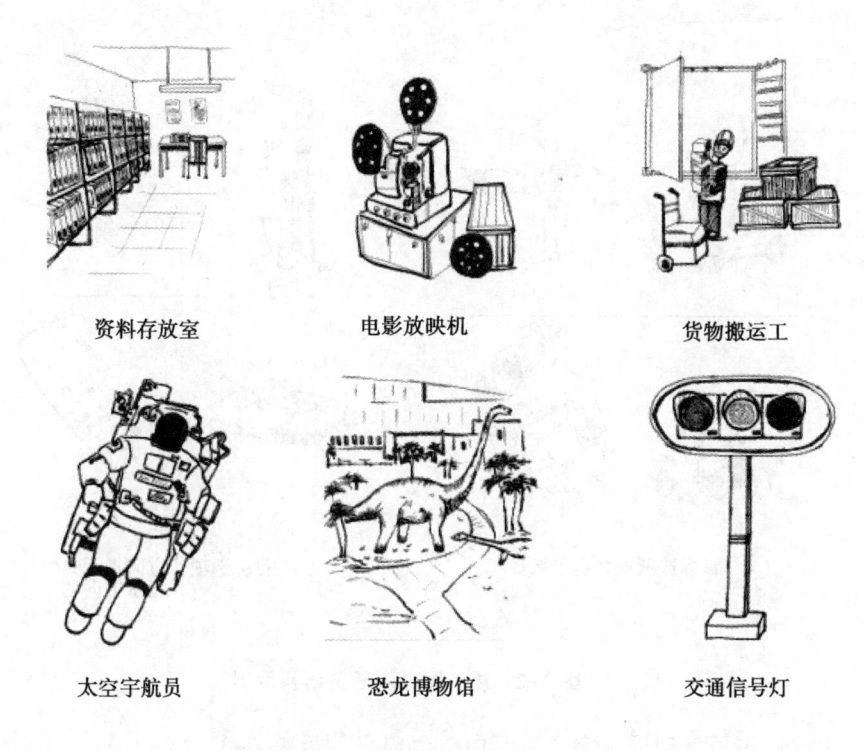

图 6-1　实验图片示例

"的"字短语各 15 个，共 45 个。由于本研究中实验语料音节数较多，结构相对复杂，为避免出现呈现信息过多而加大受试的理解难度，实验仅采用四选一的测查方法。在本实验的语—图匹配任务中，主试甲给受试呈现一张 4 幅图的卡片（见图 6-2），让受试从给定的四幅图中根据主试的指令选出与指令内容一致的一幅；主试乙则通过秒表记录受试的反应时，并记下选择结果。在本实验中，反应时指自呈现卡片起始，至受试开始指出卡片上的图为止的时长。实验于安静、舒适的测查室进行。

正式实验之前，先让受试做三个练习（基础复合词、合成复合词、"的"字短语各一个），对每个练习的匹配结果，主试向受试提供"正确""错误"的判断反馈。三组语料在实验前通过伪随机排序。每个受试的回答由主试乙记录到问答纸上。实验全程录音，以备后续分析。

（二）言语产出：实验二　复述

语料包括基础复合词、合成复合词、短语各 15 个，共 45 个。将所有的语料置于简单句子语境，以满足语义自足条件。如果需要，主试甲可多

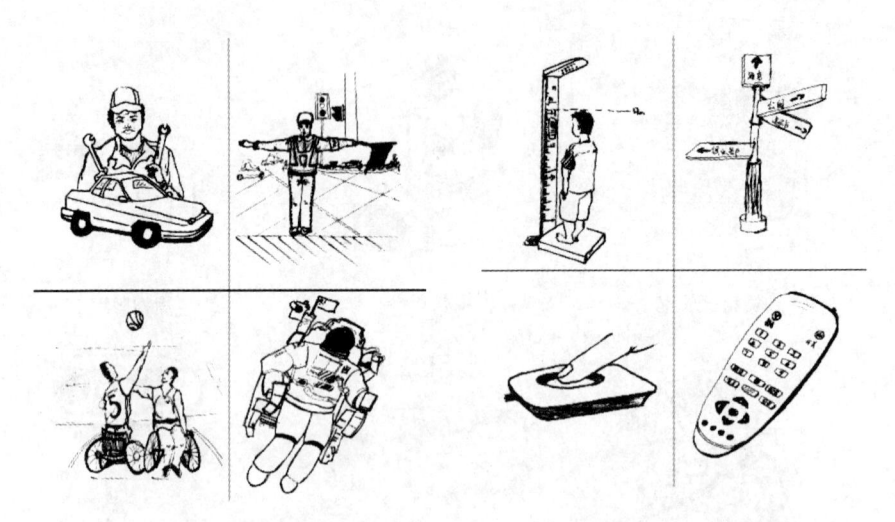

目标选项：太空宇航员　　　　　　　　　目标选项：方向指示牌/指示方向的

图 6-2　语—图匹配任务语料示例

次重复句子直到受试完全听明白。语料举例见表 6-3。

表 6-3　　　　　　　　　复述任务语料示例

基础复合词	合成复合词	短语
他是 软件工程师	他是 财产继承人	他是 参加会议的
这是 徐州动物园	这是 舞蹈练习室	这是 回收废品的
这是 塑料垃圾桶	这是 纸张粉碎机	这是 测量血压的

（三）言语产出：实验三　图片命名

该任务同样选用基础复合词、合成复合词、合成复合词语义一致的"的"字短语各 15 个，共 45 个。语料示例见表 6-4。

表 6-4　　　　　　　　图片命名任务语料举例

基础复合词	合成复合词	"的"字短语
京剧 / 艺术 / 家	汽车 / 修理 / 工	驾驶 / 汽车 / 的
黑白 / 电视 / 机	零钱 / 储蓄 / 罐	测量 / 身高 / 的
化学 / 实验 / 室	玩具 / 制造 / 厂	张贴 / 广告 / 的

鉴于部分失语症患者有有声言语产出上的障碍（发声障碍），主试甲将印有单个词的卡片打乱顺序后呈现给受试。例如，"交通指挥员"被分成"交通""指挥""员"三部分，每一部分印在一张卡片上；主试将这三张卡片按"员""交通""指挥"呈现给受试，受试需按已给定的图片内容以正确的顺序摆定卡片，以此完成图片命名（见图6-3）。

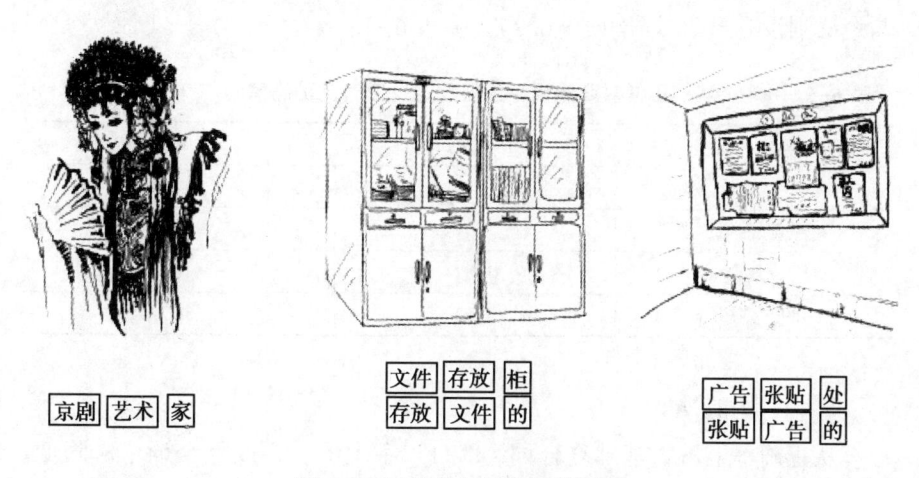

图 6-3 图片命名任务语料示例

实验中，主试甲给受试呈现图片，让受试看到图片后快速准确地行命名；主试乙则通过秒表记录受试的命名反应时，并记下结果。在本实验中，反应时指自图片呈现开始，至受试开口说图片名称为止的时长。实验全程录音。

第三节 实验结果

本实验考察失语症类型（Broca's 失语症/Wernicke's 失语症）于言语理解、言语产出过程在语料的结构类型（基础复合词/合成复合词/"的"字短语）有无正确率、反应时上的差异。实验数据采用 SPSS 19.0 统计分析。另外，实验中有 4 例失语症受试未能完成复述项的实验，不参与复述实验的数据分析。

一 对照组受试实验结果

（一）言语理解

从正确率上看，无论是基础复合词，合成复合词还是"的"字短语，其正确率都为100%。从反应时上看，受试平均时间由短到长依次是基础复合词、"的"字短语、合成复合词；合成复合词与基础复合词差异显著（$P=0.004$），基础复合词与短语也差异显著（$P=0.032$）；但合成复合词与短语则没有显著差异（$P=0.2$）。见表6-5。

表6-5　　　　正常对照组语—图匹配的反应时及正确率

	平均反应时（s）	正确率（%）
	平均值	平均值
基础复合词	1.41	100
合成复合词	1.82	100
"的"字短语	1.63	100

（二）言语产出

从正确率上看，基础复合词、"的"字短语、合成复合词依次降低。从反应时上看，基础复合词、"的"字短语、合成复合词依次增加；合成复合词与基础复合词差异显著（$P=0.004$），基础复合词与"的"字短语亦差异显著（$P=0.001$），而合成复合词与短语则无显著差异（$P=0.84$）。见表6-6。

表6-6　　　　正常对照组图片命名反应时（s）及正确率（%）

	基础复合词	合成复合词	"的"字短语
平均正确率	100	93.33	98.67
平均反应时	3.87	4.69	4.63

二 失语症受试实验结果

（一）言语理解：语—图匹配

从正确率上看，Broca's失语症受试在基础复合词上正确率最高，在短语上最低；而Wernicke's失语症受试则在短语上表现最好，在合成复合词上表现最差。就合成复合词而言，Wernicke's 失语症受试较 Broca's 失语症受试表现更差。见表 6-7。

表 6-7　　　　　　　失语组语—图匹配正确率（%）

	基础复合词	合成复合词	"的"字短语
Broca's 失语症	94.67	86.67	84
Wernicke's 失语症	94.67	85.33	96

从反应时来看，统计结果发现结构类型主效应 [$F(2, 124) = 3.189, P = 0.045$]、失语症类型主效应 [$F(1, 62) = 8.026, P = 0.006$]，结构类型与失语症类型的交互效应 [$F(1, 62) = 3.835, P = 0.025$]。Broca's 失语症对基础复合词、合成复合词的语—图匹配好于"的"字短语；而 Wernicke's 失语症对基础复合词、"的"字短语的语—图匹配好于合成复合词。Wernicke's 失语症的语—图匹配整体上好于 Broca's 失语症。相比而言，Broca's 失语症在"的"字短语的语—图匹配上表现最差；而 Wernicke's 失语症则是在合成复合词的语—图匹配上表现最差。见表 6-8。

表 6-8　　　　　　　语—图匹配正确的平均反应时（s）

	Broca's 失语症	Wernicke's 失语症
基础复合词	4.427	2.604
合成复合词	4.889	5.388
"的"字短语	6.206	2.788

（二）言语产出：图片命名

从正确率来看，基础复合词、"的"字短语、合成复合词依次降低；Wernicke's 失语症的表现均好于 Broca's 失语症受试。见表 6-9。

表 6-9　　　　　　　失语组图片命名正确率（%）

	基础复合词	合成复合词	"的"字短语
Broca's 失语症	69.33	48	56
Wernicke's 失语症	74.67	62.67	58.67

从反应时来看，统计结果没有发现语料结构类型主效应 [$F(2, 86) = 2.239, P = 0.113$] 或失语症类型主效应 [$F(1, 43) = 0.04, P = 0.842$]，也没有发现结构类型与失语症类型的交互效应 [$F(2, 86) = 0.593, P = 0.552$]。见表 6-10。

表 6-10　　　　　失语组图片命名正确的平均反应时（s）

	Broca's 失语症	Wernicke's 失语症
基础复合词	9.886	11.195
合成复合词	14.038	12.879
"的"字短语	13.052	12.064

（三）复述任务

6 例失语症受试完成了复述的实验，每类失语症各 3 例。从反应时来看，统计结果发现了结构类型主效应 [$F(2, 88) = 4.578, P = 0.014$]、失语症类型主效应 [$F(1, 44) = 8.091, P = 0.007$]，但没有发现结构类型与失语症类型的交互效应 [$F(2, 86) = 5.921, P = 0.138$]。Broca's 失语症受试在基础复合词上的复述表现最好，在合成复合词上则表现最差；Wernicke's 失语症受试的表现同 Broca's 失语症受试的表现一致。另外，与 Broca's 失语症受试相比，Wernicke's 失语症受试在三类语料上的表现均好于前者。见表 6-11。

表 6-11　　　　　　　　复述的平均反应时

	复述的平均反应时（s）	
	Broca's 失语症	Wernicke's 失语症
基础复合词	10.195	5.786
合成复合词	12.417	8.692
"的"字短语	11.982	7.268

第四节　分析与讨论

汉语合成复合词是如何生成的，至今语言学界还没有统一的定论；其加工的神经机制又是怎样的，迄今为止还没有发现方面的实证研究。所以本研究选用汉语五音节的合成复合词与同等音节的基础复合词、"的"字短语相比较，结合对照组受试在言语理解和言语产出实验中的表现，比较Broca's、Wernicke's失语症受试的言语理解、言语产出实验成绩，考察汉语合成复合词理解与产出的神经机制，并尝试探讨汉语合成复合词的生成机制。

在本实验中，Broca's失语症主要是额叶受损，颞叶相对完好；Wernicke's失语症却刚好相反，颞叶损伤，额叶相对完好（见图6-4）。

Broca失语症　　　　　　Wernicke失语症

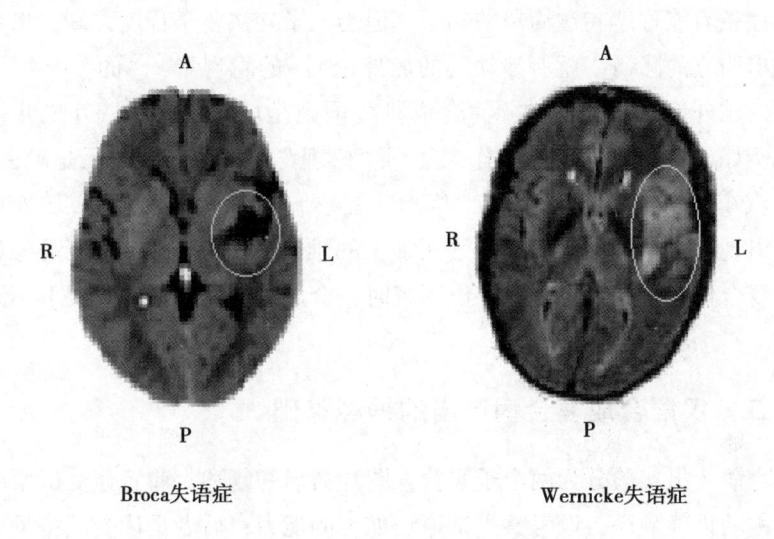

图6-4　失语症受试病灶示例图

A = anterior 前，P = posterior 后；L = left 左，R = right 右

图6-4是失语症受试的医学影像资料，左图示Broca's失语症受试的病灶位于大脑左半球额、顶叶；右图示Wernicke's失语症受试的病灶位于大脑左半球颞、顶叶。

一　汉语合成复合词理解的神经基础

在言语理解实验中，两类失语症受试与对照组受试在实验结果上差异显著（$P_{Broca} = 0.022$；$P_{Wernicke} = 0.030$）；且Wernicke's失语症、Broca's失语症的作业成绩在一定程度上是相反的。前者合成复合词理解上作业成绩最差，与对照组一致；后者则在"的"字短语理解上作业成绩最差，与对照组不一致（见表6-8）。另外，Broca's失语症、Wernicke's失语症均在基础复合词理解上作业成绩最好。从脑区功能来看，大脑左半球额、顶叶的受损对"的"字短语理解的抑制大于对合成复合词、基础复合词的。换言之，理解合成复合词与理解"的"字短语对大脑左半球额、顶叶的依赖程度是不同的。就言语理解的神经基础而言，基础复合词、合成复合词均有别于"的"字短语，表现为前者较后者对大脑左半球额、顶叶的依赖程度低。

早在20世纪70年代，在失语症患者研究中发现位于额叶的Broca区参与句法加工（Zurif & Caramazza, 1976）。Zurif和Caramazza发现Broca's失语症患者能理解句法简单的句子，但当句子句法复杂程度升高，患者则表现出明显的障碍。就所涉动词的域外论元[①]的隐现看，"的"字短语中动词的域外论元是隐去的，而合成复合词则是域内论元、域外论元都出现。例如，"修理汽车的"，作为动词"修理"施事的域外论元是隐去的；而"汽车修理工"，作为动词"修理"受事、施事的域内论元、域外论元都是出现的。从言语理解所涉语法加工的难度来看，"的"字短语要难于合成复合词。换句话说，在言语理解时，合成复合词于语法加工上不同于"的"字短语。

二 汉语合成复合词产出的神经基础

言语产出实验分为两个子实验：图片命名和复述，前者让受试摆出图片名称的正确顺序，以考察受试语法加工的能力；后者是让受试将听到的语音说出来，以考察受试语音编码的情况。

（一）图片命名实验

两类失语症受试与对照组的作业成绩也有显著差异（P_{Broca} = 0.002；$P_{Wernicke}$ = 0.011）。在正确率上，Broca's失语症对合成复合词的图片命名成绩最差，与对照组表现一致，而Wernicke's失语症则不然，对"的"字短语的图片命名成绩最差（见表6-9）；但在反应时上，失语症受试的数据统计没有发现主效应或交互效应（见表6-10）。根据图片命名正确率，从脑区功能来看，在言语产出中，大脑左半球额、顶叶的受损对合成复合词的抑制要强于对"的"字短语、基础复合词的；而大脑左半球颞、顶叶的受损则是抑制"的"字短语甚于合成复合词、基础复合词。从言语产

[①] Williams (1981b) 将二元动词的论元分为域内论元（internal argument）和域外论元（external argument）。一般而言，前者为动词的受事，后者则为动词的施事。

出的神经基础来看，合成复合词也不同于"的"字短语、基础复合词，前者对左半球额、顶叶的依赖程度要高于后者；而前者对左半球颞、顶叶的依赖程度要低于后者。

在图片命名实验中，图片命名的方式是让受试摆出合成复合词正确的形式。合成复合词会被错误地摆成 "*主持节目人，*修理汽车工"，且 Broca's 失语症犯错多于 Wernicke's 失语症。这可能与语音表达式（PF）生成的有关。首先，根据词法不对称理论（Di Sciullo, 2005），汉语合成词被证明是由词法派生得来的（见第五章第二节），且语音表达式（PF）的生成需要一个翻转操作（M-flip），而基础复合词、"的"字短语在语音表达式生成上则无需该翻转操作。见图 5-1、5-2。其次，据 Hickok & Poeppel（2007）研究，位于额叶的 Broca 区在言语产出时会负责语音编码，所以这个脑区受损会抑制人的语音编码的能力，导致言语产出障碍。本研究中 Broca's 失语症患者左半球额、顶叶受损，较 Wernicke's 失语症患者左半球颞、顶叶受损，在语音编码能力上会受到更大的抑制。因此，从语言学理论、语言加工理论来看，合成复合词在言语产出中表现出不同于"的"字短语的神经基础是可以得到相应解释的。

（二）复述实验

Broca's 失语症受试的表现明显差于 Wernicke's 失语症受试（见表 6-11），这可能是因为前者在语音编码能力弱于后者。就复述过程而言，Hickok & Poeppel（2007）认为 Broca 区会负责语音编码。该研究与我们的发现是一致的。

两类失语症患者在复述上均表现出合成复合词作业成绩最差，但二者复述障碍的内在原因是不同的。前者与额叶损伤导致语音编码能力受限有关；而后者则可能是由颞叶受损导致语义整合不能，进一步影响了精准的复述[1]。合成复合词在语序上不同于汉语句法，Wernicke's 失语症由于左半球颞、顶叶受损，在加工合成复合词时，整合词汇语义信息时，会较基础复合词、"的"字短语表现出更为明显的障碍。

与我们的研究相似，Balogh & Grodzinsky（2000）通过 Broca's 失语

---

[1] 复述，一般而言，与不理解复述项语义相比，理解了复述项语义后能精准地完成复述；不理解复述项语义，也能完成复述，但仅限于语音层面，犯错的概率往往会较理解复述项语义时的大。

症、Wernicke's 失语症受试对不同语序句子的加工，发现两类受试的表现类似。作者认为 Broca's 失语症受试和 Wernicke's 失语症受试虽表现相类似，却可能反映了不同的语言障碍。Bastiaanse（2001，2003）认为 Broca's 失语症受试的障碍表现并不是提取或是选择限制，而是由于语法编码能力受损所致。Bastiaanse & Edwards（2004）则认为 Broca's 失语症受试是由于额叶损伤而造成的句法障碍；Wernicke's 失语症受试则是由于颞叶损伤而引发的句法语义整合障碍。另外，Friederici（2002）总结出了句子加工的听觉认知模型（neurocognitive model），指出颞上回（superior temporal gyrus, STG）识别单词的形式和词类范畴，在颞中回（middle temporal gyrus, MTG）整合词汇的形态信息，在中部颞叶（middle temporal lobe, MTL）会整合语义和形态句法的信息，最后会在中央顶区（centro-parietal）对所有的信息进行重新整合。

第五节　结语

　　本研究选取了汉语五音节的基础复合词、合成复合词和与合成复合词语义一致的"的"字短语，对比两类失语症患者（Broca's 失语症、Wernicke 失语）和正常对照组的言语理解和言语产出情况，考察汉语合成复合词理解与产出的神经机制，进而探讨汉语合成复合词的生成机制。

　　实验发现，在言语理解和言语产出实验中，语义一致的合成复合词与"的"字短语在 Broca's 失语症、Wernicke's 失语症上均有不同的表现：在言语理解时，Broca's 失语症作业成绩最差的是"的"字短语，而 Wernicke's 失语症则是合成复合词；在言语产出时，Broca's 失语症作业成绩最差的是合成复合词，而 Wernicke's 失语症则是"的"字短语（仅从正确率来看）[①]。相同的是，无论是在言语理解、言语产出实验，无论是失语症受试还是对照组受试，基础复合词的作业成绩都是最好的。根据相关语言加工理论、语言学理论研究，得出如下结论：

　　（1）就汉语合成复合词理解和产出的神经基础来看，合成复合词在

---

① 因言语产出（图片命名）反应时数据统计显示，没有语料结构类型、失语症受试类型的主效应，也没有语料结构类型与失语症受试类型的交互效应。故在言语产出的分析中，暂以正确率数据为主。

言语理解时，与基础复合词相似，对左半球额、顶叶的依赖程度低于"的"字短语；与基础复合词不同，对左半球颞、顶叶的依赖程度高于"的"字短语。合成复合词在言语产出时，与基础复合词相似，对左半球颞、顶叶的依赖程度低于"的"字短语；与基础复合词不同，对左半球额、顶叶的依赖程度却高于"的"字短语。

（2）按词法不对称理论，汉语复合词是在词法层面生成的，且在其语音表达式（Phonological Form，PF）生成时存在一个词法翻转操作（M-Flip）；而基础复合词、"的"字短语则在语音表达式生成时无需此翻转操作。左半球颞叶、额叶在言语理解、言语产出中起着重要的作用。语音序列是否复杂会影响言语理解及言语产出过程。合成复合词被 Wernicke's 失语症理解时较"的"字短语更困难，被 Broca's 失语症产出时也较"的"字短语更困难。本失语症实验结果可以为上述理论分析提供相应的证据。

另外，由于时间的限制，短时间内很难找到与本研究研究完全符合的失语症患者（只损伤大脑左侧颞叶或是只损伤大脑左侧额叶），临床上的脑梗死基本上是多发性的，损伤脑区不止一处。这在一定程度上限制了本实验研究在结论分析上的精准性。

第七章　复合构词规则的认知加工：P2a

第一节　汉语复合构词规则

　　从结构主义语言学角度来看，语法研究可分为句法和词法两部分，前者研究句子的内部构造，以词为基本单位；后者研究词的内部构造，以语素为基本单位（朱德熙，1982：25）。在汉语中，关于词法研究有构词法，也有造词法，且二者各有所指。前者指"由语素构成词的法则，是对既成词的结构作语法分析，说明词内部结构中语素的组合方式"；后者指"新词形成的方法，它对造成一个词所使用的语言材料和手段作分析，说明词所形成的原因或理据"（陈光磊，2001：19—20）。构词法主要研究单纯词、派生词及复合词的结构类型，属于静态研究；而造词法则从动态角度研究产生新词的方法，任学良（1981）就列出了词法学造词（"念头"—加缀，"往往"—重叠）、句法学造词（"地震、心悸"—主谓式，"皮鞋、速写"—偏正式）、修辞学造词（"狮子头"—比喻格，"丹青"—借代格）、语音学造词（"布谷、乒乓"—取声命名）、文字学造词（"双弓米·粥、丘八·兵"—析字成词）等。我们主要探讨构词法问题。

　　就汉语合成词的构造方式而言，一般有重叠、附加和复合三类。朱德熙（1982：32）认为复合就是"两个或两个以上的词根成分组成合成词的构词方式"，且这些词根成分之间的结构关系与词组中词与词之间的结构关系一致。词与词之间的结构关系有主谓、述宾（也称动宾）、述补、偏正、联合等，朱德熙（1982：32）认为"绝大部分复合词也是按照这几类结构关系组成的"。我们主要考察汉语双音节复合词，所以构词规则分析主要涉及主谓、述宾、述补、偏正、联合等。

　　有关汉语复合词构词法能产性研究的介绍，请见绪论第一节第二部分，此不赘。

第二节　构词规则的认知神经科学研究

从认知神经科学研究来看，词法（构词规则）从20世纪70年代初开始就引起了人们的关注，而构词规则的能产性研究则相对较少。

一　国外研究进展

需要说明的是，我们主要从启动效应来看词法在词汇识别中的作用。以往这方面的研究主要围绕构词规则启动效应的独立性来进行，即通过与正字法启动、语音启动、语义启动的比较来证明构词规则启动与上述三者不同，在词汇识别中有专门的作用。在与正字法启动的比较中，研究者从学习再认方面（Murrell & Morton, 1974）、重复启动方面（Feldman & Moskovljević, 1987; Napps & Fowler, 1987）、掩蔽启动（masked priming）方面（Drews & Zwitserlood, 1995; Grainger et al., 1991）、无掩蔽词汇判断方面（Drews & Zwitserlood, 1995; Henderson et al., 1984）证明了构词规则启动不同于正字法启动，在词汇识别中是有专门作用的。另外，针对希伯来语由于中元音添加中缀（vowel infixation），含同一词根语素的词可以有不同的正字法形式，Feldman & Bentin（1994）通过实验研究发现，不管启动词和目标词之间在正字法结构上是否相同，都能得到相同的构词规则启动效应。上述研究表明，在大脑词库中，构词规则信息可能有专门的心理表征层，不同于正字法信息的心理表征层。Drews & Zwitserlood（1995）主张，构词规则信息表征层是位于更外围的通达表征层和中心表征层之间。其中，在通达表征层词项间形式上重叠越多，则相互抑制；而在中心表征层，这些构词规则之间的联系被编码储存。

与语音启动作比较的，既有屈折构词规则启动（Kempley & Morton, 1982），也有派生构词规则启动（Emmorey, 1989）。前者在噪音背景下评价启动效应，发现屈折变化词的语音重叠（如 *hedges-hedge*）有启动效应，而单纯的语音重叠（如 *pledge-hedge*）则没有启动效应。但我们发现，该研究中的单纯语音重叠仅为后重叠，而屈折变化词的语音重叠为前重叠，且重叠程度也较大。所以，从某种程度上来说，该研究的结论可信度就差一些。而后者从派生构词规则启动来比较，上述这个问题就不存在了。Emmorey（1989）通过瞬时启动（启动词和目标词之间为50ms），发现构词规则关系词对（morphological relatives，e.g.，submit-permit）有启动效应，而语音关系词对（phonological relatives，e.g.，balloon-saloon）则没有启动效应。这些研究表明，构词规则信息也是独立于语音信息被表征的。

与语义启动的比较，有的研究从启动词和目标词之间时间长短来进行（Henderson et al.，1984），有的从启动词和目标词之间有无间隔词项（intervening items）来进行（Bentin & Feldman，1990）。前者发现，在目标词呈现前1s或4s时启动词出现，构词规则关系词对都有启动效应；但只有在目标词呈现前1s时启动词出现，语义关系词对（同义词）才有启动效应。后者通过希伯来语研究发现，在目标词和启动词之间没有间隔词项时，可以得到语义启动效应，但当有15个间隔词项时，这种语义启动效应就没有；但构词规则相关的词对在上述两种滞后（lag）条件下均有启动效应，即使目标词和启动词之间只有很弱的意义关联。另外，Emmorey（1989）从听觉通道上也发现了语义无关的构词规则关系词对的启动效应。上述研究说明，构词规则启动与语义启动在时间进程上可能是不同的。

从构词规则启动与上述三种启动的比较结果来看，构词规则在词汇识别中是有其专门作用的，与正字法启动、语音启动、语义启动均不相同。而且，Feldman & Soltano（1999）已将构词规则效应与正字法效应、语义效应放在同一个实验中进行比较，发现构词规则加工是不同的。Stolz & Feldman（1995）就曾指出，构词规则效应既不能归为基于形式的效应（form-based effects）——正字法或语音，也不能归为相关语义效应（effects of associative semantics）。此外，近期研究认为构词规则启动效应可能在某种程度上受控于目标词与启动词之间的语义透明度，也就是说，语义透明度可能具有更广意义上的控制作用。（Feldman & Soltano，1999；Feldman et al.，2004）

二 汉语研究进展

在汉语认知神经科学研究中，语法启动方面的研究有一些，如Lu et al.（2001）、杨亦鸣等（2002）。但是，构词规则启动研究目前还没有发现，能产性研究更无法提及。

就目前研究来看，构词规则启动在汉语词汇识别中是否也会发生？如果发生，能产性在其中又扮演一个什么样的角色？这些问题到目前还没有答案，但又都是汉语词汇识别中亟待解决的问题。本章将就上述构词规则启动、能产性对词汇识别的影响等问题展开研究。

本研究采用事件相关电位技术为实验手段，通过与语义启动效应的比较，并结合行为数据和脑电数据来探讨构词规则在汉语复合词词汇通达过程中是否起作用？若起作用，如何起作用？即，构词规则在表征及认知加工上扮演一个什么样的角色？

第三节 构词规则是否影响复合词认知加工的实验研究

一 实验受试

本实验选择徐州师范大学不同专业的 16 名健康大学生作受试，男 8 名，女 8 名，年龄 18—22 岁，平均年龄为 20 岁。经爱丁堡量表测量（Oldfield，1971），均为右利手，家族中无神经或精神疾病史，视力或矫正视力正常。受试者在实验前阅读知情同意书并签字，实验后被给予一定报酬。

二 实验刺激材料

实验刺激材料包括双音节复合词、双音节假词。高频、低频双音节复合词分别选自《现代汉语频率词典》（北京语言学院出版社，1986）中表二（1）使用度最高的前 8000 个词词表和表三使用度较低的词语词表。双音节假词是指由拆开双音复合词后得到的一批语素随机组合而无所指（signifié）的语素组合，如"草主、灰代"。

本实验对刺激材料除了控制频率外，还控制了双音节复合词的内部结构关系（或者说复合词的构词规则，如联合、偏正、动宾、动补、主谓）和语义相关度[①]，以确立构词规则相同/相异启动和语义相关/无关启动。

[①] 语义相关度这里指启动刺激与目标刺激之间的语义关联程度，其大小经 5 度量表测查数值得出。

换言之，本实验是3因素（频率、构词规则启动、语义启动）2水平(高/低、相同/相异、相关/无关）设计，刺激材料示例见表7-1。

表7-1　　不同词频，不同启动条件下的刺激示例①

启动方式		刺激材料	
		启动刺激	目标刺激
高频词	语义相关构词规则相异（hfsprm）	农民	乡村
	语义相关构词规则相同（hfsprp）	汽油	燃料
	语义无关构词规则相异（hfsmrm）	使用	提高
	语义无关构词规则相同（hfsmrp）	材料	群众
低频词	语义相关构词规则相异（hfsprm）	战袍	将士
	语义相关构词规则相同（hfsprp）	银纱	白布
	语义无关构词规则相异（hfsmrm）	喧笑	越冬
	语义无关构词规则相同（hfsmrp）	凶器	邮票

hf=high-frequency 高频，lf=low-frequency 低频，s=semantics 语义，r=word formation rule 构词规则，p=plus "+" 相关，m=minus "-" 无关

实验刺激共1120个，560组。就单个刺激来说，除560个启动刺激外，还有目标刺激复合词280个、双音节假词280个。目标刺激为假词的280组是对照，目标词为复合词的280组按表7-1分成8小类，每小类各35组。真、假词内部，真、假词之间的笔画数经统计分析，均无显著差异。

三　实验程序

刺激为48号宋体粗体，字体为黑色，屏幕为灰色。刺激分组，每组分启动刺激和目标刺激依次呈现，本实验启动刺激仍为双音节复合词。启动刺激呈现200ms后消失，空屏400ms后呈现目标刺激，并在300ms后自动消失，空屏2700—3200ms后呈现下下一组刺激。实验刺激程序分6个序列，序列内不同类型的刺激假随机排列，实验时序列呈现次序亦随机。每序列耗时5—6分钟，序列间受试者可休息2—3分钟。

受试者处于暗光的屏蔽室，眼睛距电脑屏幕中心约1.2m，实验过程

---

① 这里举例仅限目标刺激为真词的，目标刺激为假词的不再示例。

中要注视电脑屏幕的中心。刺激系统 STIM（Neurosoft, Inc. Sterling, USA）控制刺激在屏幕上的呈现，实验开始前让受试者阅读简明的书面实验指导语，使其了解本实验的作业任务和要求。实验中，受试者要默读每组的启动刺激，待目标刺激出现后，根据自己的语言知识对其作真、假判断，并作按键反应，完成词汇判断任务。即，若认为该刺激词在汉语中存在，则判为真词，并用左手拇指按 2 键；若认为该刺激词在汉语中不存在，则判为假词，并用右手拇指按 3 键。16 位受试者在实验中的摁键反应作了左右手平衡。受试者均作如下要求：在保证反应正确的前提下尽可能迅速地完成按键操作；实验过程中避免无关的眼球运动和肢体运功。

实验前有大约 2 分钟的刺激程序，仅供受试者练习、熟悉实验任务，不进入正式实验。待受试者充分练习并熟悉实验任务后，开始正式实验程序。

四 脑电记录及处理

用 NeuroScan 64 导电极帽（10/20 系统），通过 SCAN（Neurosoft, Inc. Sterling, USA）同步记录脑电。双侧乳突电极连线中点作参考，前额接地，使皮肤与电极之间的阻抗低于 5KΩ。水平眼动监视电极位于双眼外眦外 2cm，垂直眼动由左眼眶上下处记录。脑电信号由放大器放大，滤波带通为 0.05—100Hz，采样频率为 500Hz，离线分析处理 ERP 数据。

处理脑电时，通过 NeuroScan 的数据分析软件，将每个电极记录点上不同刺激类型的事件相关电位被分别叠加，叠加的时间区段为 1100ms，自刺激呈现前 100ms 至刺激呈现后 1000ms。取刺激呈现前 100ms 作基线，对脑电进行基线校正。实验数据采用 SPSS13.0 进行方差分析，P 值采用 Greenhouse Geisser 校正，波幅大于 ±80μV 的脑电被视为伪迹自动排除，实验中反应错误或污染严重的脑电被剔除，不予统计分析。

五 实验结果

16 名受试者中，4 名因脑电不稳或错误率过高而未用于统计，故只有 12 名受试者的实验数据被纳入统计分析。

（一）行为数据

不同启动条件下，不同频率复合词的反应时统计结果如表 7-2 所示。经三因素（词频、语义启动、构词规则启动）方差分析，高频复合词的反应时为 538±24ms、低频复合词的反应时为 589±21ms,语义相关启动下的反应时为 542±21ms、语义无关启动下的反应时为 585±21ms,构词规则相异启动下的反应时为 570±20ms、构词规则相同启动下的反应时为 557±24ms,词频、语义启动均有显著的主效应 [F (1, 11) = 11.822, $P < 0.01$;F (1, 11) = 111.057, $P<0.01$],且两者之间的交互效应亦显著 [F (1, 11) = 17.333, $P<0.01$]。而构词规则启动则无显著主效应 [F (1, 11) = 0.832, $P>0.05$],且与词频、语义启动之间均无显著的交互效应 [F (1, 11) = 3.163, $P>0.05$;F (1, 11) = 0.077, $P>0.05$]。

表 7-2　不同词频、不同启动条件下复合词词汇判断的反应时比较

启动方式		反应时（ms）
高频词	hfsprm	556±33
	hfsprp	537±27
	hfsmrm	544±21
	hfsmrp	516±26
低频词	lfsprm	538±19
	lfsprp	539±20
	lfsmrm	643±24
	lfsmrp	638±33

hf = high-frequency 高频,lf = low-frequency 低频,s = semantics 语义,r = word formation rule 构词规则,p = plus "+" 相关,m = minus "-" 无关

（二）脑电数据

本实验取目标刺激后 130—190ms 时间窗口的平均波幅来观察 P2 成分,取目标刺激后 230—400ms 时间窗口内的平均波幅来观察 N400 成分的变化。

1. P2 成分

（1）低频词

统计电极点 10 个,为 AF4, F2, F4, F6, F8, FC2, FC4, FC6, FCZ, FZ。sprm 的波幅为 3.127±0.869μV,sprp 的波幅为 4.421±1.020μV,smrm 的波幅为 2.931±1.084μV,smrp 的波幅为 3.662±1.005μV。

经多因素方差分析,在右前额区、右额区、右侧额中央区,构词规则启动 P2 波幅上有显著的主效应 [F (1, 11) = 7.267, $P<0.05$],而语

义启动的主效应则不显著 [F (1, 11) = 2.293, P>0.05], 且二者之间的交互效应亦不显著 [F (1, 11) = 0.294, P>0.05]。(见图 7-1)

(2) 高频词

统计电极点 10 个, 为 F1, F2, F3, F4, F5, FC1, FC2, FC3, FCZ, FZ。sprm 的波幅为 3.171±0.841μV, sprp 的波幅为 3.784±0.893μV, smrm 的波幅为 2.097±1.165μV, smrp 的波幅为 3.771±0.709μV。

经多因素方差分析, 在额区、额中央区, 构词规则启动在 P2 波幅上有显著的主效应 [F (1, 11) = 5.050, P<0.05], 而语义启动的主效应则不显著 [F (1, 11) = 1.503, P>0.05], 且二者之间的交互效应亦不显著 [F (1, 11) = 1.290, P>0.05]。(见图 7-1)

2. N400 成分

(1) 低频词

统计电极点 13 个, 为 AF4, C2, CZ, F1, F2, F4, F6, F8, FC2, FC4, FC6, FCZ, FZ。sprm 的波幅为 -1.146±0.905μV, sprp 的波幅为 0.422±1.006μV, smrm 的波幅为 -1.731±0.919μV, smrp 的波幅为 -2.321±0.814μV。

经多因素方差分析, 在右前额区、右额区、右侧额中央区, 语义启动在 N400 波幅上有显著的主效应 [F (1, 11) = 7.689, P<0.05], 而构词规则启动的主效应则不显著 [F (1, 11) = 1.519, P>0.05], 但二者之间的交互效应显著 [F (1, 11) = 6.307, P<0.05]。进一步的单因素方差分析表明: 在 N400 波幅上, 构词规则启动在语义相关条件下有极显著的主效应 [F (1, 11) = 10.406, P<0.01], 而在语义无关条件下的主效应则不显著 [F (1, 11) = 0.778, P>0.05]。(见图 7-1)

(2) 高频词

统计电极点 15 个, 为 C1, C2, C3, CZ, F1, F2, F3, F4, F6, FC1, FC2, FC3, FC4, FCZ, FZ。sprm 的波幅为 -0.377±0.810μV, sprp 的波幅为 -0.053±1.066μV, smrm 的波幅为 -2.009±0.927μV, smrp 的波幅为 -0.813±0.796μV。

经多因素方差分析, 构词规则启动、语义启动在 N400 波幅上的主效应均不显著 [F (1, 11) = 1.423, P>0.05; F (1, 11) = 2.789, P>0.05], 且二者之间亦无显著的交互效应 [F (1, 11) = 0.507, P>

0.05]。（见图7-1）

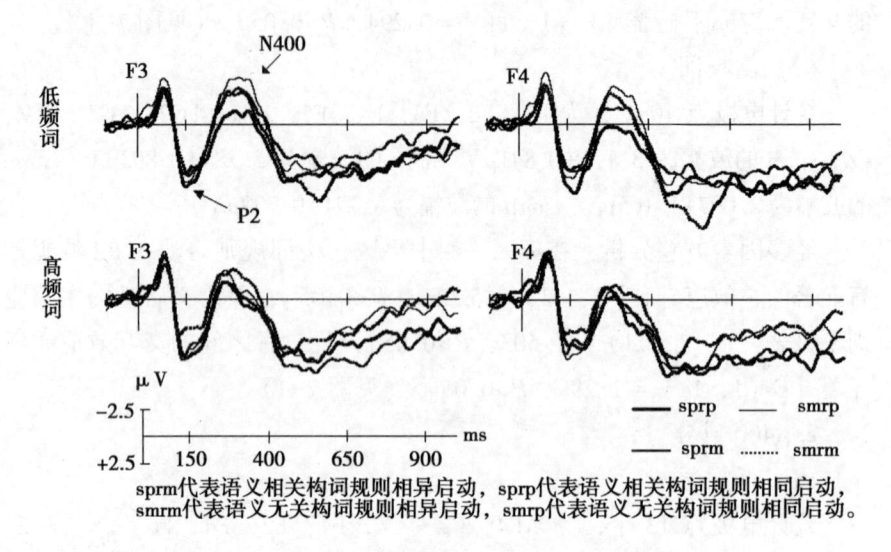

图7-1 不同频率、不同启动条件下的ERP波形比较

sprm代表语义相关构词规则相异启动，sprp代表语义相关构词规则相同启动，smrm代表语义无关构词规则相异启动，smrp代表语义无关构词规则相同启动。

(3) P2、N400成分的头皮分布

本实验分高频和低频两个方面来看P2、N400的头皮分布。与上文的高频复合词、低频复合词实验，下文的离合词语素黏着性实验相似，本实验中复合词及词组的P2、N400也分别大约在150ms、300ms时达到波峰，因此分别选120—140ms、140—160ms、160—180ms三个时间窗口和240—280ms、280—320ms、320—360ms三个时间窗口做顶面观灰度脑电地形图，来观察P2和N400的头皮分布情况，见图7-2、图7-3。

从图7-2中可看出，不同语义关系和构词规则关系的高频复合词的P2主要分布于前额区、额中央区，N400则主要分布于额中央区、颞区。需要注意的是，本启动实验中高频复合词的P2波幅小于下文高频、低频复合词实验及上文离合词语素黏着性实验的，N400的波幅和分布范围却均大于于下文高频、低频复合词实验及离合词语素黏着性实验的。

从图7-3中可看出，与高频复合词相似，不同语义关系和构词规则关系的低频复合词的P2也主要分布于前额区、额中央区，N400也主要分布于额中央区、颞区。同样需要注意的是，本启动实验中低频复合词的P2波幅小于下文高频、低频复合词实验及上文离合词语素黏着性实验的，N400的波幅和分布范围却均大于于下文高频、低频复合词实验及离合词

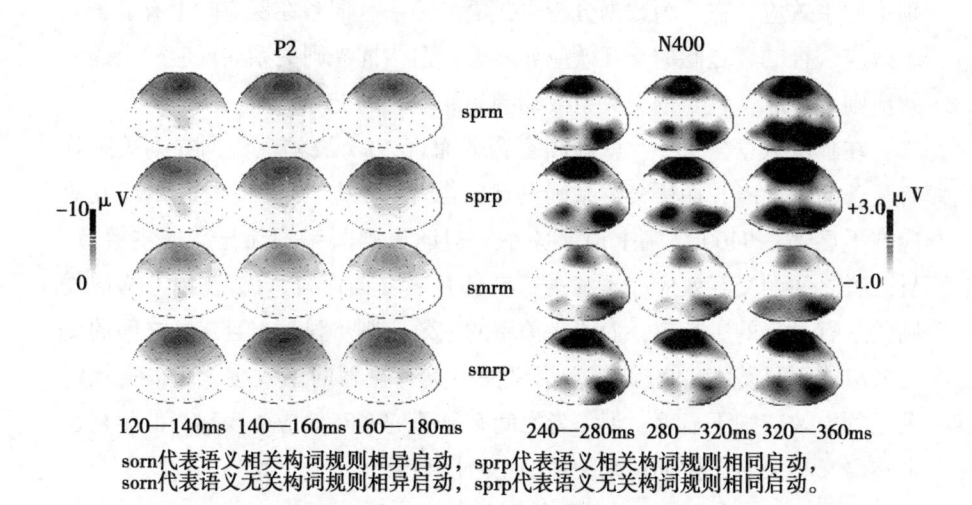

sprm代表语义相关构词规则相异启动，sprp代表语义相关构词规则相同启动，
sorn代表语义无关构词规则相异启动，sprp代表语义无关构词规则相同启动。

图 7-2　不同启动条件下高频复合词的 P2、N400 头皮分布比较（顶面观）

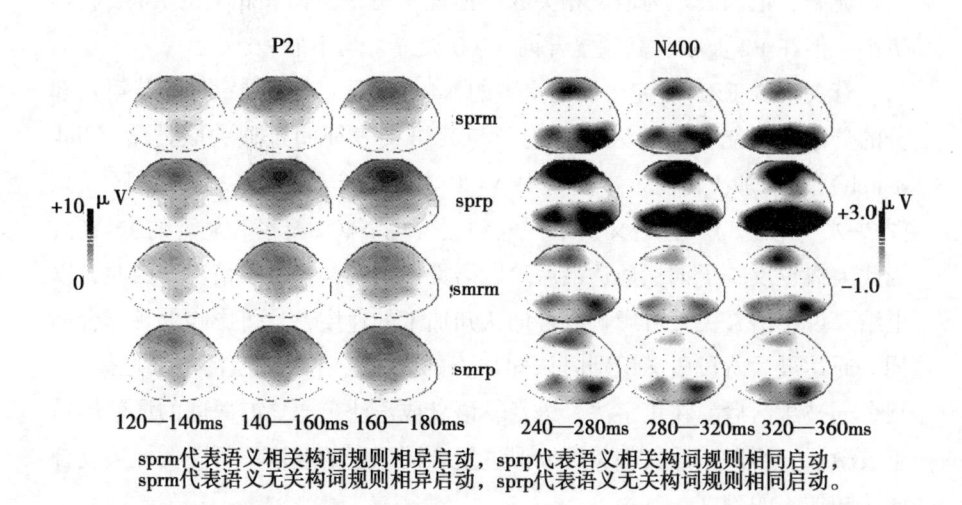

sprm代表语义相关构词规则相异启动，sprp代表语义相关构词规则相同启动，
sprm代表语义无关构词规则相异启动，sprp代表语义无关构词规则相同启动。

图 7-3　不同启动条件下低频复合词的 P2、N400 头皮分布比较（顶面观）

语素黏着性实验的；而且相应语义关系和构词关系的低频复合词的 N400 分布范围要广于对应条件下高频复合词的。

六　分析与讨论

在本实验中，主要考察语义关系、构词规则关系及频率在汉语词汇识别中的主效应。在行为数据分析中，语义关系、词频在反应时上有显著的主效应，且二者之间的交互效应亦显著；但构词规则关系在反应时上的主效应则不显著，且与语义关系或词频亦无显著的交互效应。

在脑电数据分析中，就高频复合词而言，P2 波幅上构词规则关系具有显著的主效应，而语义关系则没有显著的主效应，且二者之间的交互效应亦不显著；N400 波幅上语义关系、构词规则关系均无显著的主效应，且二者之间的交互效应亦不显著。就低频复合词而言，P2 波幅上构词规则关系有显著的主效应，而语义关系的主效应则不显著，且二者之间的交互效应亦不显著；N400 波幅上语义关系具有显著的主效应，而构词规则关系的主效应则不显著，但二者之间有显著的交互效应，表现为低频复合词在语义相关时，构词规则关系的主效应显著。

（一）语义关系在汉语复合词识别中的作用

在启动条件下，语义关系的主效应在反应时、低频复合词 N400 波幅上均显著，依次表现为语义相关的词汇识别更快，语义相关的 N400 波幅更小；但在 P2 波幅、高频复合词 N400 波幅上均不显著。

有关视觉 ERP 研究中词汇水平的 N400，据上文第二章第三节第六部分的分析，可能反映了人脑在刺激与其语义表征间进行关联搜索（link search）时的加工情况。本实验中 N400 主要分布于额中央区、颞区（见图 7-2、图 7-3），且语义关系在低频复合词 N400 波幅有显著的主效应，因此大概也反映了词汇通达最后阶段语义识别的认知加工情况。因此，以上结果说明语义关系可影响复合词认知加工的速度，也可影响低频复合词词汇通达最后阶段语义识别时认知加工的强度。在扩散激活网络框架下，某个词被激活后，在正字法、语音、语义或语法上与之有关联的词就更易于被激活。所以，语义相关可以促进复合词识别的速度，可降低低频复合词认知加工的难度。

但是，语义关系在高频复合词 N400 波幅上无显著的主效应，则说明启动条件下语义关系对高频复合词语义加工的强度没有影响。这可能是因为频率效应导致的，即高频词的静息激活（resting activation）水平高，其认知加工较低频词容易得多，从而导致语义启动效应不显著。

有关视觉 ERP 词汇判断实验中额区分布 P2，据上文第二章第五节第三部分的分析，可能反映了人脑对视觉呈现刺激的特征评价或觉察，大概体现了汉语词汇识别中"切分"至"允准"阶段的加工情况。本实验中

P2也主要分布于额区（见图7-2、图7-3），可能也反映了人脑对复合词某一特征的评价或觉察。但语义关系在P2波幅上无显著的主效应，这大概说明语义关系在视觉复合词识别的"切分"至"允准"阶段的加工上不起作用。

（二）构词规则关系在汉语复合词识别中的作用

在启动条件下，构词规则关系的主效应在P2波幅、低频语义相关复合词的N400波幅上均显著，依次表现为构词规则相同的P2波幅更大，N400波幅更小；但在反应时、高频复合词及低频语义无关复合词的N400波幅上均不显著。

有关本实验中的P2，据上文分析可能反映了人脑对视觉呈现复合词某一特征的评价或觉察。本实验中构词规则关系在P2波幅上有显著的主效应，因此本实验中P2可能反映了人脑对复合词构词规则这一特征的觉察。要觉察或评价视觉呈现复合词的构词规则这一特征，首先必须对复合词进行"切分""允准"阶段的加工，然后才能完成对复合词构词规则这一结构特征的识别。

因此，与上文第二章第五节第三部分中分析的复合假词语素黏着性及组合方式在P2波幅上的主效应类似，本实验中构词规则关系在P2波幅上的主效应也支持以下观点。即，在汉语视觉词汇识别中，无论其在语义识别阶段是否存在"组构"加工（或者说是采取间接路径还是直接路径），"切分""允准"加工都是其词汇通达的必经阶段。

有关本实验中的N400，据上文分析大概反映了复合词词汇通达最后阶段语义识别时的加工情况。本实验中构词规则关系在低频语义相关复合词的N400波幅上仍有显著的主效应，但在低频语义不相关复合词的N400波幅上则没有显著的主效应。这说明构词规则关系只在语义相关条件下可影响低频复合词语义加工的强度。下文汉语低频复合词实验证明低频复合词是采取语素分解（full parsing）路径来完成词汇通达的，即要经过"组构"（composition）加工来计算出复合词的意义。在"组构"加工过程中，语素语义、语法性质的激活程度就会影响语义加工的难度。若启动词在语义上与目标词相关，目标词由语素经"组构"加工计算其语义就更容易。此时，若启动词在构词规则上与目标词也相同，从复合词认知加工的连续性上来看，"切分"至"允准"加工阶段所出现的构词规则启动效应将持续存在。所以，低频复合词在与启动词语义相关时，构词规则相同的 N400 波幅更小。但是，如果与启动词语义无关，则低频复合词语义加工就不再容易，此时即使与启动词在构词规则上相同，"切分"至"允准"加工出现的构词规则启动效应也会因语义加工的困难而不能持续存在。

至于本实验中构词规则关系在高频复合词的 N400 波幅上也没有显著的主效应，可作如下解释。上文汉语高频复合词实验证明高频复合词在心理表征上是采取整词形式的，在扩散激活网络理论框架中，经整合结点表征激活其语义、语法表征。虽然高频复合词与启动词构词相同，在"切分"至"允准"加工阶段会有构词规则的启动效应，但高频复合词在语义通达上采取上述直接路径，之前出现的构词规则启动效应在"允准"加工得到"合法的"整合结点表征后，就被"阻断"了。所以，高频复合词即使与启动词在构词规则上相同，构词启动效应会在复合词的结构加工阶段出现，但在语义加工阶段就不再出现了。

就反应时来看，本实验中构词规则关系在反应时上没有显著的主效应，这说明在启动条件下构词规则关系并不影响汉语复合词识别的速度。

另外，在反应时上语义关系与词频具有显著的交互效应，在低频复合词 N400 波幅上语义关系和构词规则关系也具有显著的交互效应。这说明汉语复合词认知加工的速度同时受控于语义关系和词频两因素；低频复合词的语义加工的强度也同时受控于语义关系和构词规则关系两因素。

综上所述，构词规则启动效应不仅出现于 P2（130—190ms）波幅上，也发生在 N400（230—400ms）波幅上，这说明构词规则启动效应在汉语词汇识别中是独立存在的，在时间进程上要早于语义启动效应。在启动条件下，语义关系、构词规则关系、词频在汉语复合词的词汇通达中都是起作用的，而且之间有时是相互影响的。而且，构词规则关系在 P2 波幅上的主效应也表明"切分""允准"加工都是汉语视觉词汇识别的必经阶段，而不管其在词汇通达最后阶段语义识别时选取间接路径还是直接路径。

第四节　结语

通过本实验中构词规则启动与语义启动的比较，可以确定构词规则启动效应在汉语词汇识别中也是有专门作用的。经讨论、分析，可初步得出以下结论。

（1）在汉语复合词视觉词汇识别中，构词规则启动效应不同于语义启动效应，是独立存在的；而且在词汇认知加工进程上要早于语义启动效应。

（2）构词规则关系在 P2 波幅上的主效应表明汉语复合词视觉识别中"切分""允准"加工是词汇通达的必经阶段。

（3）在启动条件下，语义关系、构词规则关系、词频在汉语复合词的词汇通达中都起作用，而且它们之间有时是相互影响的。

第八章　复合构词法对汉语者习得二语词汇的影响

第一节　引言

在第二语言习得中，二语习得者在二语语法上出现偏误，学界对二语习得者中介语（interlanguage）的语法表征是受损还是未受损争论颇多。基于生成语言学的普遍语法（Universal Grammar, UG）假说，"受损说"认为中介语语法中功能语类和特征系统是受损的（Meisel, 1997; Beck, 1997; Hawkins & Chan, 1997）；"未受损说"则认为中介语语法系统未受损，功能语类及特征系统在最终二语水平上都是可体现的（Prévost & White, 2000; Lardiere, 1998）。从中介语研究中涉及的形态学来看，以往研究多围绕屈折变化的构形形态，对派生构词的构词形态关注较少。

就派生构词加工的二语习得研究而言，派生构词法表征是否受损，仍然存在争论，既有研究支持中介语构词法表征"受损说"，也有研究支持中介语构词法表征"未受损说"。前者认为，成年二语习得者学习二语词汇时，对词的形态信息（morphological information）并非如母语者一样敏感，其词法加工不同于母语者（Silva & Clahsen, 2008; Clashsen et al., 2013; Clahsen & Neubauer, 2010; Ullman, 2004, 2005）；后者认为二语习得者可在很大程度上采用和母语者相同的加工策略来识认二语合成词（Diependaele et al., 2011; Kirkici & Clahsen, 2013; Li et al., 2015）。

第二节 构词法加工的二语习得研究概况

一 中介语构词法表征是受损的还是未受损的

(一) 中介语构词法表征受损

在英语二语词汇加工中，Silva & Clahsen (2008) 采用掩蔽启动词汇判断实验，考察英语二语者和母语者在加工屈折词和附加式合成词时是否充分利用词的形态结构信息。实验发现，对于附加式合成词，英语母语者在相关启动 (如"*coolness-COOL*")、重复启动 (如"*cool-COOL*") 均表现出显著的启动效应；而英语二语者却表现出减弱的启动效应。他们认为，与母语者相比，成年二语者在加工多语素复杂词时更多依赖词汇储存 (lexical storage)，较少依赖组合机制 (combinatorial mechanism, Ullman, 2004, 2005)。有必要指出的是，该研究还考察了不同母语背景对形态复杂词加工的影响，发现不同母语背景的英语二语者表现出相同的启动模式，并由此提出二语者在多语素复杂词的加工上不受其母语的影响。

通过眼动监控 (eye-movement monitoring) 技术，Clahsen et al. (2013) 考察了新造合成词中范畴制约 (category constraint) 和形态结构制约 (morphological structure constraint)① 在英语二语者阅读英语语篇中派生构词结构 (如"*Our dog was pest infested until we treated him with a special shampoo. He's since been completely LICE/MITES/FLEALESS and has stopped itching all over. If he has similar problems in the future we now know what to do.*"中加粗显示部分) 时的作用，发现英语二语者虽然在阅读加工上慢于英语母语者，但范畴制约还是影响英语二语者的阅读；而形态结构制约则没有被看到的确影响英语二语者的阅读。就构词法加工的深度而言，形态结构制约无疑要深于范畴制约。Clahsen et al. 认为，英语二语者在加工合成词时，不仅在加工速度上慢于母语者 (McDonald, 2006)，在加工

---

① 关系范畴制约 (category constraint) 和形态结构制约 (morphological structure constraint) 是在屈折形态与派生造词的关系研究中提及的，前者指派生词的词干优选光杆词根，不选带屈折形态的词；后者指派生词内部禁止出现有屈折形态的词。

深度上也弱于母语者，支持二语语法加工的浅层结构假说①（shallow-structure hypothesis，Clahsen & Felser，2006）。

在德语二语词汇加工中，Clahsen & Neubauer（2010）采用了词汇判断实验、掩蔽启动词汇判断实验考察德语二语者及母语者加工能产性高的"X+ung"德语派生名词的异同。词汇判断实验发现，不管是母语者还是二语者都表现出表面频率②效应（surface-frequency effect），且二语者表现出的表面频率效应更强；该结果表明德语母语者和二语者可能均以整词形式加工德语派生名词。但是，掩蔽启动词汇判断实验却发现，德语母语者表现出词干启动效应（full stem-priming effect），而德语二语者并没有表现出词干启动效应。综合这两个实验结果来看，相对于母语者，成年二语习得者更多依赖直接词汇查寻（direct look-up）和整词储存（whole-word storage），较少依赖形态计算（morphological computation）。就上述实验研究来看，二语者的中介语构词法表征不同于母语者，可能表现为一种受损的状态。

（二）中介语构词法表征未受损

在英语二语词汇加工中，Diependaele et al.（2011）通过掩蔽形态启动词汇判断任务，考察西班牙语—英语双语者、荷兰语—英语双语者与英语母语者加工英语附加式合成词的情况，着重探讨晚期双语者加工英语附加式合成词时能否充分利用形态信息。实验发现，透明的后缀启动（transparent suffixed prime，如"*viewer-VIEW*"）、不透明的或假后缀启动（opaque suffixed or pseudo-suffixed prime，如"*corner-CORN*"）和词形控制启动（form control prime，如"*freeze-FREE*"）三种启动条件对英语二语者的启动效应依次降低，与母语者的启动效应类似。由此，Diependaele等认为构词法信息在晚期双语者加工附加式合成词时是起作用的。

在土耳其语二语词汇加工中，Kirkici & Clahsen（2013）通过掩蔽启动词汇判断实验，考察土耳其语二语者、母语者在加工土耳其语中常见的去形容词化后为名词的后缀词（如"*yorgunluk-YORGUN*"，*tiredness-tired*）的异同，发现二语者也出现了类似母语者的启动效应。Kirkici &

---

① 该假说认为二语者在语法分析上弱于母语者，且语法分析过程中会更多受到非结构特征（如词汇和表层形式）的影响。

② 请见第二章第二节第一部分的注释。

Clahsen 认为土耳其语二语者在构词法表征上与母语者相同。

针对英语复合词，Li et al.（2015）通过掩蔽启动词汇判断实验考察英语熟练的汉语母语者、英语母语者在判断英语词汇（如，a. 语义透明词"*toothbrush-TOOTH*"、b. 语义模糊词"*honeymoon-HONEY*"、c. 词形控制词"*restaurant-REST*"）上的异同，发现英语熟练的汉语母语者在 a 和 b 两个启动条件上都出现了稳定的显著启动效应，Li 等认为汉语母语者在英语复合词的早期加工中也会发生类似于英语母语者的亚词汇形态-正字法解析（morpho-orthographic decomposition）过程。就上述实验研究来看，二语者的中介语构词法表征是未受损的。

值得注意的是，Li et al.（2015）还发现英语熟练汉语者在 c 条件（词形相关）上也出现了显著的启动效应，而英语母语者在该条件上则没有启动效应。无独有偶，Diependaele et al.（2011）、Heyer & Clahsen（2014）也在掩蔽启动词汇判断任务下发现了二语者在词形相关条件有显著的启动效应，而母语者却没有。这可能与二语者在早期视觉词汇认知中较母语者更多依赖表层特征（surface-form properties，如词形信息）有关（Li et al., 2015）。

二 二语构词法加工中应关注的因素

（一）掩蔽启动的方式

纵观上述二语词汇加工中的启动范式，都采用了掩蔽启动。掩蔽启动，其启动刺激呈现时间一般较短（约 50ms），往往在感知的阈下水平[①]，因此可考察非注意状态下、快速的认知加工过程。就目标语熟练水平来看，二语者是不及母语者的。即便研究者在二语者完成掩蔽启动词汇判断任务时，在启动刺激呈现后加上一定的时间延迟（如 200ms，参 Clahsen et al., 2013）才出现目标词，也可能因为二语者对目标语的熟练程度不及母语者而难以确保启动刺激被二语者加工了。诚然，二语者、母语者在目标语上的熟练程度不易统一，是客观事实。但为了贴切研究二语者对目标语词汇的加工，掩蔽启动的方式上能否更换一下，使得二语者、

---

① 人的视觉阈限为 50ms。刺激呈现时间若不长于 50ms，则不能被有意识地察觉；即便如此，该刺激也是被人脑加工的。在认知实验中，研究者采用感觉阈限下的刺激来考察非注意状态下人脑对信息的加工情况。

母语者在目标语词汇加工上处于同一水平，以便比较呢？语言的象似性现象似乎可以作为一个突破口。

语言象似性可从成分、关系两个方面来分析，后者又可从组合关系、聚合关系两个角度来探讨；就组合关系而言，概念相似则用相似的结构来表达，概念不同则用不同的结构来表达（Haiman，1985）。从概念形成上来看，附加式和复合式合成词因其"词根+词缀""词根+词根"的构词法不同而有所不同，两者在结构表达上就可采取不同的方式。根据拟象（diagram）象似性（Hiraga，1992），就英语合成词的结构表达来看，附加式合成词由"词根+词缀"构成，前后语素功能相，似乎可以用"OOo"（异式）来类比；而复合式合成词则由"词根+词根"构成，前后语素功能相近，似乎可以用"OOO"（同式）来类比。就掩蔽启动而言，启动刺激在某种意义上可以用上述拟象符异式（"OOo"）、同式（"OOO"）代替相应的语言符号刺激。如此一来，也可借此提供一个更"公平"的平台来研究二语者对目标语的语言加工情况。

（二）二语的熟练水平

已有研究发现二语熟练者与二语非熟练者会因为二语构词法表征的强弱，在在线加工附加式合成词时采取不同的加工模式。Deng et al. (2016) 采用事件相关电位技术考察汉—英双语者在句子阅读任务中构词法知识对二语附加式合成词加工的影响。实验发现，相比构词法知识水平低者（非熟练者），构词法知识水平高者（熟练者）在加工假附加式合成词时（pseudo-derived word，如"*stateness*"）时诱发了明显的 P600 成分。由此，Deng 等认为二语熟练者对派生规则的违反十分敏感，从而可应用基于规则的分解策略；而二语非熟练者则不然，在加工假附加式合成词时更多依赖整词加工机制（whole-word processing mechanism）。

在二语习得中，二语的熟练程度可逐步提高，待达到与母语相同熟练后，二语者便成为双语者。但毋庸置疑的是，仍然有些二语者因为受石化（fossilization）的影响而停滞在一定的、较低的熟练水平上。从提高外语教学效果的目标出发，这些二语学习者是应纳入语言加工实验研究范围的，但上述二语词汇加工却多关注熟练的二语者，忽略了熟练水平较低的二语者。

综而观之，二语者的中介语中构词法表征是受损还是未受损仍有待进一步研究。就以往研究来看，以下两个问题是需要注意：其一，普遍采用的掩蔽启动方式因在一定程度上受限于二语者对目标语的熟练水平，在一定程度上影响了对二语者二语词汇加工的考察。其二，对二语熟练水平较低的人群较少关注，但囿于石化影响，不少二语学习者处于二语非熟练状态，为提高外语教学效果，这一人群是需要纳入实验研究范围的。

下文将采用基于语言象似性的掩蔽（拟象符）启动词汇判断任务，运用事件相关电位技术，区分英语熟练者、非熟练者，考察汉语母语者对英语附加式合成词（下文称附加式词）、非附加式词的加工过程，尝试探讨两个问题：(1) 汉语者在学习英语时中介语中构词法表征是受损的，还是未受损的；(2) 英语熟练程度是否影响二语者中介语中构词法表征？若有影响，又是如何影响的？实验作如下假设：a. 若发现同式启动对英语附加式词有更大的启动效应，则说明汉语者学习英语时其中介语中构词法表征是受损的；若发现异式启动对英语附加式词有更大的启动效应，则说明汉语者学习英语时其中介语中构词法表征是未受损的。b. 若发现英语熟练度（熟练/非熟练）、启动方式（同式启动：OOO/异式启动：OOo）、构词法（附加式/非附加式①）有交互作用，则说明英语熟练水平影响汉语者学习英语时中介语中构词法表征方式。

第三节 汉语者英语附加式合成词加工的 ERP 实验

一 实验受试

本实验选择 27 名健康在校大学生作受试，男 13 名、女 14 名，年龄 20—22 岁，平均年龄为 21.3 岁。受试均自小学三年级开始学习英语，按英语熟练程度不同分为两组：A 组为英语熟练者，通过英语专业八级考试；B 组为英语非熟练者，英语水平仅通过大学英语四级考试（≤450 分，总分 710 分）。经爱丁堡量表（Oldfield, 1971）测试，受试均为右利手，家族中无神经或精神疾病史，视力或矫正视力正常。受试在实验前阅读知情同意书并签字，实验后被给予一定报酬。

---

① 鉴于实验要求对照语料在字母数上应与英语附加式词匹配，实验取词的大学英语四级词汇中复合式词在字母数上往往多于附加式词。因此，本实验中对照语料不全是复合式词。

二 实验语料

因"X-er/or"类附加式词在英语中较为能产（Aronoff, 1976），实验从大学英语四级考试大纲词汇中选取"X-er/or"附加式、非附加式英语词各 80 个，都是大学生应熟悉、掌握的词汇。因实验任务为视觉词汇判断，实验设置英语假词 160 个；实验控制了附加式、非附加式英语词的字母数（见表 8-1）。

表 8-1　　　　　　　　　实验语料示例

附加式词	非附加式词	假词
writer	object	consiter
traveller	network	movemant

三 实验设计及刺激程序

本实验通过掩蔽启动，考察启动方式（同式启动：OOO/异式启动：OOo）、英语熟练度（英语熟练者/英语非熟练者）、构词法（附加式/非附加式）在英语词汇习得中的影响。实验共有 320 个刺激组（trial），在电脑屏幕中央呈现，屏幕背景为黑色，刺激为白色，字号 60。每个刺激组包含 4 个刺激，第一个刺激"######"在电脑屏幕中央呈现 500ms，第二个刺激（启动刺激）"OOO"或"OOo"邻接呈现 50ms，第三个刺激"######"邻接呈现 20ms，第四个刺激（目标刺激）英语单词（真词或假词）邻接呈现 600ms；2.4s 后，下一组刺激呈现（具体见图 8-1）。

受试处于暗光的屏蔽室，眼睛距电脑屏幕中心约 1.2m，实验时须注视电脑屏幕的中心。刺激系统 STIM[2]（Neurosoft, Inc. Sterling, USA）控制刺激在屏幕上的呈现，实验开始前让受试阅读实验指导语，让其了解本实验视觉词汇判断任务的要求。受试在看到英语单词后，需在保证正确的前提下尽快地在便捷小键盘上完成按键任务，判为正确词用左手拇指按 4 键，判为假词则用右手拇指按 6 键。受试在反应手上做了左右手平衡。实验同时记录受试的脑电数据，受试被告知避免无关的眼球运动和肢体运动。实验分 4 段进行，每段约 5 分钟，实验间歇受试可充分休息。

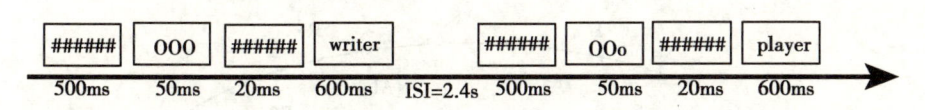

```
|######| |OOO| |######| |writer|     |######| |OOo| |######| |player|
 500ms   50ms   20ms     600ms ISI=2.4s 500ms   50ms   20ms    600ms
```

图 8-1 实验刺激程序示例

（箭头指示呈现次序，线上为呈现的刺激，其下数字为呈现时间；ISI = Interstimulus Interval 为相邻刺激组间纯间隔）

四 脑电记录及处理

用 NeuroScan 64 导电极帽（10/20 系统），通过 SCAN（Neurosoft, Inc. Sterling, USA）同步记录脑电。左侧乳突电极记录值作参考，前额接地，实验要求皮肤与电极之间的阻抗低于 5KΩ。垂直眼动由左眼眶上下处记录，水平眼动于双眼外眦外 2cm 处记录。脑电信号由放大器放大，滤波带通为 0.05—100Hz，采样频率为 1000Hz，离线分析处理 ERP 数据。处理脑电数据时，通过 NeuroScan 数据分析软件，参考电极记录值由左侧乳突记录值转换为双侧乳突记录的均值。然后，每个电极记录点上不同刺激类型的事件相关电位被分别叠加，叠加时间区段为 1100ms，自刺激呈现前 100ms 至刺激呈现后 1000ms，刺激呈现前 100ms 作基线。

在数据统计分析时，头皮上的记录电极被分成 4 个区：左前区（AF3, F1, F3, F5, FC1, FC3, FC5, FT7）、左后区（CP1, CP3, CP5, P1, P3, P7, PO7, TP7）、右前区（AF4, F2, F4, F6, FC2, FC4, FC6, FT8）、右后区（CP2, CP4, CP6, P2, P4, P6, PO8, TP8）（见图 8-2）。脑电数据统计采用启动方式（同式启动：OOO/异式启动：OOo）× 英语熟练度（英语熟练者/英语非熟练者）× 构词法（附加式/非附加式）× 头皮分区（左前/左后/右前/右后）多因素重复测量方差分析，主要考察启动方式和英语熟练水平在英语附加式词习得中的影响。实验数据采用 SPSS22.0 进行多因素方差分析，P 值采用 Greenhouse Geisser 校正，波幅大于 ±80μV 的脑电被视为伪迹自动排除，实验中反应错误或污染严重的脑电被剔除，不予统计分析。脑电地形图由 NeuroScan64 导 ERP 数据得出。

五 实验结果

本研究考察英语熟练程度（英语熟练者/英语非熟练者）、启动方式

```
            L           R
    A           AF3       AF4
         F5  F3  F1   F2  F4  F6
      FT7  FC5 FC3 FC1   FC2 FC4 FC6  FT8
         TP7  CP5 CP3 CP1   CP2 CP4 CP6  TP8
              P3  P1    P2  P4
           P7                        P8
    P          PO7      PO8
```

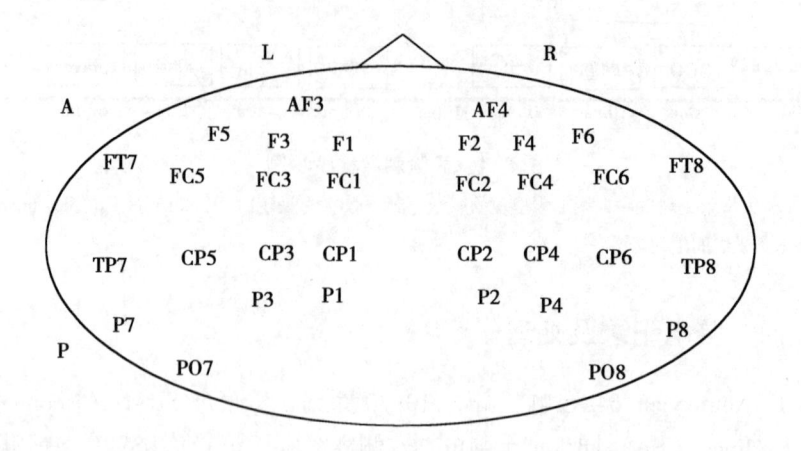

图 8-2　记录电极头皮分区示意

(L=Left 左半球，R=Right 右半球；A=Anterior 前区，P=Posterior 后区)

(同式启动：OOO/异式启动：OOo)、构词法（附加式/非附加式）对英语词汇加工的影响。在行为学数据统计分析时，采用英语熟练程度（英语熟练者/英语非熟练者）×启动方式（同式启动：OOO/异式启动：OOo）×构词法（附加式/非附加式）多因素方差分析；在脑电数据统计分析时，增加头皮分区（见图 8-2）因素，采取采用英语熟练程度（英语熟练者/英语非熟练者）×启动方式（同式启动：OOO/异式启动：OOo）×构词法（附加式/非附加式）×半球（左/右半球）×前后区(前/后)多因素方差分析。

经分析实验结果，共有 22 名受试的数据纳入统计分析，英语熟练者 11 人（男生 5 人）、英语非熟练者 11 人（男生 7 人）；5 名受试在反应正确率上偏低（低于 50%），或脑电信号不稳，没有纳入统计分析范围。

(一) 行为学数据

1. 反应时

仅启动方式有主效应 [$F(1, 10) = 23.464, P = 0.001$]，启动方式与构词法有边缘显著的交互效应 [$F(1, 10) = 4.551, P = 0.059$]。在平均反应时上，同式启动（798±23ms）的显著短于异式启动（829±25ms）的；且同式启动使得附加式词的反应时缩减幅度（47ms）远大于非附加式词的（13ms），同式启动对附加式词的启动更强（见表 8-2），英语熟练者、非熟练者均有相似的表现（见图 8-3）。相比非附加式词，汉语者学习英语附加式词受同式启动的影响更大。

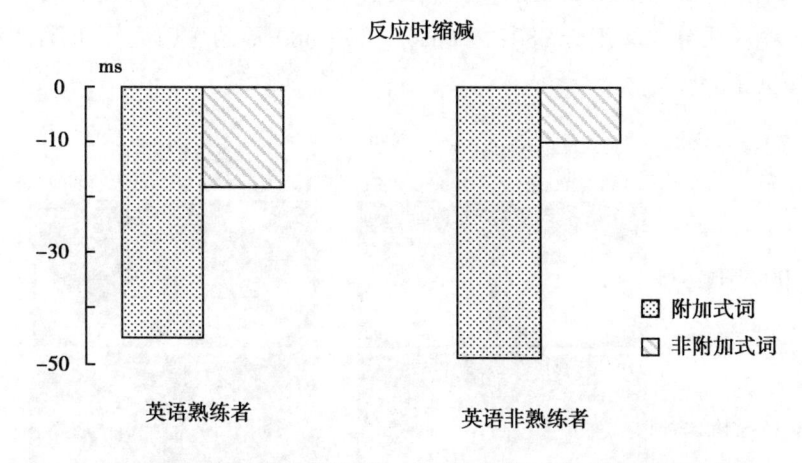

图 8-3 同式启动条件下附加式词、非附加式词的反应时变化

2. 正确率

启动方式 [$F(1, 10) = 57.872, P < 0.001$]、英语熟练水平 [$F(1, 10) = 21.239, P = 0.001$] 都有主效应。在平均正确率上，同式启动（84.1±1.2%）高于异式启动（76.4±1%）；英语熟练者（86.0±0.9%）高于英语非熟练者（74.5±2%），见表 8-2。相比异式启动，同式启动可促进英语词汇识别。

表 8-2 不同情况下英语词汇判断的反应时、正确率（均值±标准差）

			反应时（ms）	正确率（%）
英语熟练者	同式启动	附加式词	757±30	90.2±1.5
		非附加式	785±35	87.5±1.3
	异式启动	附加式词	802±37	82.5±1.5
		非附加式	803±37	83.9±2
英语非熟练者	同式启动	附加式词	819±35	79.3±2.3
		非附加式	732±31	79.5±2.9
	异式启动	附加式词	868±42	70.9±2.7
		非附加式	842±32	68.4±3.5

（二）脑电数据

依据相关文献及本实验取目标刺激呈现后 150—250ms 时间窗来观察

P2a 成分①，又细分 150—200ms 时间窗用于观察早期 P2a，200—250ms 时间窗用于观察晚期 P2a；取目标刺激呈现后 280—480ms 时间窗观察来观察 N400 成分，又细分 280—380ms、380—480ms 两个时间窗来统计其平均波幅值。

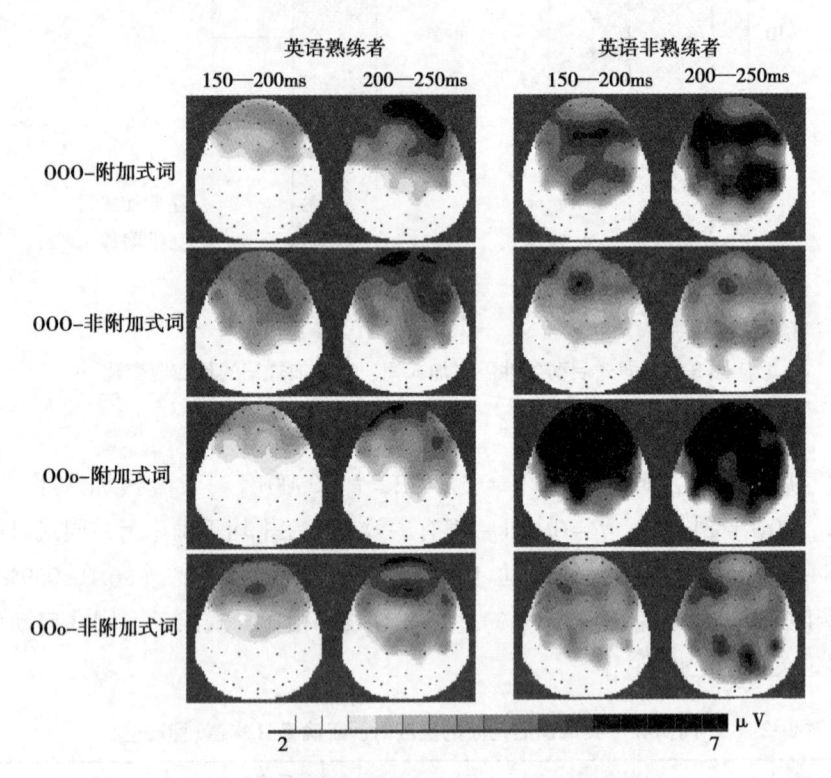

图 8-4 英语熟练程度不同者不同启动时附加式词、非附加式词早期、晚期 P2a 脑电地形

（150—200ms 时间窗观察早期 P2a；200—250ms 时间窗观察晚期 P2a）

1. P2a 成分

（1）早期 P2a（150—200ms）

头皮前后区有主效应 [$F(1, 10) = 19.307$, $P = 0.001$]，前区电极记录到了更大波幅的 P2a（见图 8-4）。英语熟练水平、启动方式、构词法、半球有交互效应 [$F(1, 10) = 8.19$, $P = 0.017$]，英语熟练者在同式启动时附加式词较非附加式词在右半球诱发了更小的早期 P2a [$F(1,$

---

① P2a 中的 a，指的是 anterior；P2a 是指分布于头皮前区的 P2。

21) = 5.697，$P=0.026$]，但在异式启动时则未发现附加式词、非附加式词在早期 P2a 波幅的显著差异（见上图 8-4、下图 8-5）；英语熟练水平、启动方式、半球、前后区也有交互效应 [$F(1, 10) = 9.966$，$P = 0.01$]，英语熟练者同式启动时左半球前部诱发了更小波幅的早期 P2a。见上图 8-4、下图 8-5。

（2）晚期 P2a（200—250ms）

头皮前后区有主效应 [$F(1, 10) = 7.678$，$P=0.02$]，前区电极记录到了更大波幅的晚期 P2a（见图 8-4）。启动方式、构词法有交互效应 [$F(1, 10) = 5.656$，$P=0.039$]，同式启动时附加式词较非附加式词诱发了更大波幅的晚期 P2a [$F(1, 87) = 5.166$，$P=0.025$]，而异式启动时，附加式词则较非附加式词诱发了更小波幅的晚期 P2a [$F(1, 87) = 4.695$，$P=0.033$]。见图 8-5。

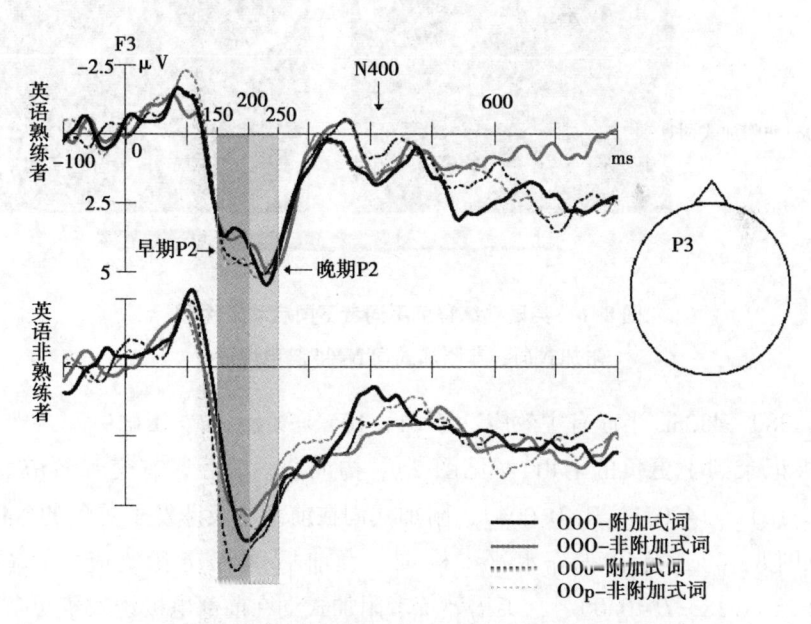

图 8-5 英语熟练程度不同者在不同启动条件下附加式词、非附加式词的 ERP 波形比较

2. N400 成分

280—380ms 半球有主效应 [$F(1, 10) = 10.093$，$P=0.01$]，左半球电极记录到了更负的 N400（见图 8-6）。英语熟练水平、构词法、前后区有交互效应 [$F(1, 10) = 5.316$，$P=0.044$]，英语非熟练者非附加

式词在前部电极诱发了更正的 N400（见图 8-5、图 8-6）。

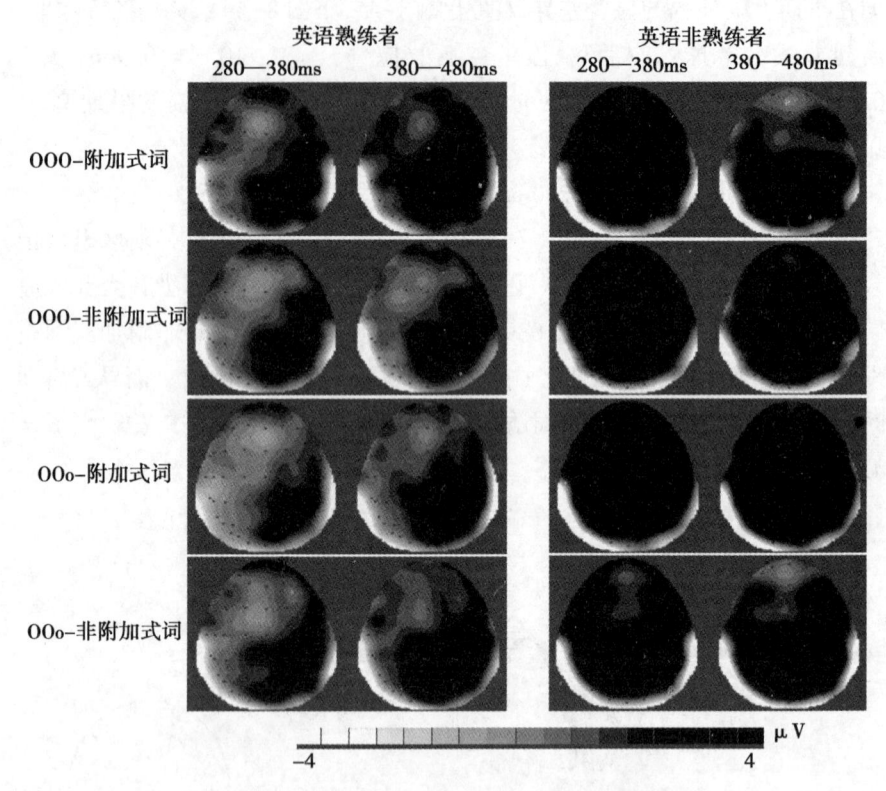

图 8-6　英语熟练程度不同者不同启动条件下
附加式词、非附加式词 **N400** 脑电地形

380—480ms 半球有主效应 [$F(1, 10) = 7.88$, $P=0.019$]，左半球电极记录到了更负的 N400（见图 7）。构词法、前后区有交互效应 [$F(1, 10) = 14.051$, $P=0.004$]，附加式词在前部电极诱发了更负的 N400（见图 8-6）；英语熟练水平、构词法、前后区有交互效应 [$F(1, 10) = 11.18$, $P=0.007$]，英语熟练者附加式词在前部电极诱发了更负的 N400（见图 8-6）。

第四节　实验讨论

汉语母语者学习英语时中介语构词法表征问题，该表征又是如何被英语熟练程度影响的，是本实验主要探讨的内容。本实验反应时、P2a 数据显示，(1) 不论英语熟练度高低，均是同式启动（而非异式启动）给英语附加式词带来更强的启动效应。(2) 在右半球电极上，英语熟悉度、启动方式、构词法在早期 P2a 上有交互效应；而在晚期 P2a 上则没有。根据上文的实验假设，汉语者在学习英语时中介语构词法表征是受损的；其中介语构词法表征虽不受英语熟练度的影响，但其英语正字法表征却是受英语熟练度调节的。

一 汉语者学习英语时中介语构词法表征是受损的

从反应时来看，启动方式（同式启动：OOO/异式启动：OOo）、构词法（附加式/非附加式）有边缘显著的交互效应（$P=0.059$），不论英语熟练度高低，同式启动对附加式词的启动更强（见图 8-3）。该结果在 ERP 数据上得到了进一步验证。启动方式（同式启动：OOO/异式启动：OOo）、构词法（附加式/非附加式）仅在晚期 P2a（200—250ms）上有显著的交互效应（$P=0.039$），不论英语熟练度高低，同式启动时附加式词诱发了波幅更大的晚期 P2a，而异式启动时附加式词诱发了波幅更小的晚期 P2a（见图 8-4、图 8-5）；在其后的 N400 成分上，则没有相互效应①（见图 8-5、图 8-6）。由此看来，实验结果表明同式启动对附加式词的启动效应更强，或者说同式启动更大地影响了汉语者对英语附加式词的认知过程。基于上文语言象似性分析，拟象符同式（OOO）可用来类比复合式词，据上述实验结果可推论本实验中英语熟练者、非熟练者在英语附加式词在构词法表征上可能均表征为复合式，而非附加式。在某种意义上，本实验中晚期 P2a 大概反映了构词法加工过程。

关于晚期 P2a，也有研究认为是反映了视觉词汇识别中的构词法加工过程。在西班牙语视觉启动词汇判断 ERP 实验中，Domínguez et al.(2006) 发现相对于音节相关词对（如"*regalo-REFORMA*"，*gift-reform*），前缀相关词对（如"*reacción-REFORMA*"，*reaction-reform*）诱发了明显的 P2a（150—250ms），Domínguez 等认为该成分反映了词汇视觉识别早期阶段前缀信息的通达。在汉语构词法启动视觉词汇判断 ERP 实验中，顾介鑫等（2012）也发现构词法相关条件下，诱发了波幅更大的 P2a。顾介鑫等认为 P2a 反映了汉语复合词的视觉识别早期阶段的独立

---

① 鉴于 N400 成分上没有发现启动方式、构词法的交互效应，文中不再专门讨论 N400。

于语义的、纯粹的构词结构加工的过程。

在基于普遍语法（UG）的二语习得理论中，White（2003）提出了触发（trigger）和分解（parsing）两个概念，前者指二语语言输入触发参数重新设定；后者指二语者通过中介语语法为二语语言输入指派相应的结构表征。触发和分解在很大程度上可分析二语者中介语语法的发展或过渡。从触发来看，参加本实验的受试均是在教室环境下学习英语的，其英语语言输入在质、量两个层面上与本族语环境均有差距，在参数重新设定上可能起不到相应的触发作用。从分解来看，相比附加构词，复合构词是汉语构词的主要方式（吕叔湘，1984）；而在英语中，相比复合构词，附加构词才是英语构词的主要方式（Aronoff，1976）。从本实验的反应时及晚期 P2a 的数据统计来看，汉语母语者在为英语附加式词这一语言输入指派结构表征时，难免会受到根深蒂固的复合构词这一既定母语参数值的影响，从而可能为英语附加式词指派复合式结构表征，而非附加式结构表征。而且，在汉语中，复合法作为能产构词法的代表而被实例化（instantiated）于汉语母语者的构词法表征中；而附加法则不然。从普遍语法可及性来看，特征失效假说（failed functional features hypothesis，Hawkins & Chan，1997）认为成人或语言敏感期后的二语学习者仅可及母语中已经实例化的特征，在母语中没有实例化或被激活的特征在二语中会"失效"而无法习得，且相关的参数也不能重新设定。汉语母语者在学习英语附加式词时，没有为其指派附加式结构表征，可以得到相应解释。

二 汉语者英语正字法表征受英语熟练度调控

在早期 P2a（150—200ms）波幅上，仅英语熟练者、仅在同式启动条件下，在右半球上附加式词较非附加式词更小（$P=0.026$），而异式启动条件下则不然。即，英语熟练者在右半球电极上，是同式启动（而非异式启动）影响英语附加式、非附加式词的早期视觉加工。或许可以说，本实验中早期 P2a 可能反映了视觉词汇识别早期阶段的词形表征及词形加工。关于早期 P2，也有研究认为反映了视觉词形加工。在视觉 ERP 实验中，相较于物体或人脸图片，词汇诱发了一个更正的 P2（125—175ms），研究者认为该 P2 成分反映了视觉分类（visual perceptual categorization），且该视觉分类会受到人们累计经验差异的影响（Schendan et al.，1998）。

在右半球电极上，仅英语熟练者，仅在同式启动条件下，英语附加式词在早期 P2a 上有启动效应，附加式词诱发了较非附加式更小波幅的早期 P2a。该构词法效应发生于刺激呈现后 150 多毫秒，在视觉词汇识别过程中属于早期的视觉词形加工阶段。Stolz & Feldman（1995）曾指出，构词法效应既不能归为基于形式的效应（form-based effects）——正字法或语音，也不能归为相关语义效应。因此，构词法信息表征层是位于语义中心表征层与更外围的通达表征层之间（Drews & Zwitserlood, 1995）。基于此，英语熟练度可能是通过汉语者中介语中构词法表征（复合式而非附加式）来通过一种自上而下的方式（Top-down processing）反馈调节汉语者的英语正字法表征，进而影响其对英语正字法信息的敏感度。

在掩蔽启动视觉词汇判断实验中，不少研究发现二语者与母语者不同，有显著的词形启动效应（Li et al., 2015; Heyer & Clahsen, 2015; Diependaele et al., 2011），研究者认为这是因为二语者较母语者更多地依赖像正字法信息这样的表层特征来识别二语词汇。上述研究中的受试在二语熟练程度上都是高的。本实验发现英语熟练者在 P2a 模式上不同于非熟练者（见图 8-4），这表明仅英语熟练者对正字法信息是敏感的，而英语非熟练者则不敏感。由此看来，汉语者英语正字法表征受其英语熟练水平的调控，高者表征强，低者则弱。

第五节 结语

本实验通过采用事件相关电位技术，通过掩蔽视觉启动词汇判断任务考察了英语熟练者、非熟练者在不同启动方式（同式启动：OOO/异式启动：OOo）下对英语附加式、非附加式词的认知加工过程，发现同式启动对汉语者英语附加式词的视觉识别有更强的启动效应，英语熟练度高低影响汉语者英语视觉词汇识别早期的词形加工。基于语言象似性及相关 ERP 研究，汉语母语者在学习英语附加式词时，在构词法表征上可能将其表征为复合式，而不是附加式，汉语者在学习英语词汇时中介语构词法表征是受损的。这可能与汉语者在学习英语时没有有效利用分解和触发（White, 2003）有关。此外，英语熟练度高低会影响汉语者对英语正字法信息的敏感度。

为提高汉语者（尤其是中、小学生）英语词汇教学效果，一方面，可尝试通过多媒体辅助，在质、量两个层面丰富英语词汇输入，使得英语输入可以有效起到"触发"的作用，从而帮助汉语者重设参数；另一方面，可尝试通过精细解析、比较汉、英构词法的异同，引导汉语者深入了解英语构词法，从而能在一定程度上排除汉语母语构词法的影响，使得汉语学生能尽早、正常地"分解"相应的英语输入，以完成结构表征指派。

第九章 复合构词法能产性的神经电生理学研究

在结构主义语言学中，词法能产性一般被看作某一个形式用于组成新词的能力（Hockett，1968：307—308）。随着转换生成语言学理论分析在词法研究中的兴起，能产性更成为研究者关注的焦点。Aronoff & Anshen（1998：242）将词法能产性非正式地定义为一种语言中某一词缀可能被用于构造新词的程度。但是，谈词法能产性不能囿于词缀，而应针对某一特定构词方式 Bauer（2001：32）。Aronoff & Fudeman（2005：212）进一步指出，一种形态模式比另一种能产即是说该模式下产生的词比另一模式下产生的词更可能为本族人所接受。但就其研究对象而言，西方学者词法能产性的研究主要限于屈折构词（Pinker，1999）、派生构词（Aronoff，1976；Aronoff & Anshen，1998），复合构词极少被关注[①]。

第一节 汉语复合构词法的能产性

目前，构词法领域内关于能产性的研究主要针对派生构词，却很少涉及复合构词。但 Selkirk（1982）曾指出复合构词规则与派生构词规则一样，其能产性也有高低之分，却未做出进一步的分析。

汉语合成词的构词法一般有重叠、附加和复合三类（朱德熙，1982：25），其中附加类大致相当于印欧系语言中的派生构词。但就汉语新词产生而言，这种附加构词并非主要构词方式；而且，屈折构词即便在汉语广义形态中也很少见。在汉语构词法研究中，复合法被认为是汉语最主要的构词方式（吕叔湘，1984a，b）。据统计，仅双音复合词就占《现代汉语

---

① 在印欧系语言中，大都将屈折过程得到的词与派生过程得到的词放在一起作词法研究。但我们主要讨论除屈折变化外的构词法。

词典》所收条目的 57.8% （周荐，1994：19）。因此，要研究汉语构词法能产性，复合构词法是绕不过去的。

关于构词法的能产性，可以从两个方面来看。一方面，有的构词法在产出新词时的限制条件少，有的构词法则受限多，这在一定意义上就说明前者比后者能产；另一方面，有的构词法在产出新词的实际数量上较多，有的构词法则较少，在一定程度上也说明前者比后者能产。也就是说，要测量构词法的能产性①，我们可以从定性（quatilitive）和定量（quantitative）两个角度，即性质能产性和数量能产性来进行（Aronoff & Anshen, 1998）。

具体而言，性质能产性可以从构词方式受限程度的大小来测量，如英语后缀-ness 在形成去形容词化名词（de-adjective nouns）时几乎不受限制，从性质上可以讲-ness 是能产的（Aronoff & Anshen, 1998）。若一种构词方式在成词时受到的限制少，一定条件下也可以认为该构词方式产生新词的概率高，因此根据构成新词的概率高低就可以推断某种构词方式是能产还是不能产。而数量能产性则可以从连续统（continuum）②的角度来测量，各种不同的构词方式对应于连续统中不同的位置，相互间可以通过所在连续统的位置反映的量特征进行比较（Aronoff & Anshen, 1998）。测量构词规则的能产性，既可以通过统计词典收录的不同构词规则产出词在不同历史时期的数量来进行（Aronoff, 1982）；也可以通过语料库分析计算构词方式的增产率（growth rate）和整体能产性（global productivity）来完成（Baayen, 1992）。在汉语复合构词法的能产性研究中，大都采用前一种方法测量能产性，即对词典、典籍收词进行统计、分析。下面，我们

---

① 除此之外，也有从可用性（availability）和利用性（profitability）两个方面来描述构词法能产性的（Bauer, 2001：211）。Bauer 认为，某一构词法的能产性可结合可用性和利用性两个角度来解释。前者指某一语言中的某一构词法能否产出新词，而后者指某一语言中的某一构词法在语言使用中被用于产出新词的程度。可用性是由语言系统决定的，某一构词法要么可以用于产出新词，要么不能，没有中间状态；利用性是由语言使用决定的，还可能受不可预测的语言系统外因素的影响。

② 一般认为，一种语言中构词方式的能产性处于一个从低到高的连续统中，这个连续统的一端是死的或完全不能产的词缀，不可能用于构造任何新词（如-th），另一端是能产的屈折后缀（如-ed, -ing, -s），这些后缀在句法条件适合且无不规则形式阻断时可以自由附加，还有能产的派生词缀（如-ness, -ation），中间则是能产性低一些的派生后缀（如-ity）（参 Aronoff, 1976；Aronoff & Anshen, 1998）。

就采用性质能产性和数量能产性这两个指标来研究汉语复合构词法的能产性。

一 性质能产性

陆志韦（1955）较早觉察到汉语偏正式构词相对其他构词方式更为常见，且所由产出的复合词在词类性质、构词语素的语法属性上均表现出一定的选择性，即更倾向于产出 NN 结构的复合名词[①]。在后续研究中，这一发现逐一得到证实和深化。

就复合词的词类性质而言，汤廷池（1989）提出在现代汉语的词汇发展上偏正式复合法常被用来产生新词，表达新奇的事物、概念、事态或现象（如"帅哥、干洗"），且产生的新词在语法类属上确为倾向于名词；而述宾式复合法则常被用来产生动词，以表达新奇的动作或行为（如"飙车、跳槽"）。汤文进一步指出，名词倾向以偏正式产出，动词倾向以述宾式产出，这两类占了新造复合词的绝大多数，而以主谓式[②]、述补式、联合式等复合法产出新词的机会却较少。就复合词的构词语素的语法属性来看，董秀芳（2004）在结合词表的语料库统计基础上，得出汉语中（偏正式）复合名词的强势结构类型的确是"NN"复合，其主要语义模式为"提示特征+事物类"（如"啤酒、脚趾、病魔"）；而（述补式）复合动词的强势结构类型则是"VV"复合，其主要语义模式为"方式或途径+行为或结果"（如"撞开、搞好、扔掉"）。

有必要指出的是，有的构词法过去能产出新词现在不能了，而有的构词法则一直能产出新词。在构词法能产性研究中，前者被称为"死构词法"，后者则被称为"活构词法"（Di Sciullo & Williames, 1987）。从汤

[①] 相关例子，请见绪论第一节第二部分。

[②] 关于主谓式新词，汤廷池（1989）认为也有可能把部分的例子分析为偏正式（修饰关系），例如"脑死、胎动"等。邓思颖（2008）从题元理论角度认为汉语中的主谓式复合词在形式上都应分析为偏正式，且进一步指出修饰关系、主谓关系属于语法关系的概念，是功能问题；而偏正式则属于形式结构的概念，这二者应有所区别。Fabb（1998: 72）则建议从功能路线（functional lines）来研究复合词的能产性问题。但是，我们还是根据汉语对复合词构成方式的传统界定（即偏正式、联合式、述宾式、述补式、主谓式），从结构方式的角度来展开研究。

廷池（1989）来看，现代汉语复合构词法中的偏正式、述宾式等复合法目前仍能产出新词，都还是"活构词法"。也就是说，偏正式、述宾式复合法在现代汉语中是能产性较高的构词方式。

二　数量能产性

沈怀兴（1998）对《周易》（古经）《诗经》《论语》等先秦文献，以及《辞源》《现代汉语词典补编》中的双音复合词进行了统计分析，发现偏正式复合词所占比例始终最大，认为偏正式复合构词法始终是最能产的。值得注意的是，从沈文的统计结果来看，偏正式、联合式、述宾式、主谓式、述补式复合词在总体中所占比例呈现出依次降低的态势。据周荐（2004：97—98）对汉语双音节复合词在《现代汉语词典》收词中所占比例的统计①来看，偏正式复合法产出的词也是最多，而联合式、述宾式、主谓式、述补式等复合法的产词量也是依次降低。

从上述针对典籍、词典收词统计的研究结果来看，偏正式、联合式、述宾式、主谓式、述补式等复合法各自产出的词汇量在双音复合词内所占比例均互不相同，且表现出一定的序列性。这些不同的比例数值，一定条件下可以看作不同复合构词法数量能产性的量特征。换言之，就所产词在总体中所占比例这一量特征而言，汉语复合构词方式的数量能产性构成了一个连续统，不同的复合构词方式的数量能产性各自对应于连续统的不同位置，偏正式复合法的数量能产性对应于连续统的顶端，而联合式、述宾式、主谓式、述补式等复合法的数量能产性各自对应于连续统的位置则依次降低。

统筹考虑以上性质能产性分析和数量能产性分析的结果，我们有理由认为汉语偏正式复合法相对于其他复合法是一种更为能产的构词方式，而联合式、述宾式、主谓式、述补式等复合法在能产性上也各不相同。但与国外研究相比，汉语复合构词法能产性研究在语料库的分析深度上还是有欠缺的。

我们要着重讨论的是复合构词能产性这一理论假设有无神经生理基础，这对理论假设的完善和升华是大有裨益的（杨亦鸣，2007）。国外研究早已证明西文词法能产性是具备相应神经心理基础的，Badecker &

---

① 具体的占比情况请见绪论第一节第二部分。

Caramazza（1998）通过失语症研究发现失语患者在言语产生过程中的构词规则错误（morphological errors）只发生于屈折变化词和能产的（productive）派生词，而在不能产的（non-productive）派生词中则没有。那么，汉语复合构词法的能产性是否也具备相应的认知神经基础呢？下文将采用事件相关电位技术，通过词汇判断实验来研究该问题。

第二节　基于复合词的能产性 ERP 研究

在实验研究中，除了要控制复合构词法的能产性外，还要排除词长、词频、词性差异等因素对实验结果的影响，还要同时考虑符合这些控制条件的词的数量是否达到实验刺激数量的要求。因为符合各方面条件的述宾式、述补式、主谓式复合词在数量上达不到实验刺激数量的要求，本实验选取了同为双音节的、词频相对应的复合名词（即偏正式复合名词、联合式复合名词）为实验语料。在此基础上，通过能产性（能产性高/能产性低）×词频（高频/低频）这一 2×2 实验设计，我们可以从认知的神经基础角度考察复合构词法的能产性是否影响人脑的词汇识别过程。

一　实验假设及目的

本实验尝试通过现代汉语偏正式复合词、联合式复合词的视觉词汇判断实验的行为学及 ERP 数据，来综合考察能产性这一变量在中文大脑词库内词汇识别中是否起作用。若复合构词法能产性对完成词汇判断时间的长短有影响，则可以认为它调控人脑对词汇识别的速度；反之，则不影响人脑的词汇识别过程。同理，若复合构词法能产性对词汇判断任务下的 ERP 波形变化有影响，则不仅可认为它调控人脑的词汇识别过程，还可根据受到影响的 ERP 成分的潜伏期来推断它起作用的时间范围；反之，则不行。

通过上述方法，我们尝试着验证上文探讨的复合构词法能产性是否具备相应的认知神经基础。

二　实验过程

（一）实验受试

本实验选择不同专业的 16 名健康大学生作受试，男 8 名，女 8 名，年龄 18—22 岁，平均年龄为 20 岁。经爱丁堡量表测量（Oldfield，1971），均为右利手，家族中无神经或精神疾病史，视力或矫正视力正常。受试在实验前阅读知情同意书并签字，实验后给予一定报酬。

（二）设计与实验语料

本研究采用视觉词汇判断任务，通过反应时、正确率行为学数据及 ERP 数据来分析词频、构词法能产性对中文大脑词库内词汇识别的影响。实验语料包括双音节复合词、复合假词。实验控制了能产性、词长、词频、词性、刺激词笔画数等因素，分出 6 种类型刺激，每种类型的刺激为 35 个，共计 210 个刺激。见表 9-1。

其中，复合假词是由拆开双音复合词后得到的一批语素随机组合而无所指（signifié）的语素组合，但这些语素组合看起来仍像偏正式、联合式复合词（见表 8-1）；复合词选自《现代汉语频率词典》（北京语言学院出版社，1986）中表二（1）使用度最高的前 8000 个词及表三使用度较低的词。

表 9-1　　　　　　　　实验语料类型及例词

刺激类型			例词
真词	高频	偏正式	汽油、农民
		联合式	群众、声音
	低频	偏正式	早霞、原煤
		联合式	冤仇、芽苗
假词		偏正式	*善雀、*野馆
		联合式	*质形、*民物

实验中刺激词为 60 号宋体，字体为银白色，屏幕为黑色。刺激逐词逐屏呈现，每个刺激呈现时间为 200ms，刺激间隔（SOA）在 2—2.5s 之间随机。实验刺激程序分 4 个序列，序列内不同类型的刺激假随机排列①，实验时序列呈现次序亦随机。每序列大约耗时 5 分钟，序列间受试可休息 2—3 分钟。受试处于暗光的屏蔽室，眼睛距电脑屏幕中心约 1.2m，实验过程中要注视电脑屏幕的中心。刺激系统 STIM（Neurosoft，

---

① 此为一种人为干预的随机排列（以防止同种类型的刺激连续出现），较计算机给出的随机排列更符合心理学实验的要求。

Inc. Sterling, USA) 控制刺激在屏幕上的呈现，实验开始前让受试阅读简明的书面实验指导语，使其了解本实验的作业任务和要求。实验中，受试要根据自己的语言知识对屏幕上呈现的刺激词作真、假判断，并作按键反应。并均作如下要求：在保证反应正确的前提下尽可能迅速地完成按键操作；实验过程中避免无关的眼球运动和肢体运动。16位受试在实验中的按键反应作了左右手平衡。实验前有大约2分钟的刺激程序，仅供受试练习、熟悉实验任务，不进入正式实验。待受试充分练习并熟悉实验任务后，开始正式实验程序。

（三）脑电记录及数据处理

用 NeuroScan 64 导电极帽（10/20系统），通过 SCAN（Neurosoft, Inc. Sterling, USA）同步记录脑电。左侧乳突电极记录值作参考，前额接地，使皮肤与电极之间的阻抗低于 $5K\Omega$。水平眼动监视电极位于双眼外眦外 2cm，垂直眼动由左眼眶上下处记录。脑电信号由放大器放大，滤波带通为 0.05—100Hz，采样频率为 500Hz，离线分析处理 ERP 数据。

处理脑电时，通过 NeuroScan 的数据分析软件，参考电极记录值由左侧乳突记录转换为双侧乳突记录的均值。然后，每个电极记录点上不同刺激类型的事件相关电位被分别叠加，叠加的时间区段为 1100ms，自刺激呈现前 100ms 至刺激呈现后 1000ms。取刺激呈现前 100ms 作基线，对脑电进行基线校正。实验数据采用 SPSS13.0 进行多因素方差分析，P 值采用 Greenhouse Geisser 校正，波幅大于 $\pm 80\mu V$ 的脑电被视为伪迹自动排除，实验中反应错误或污染严重的脑电被剔除，不予统计分析。

三 实验结果

本研究 ERP 实验的结果将从行为学数据（反应时、正确率）和 ERP 数据两个方面来看。在本实验中，16名受试者有4名因脑电不稳而未用于统计，故有12名受试者的实验数据纳入统计分析。

本研究中，我们采取了词频（高频/低频）×构词法能产性（高产/低产）实验设计，综合考察词频、构词法能产性因素对中文大脑词库内词汇识别的影响。实验结果中反应时、正确率数据均采用 SPSS13.0 进行统计分析。其中，词频、能产性因素对中文大脑词库内词汇识别的交叉影响采用两因素（词频×构词法能产性）方差分析。下面，我们将先看构词法能产性对中文大脑词库内复合词识别有无影响，再看构词法能产性和词频是否共同影响汉语复合词的认知加工过程。

（一）构词法能产性因素

从行为学数据看，构词法能产性显著影响词汇判断的反应时。真词条件下，构词法越不能产反应时越长 [F (1, 11) = 7.594, P<0.05]；而假词条件下则相反，构词法越不能产反应时越短 [F (1, 11) = 5.205, P<0.05]。但构词法能产性不影响真、假词的词汇判断正确率 [F (1, 11) = 1.508, P>0.05; F (1, 11) = 1.709, P>0.05]。见表 9-2。

表 9-2　真词、假词条件下能产性不同时词汇判断的反应时及正确率

	真词		假词	
	偏正复合（高能产性）	联合复合（低能产性）	偏正复合（高能产性）	联合复合（低能产性）
反应时（ms）	621±24	696±21	693±33	675±23
正确率（%）	86±1.7	91±2.9	90±1.4	95±1.2

从 ERP 数据看，构词法能产性不仅显著地影响真词诱发的 P600 [F (1, 11) = 5.196, P<0.05]，也显著影响假词诱发的 P600 [F (1, 11) = 5.352, P<0.05]，构词法越能产则诱发出的 P600 波幅越高；但对刺激诱发的 P150、N400 的影响则均不显著。见图 9-1。

（二）构词法能产性因素×词频因素

从行为学数据看，构词法能产性、词频两因素极显著的交互效应 [F (1, 11) = 24.507, P<0.01]，复合构词法能产性与词频共同影响复合词词汇判断的反应时即在复合构词法越不能产时，若词频又越低，则完成词汇判断的时间更长（见表 9-3）。

表 9-3　真词条件下能产性、频率不同时词汇判断的反应时及正确率

	偏正复合（高能产性）		联合复合（低能产性）	
	高频	低频	高频	低频
反应时（ms）	604±30	638±33	594±28	792±40
正确率（%）	97±0.8	76±3.3	98±0.6	81±2.8

但是，这种词频和构词法能产性的交互影响在词汇判断的正确率上没有发生 [F (1, 11) = 1.258, P>0.05]。见图 9-2。

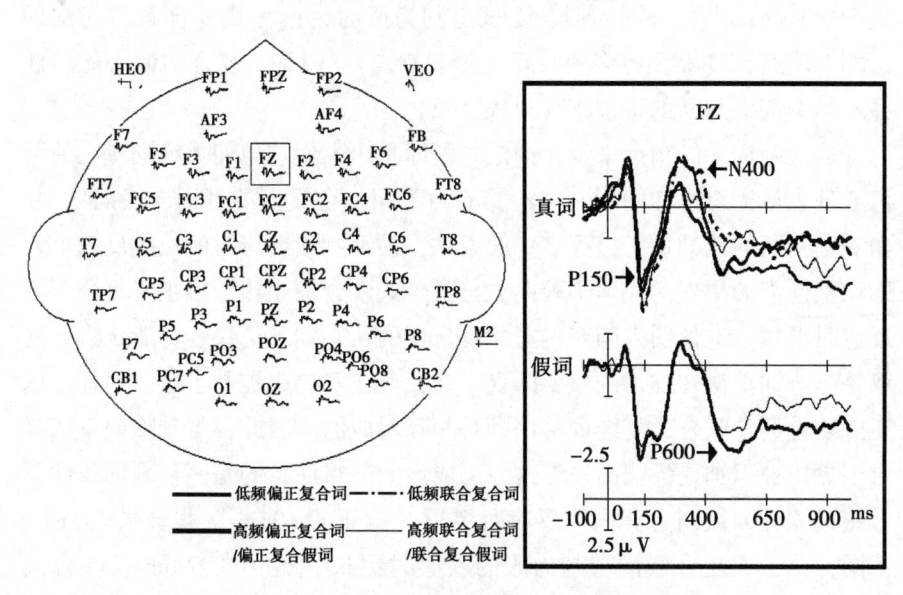

记录电极头皮分布及ERP总平均波形图

图 9-1 频率、能产性不同的复合词的 ERP

左为记录电极在头皮上的分布情况，右为 FZ 电极点记录的不同条件下的 ERP 总平均波形图。

从 ERP 数据来看，本实验也未发现词频与构词法能产性共同影响复合词诱发的 P150、N400 或 P600。见图 9-1。

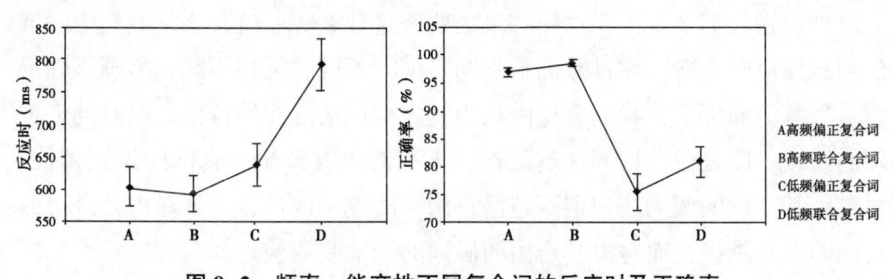

图 9-2 频率、能产性不同复合词的反应时及正确率

A 高频偏正复合词
B 高频联合复合词
C 低频偏正复合词
D 低频联合复合词

四 讨论

为探讨汉语复合构词法能产性是否影响人脑词汇识别，以及是否具备相应的认知神经基础，我们可以结合本实验的行为学数据和 ERP 数据来分析。

从行为学数据来看，复合构词法能产性影响了词汇判断的反应时。当复合词为真，受试也判为真时，偏正式复合词（构词法相对能产）需要更少的时间；当复合词为假，受试也判为假时，偏正式复合假词（构词法相对能产）却需要更多的时间（见表9-2）。但是，复合构词法能产性并不影响词汇判断的正确率（见表9-2）。

从大脑词库的角度来说，词汇判断即是由人们与他们大脑词库中的词汇心理表征比对感知的刺激（本实验为不同复合类型的真词、假词）、并做异同判断的认知加工过程。一般说来，词汇判断反应时的长短反映了人脑识别词汇的快慢。在本实验中，与联合式复合词相比，偏正式复合词的反应时更短。这说明人脑对偏正式复合词的认知加工更快。一般认为，词频是影响词汇认知加工的重要因素。而我们在实验中控制了这一因素，偏正式复合词与联合式复合词的词频是相互对应的。因此，可排除偏正式复合词更快被识别是词频高使然这一可能性。值得注意的是，与真词条件下偏正式复合词被判为真词的反应时更短（偏正式621ms，联合式693ms）不同，偏正式复合假词被判为假的反应时更长（偏正式696ms，联合式675ms）。这表明人脑对偏正式复合假词的认知加工更慢。Aronoff & Fudeman（2005：212）曾指出，说一种形态模式比另一种能产，就是说该模式下产生的词比另一模式下产生的词更可能为本族人所接受。鉴于此，偏正式复合假词被判为假词的时间更长，可能是因为它较联合式复合假词更像词，即偏正式复合法较之联合式复合法更能产造成的。也就是说，在真词条件下，偏正式复合词更快被识别；而在假词条件下，偏正式复合假词更慢被识别。那么，出现这样结果的原因是什么呢？就行为学数据中的词汇判断反应时来看，在排除词长不同、词频不同、词性不同、笔画不同等因素影响的前提下，我们有理由认为复合构词法能产性调控人脑对词汇识别的快慢。即是说，构词法越能产，人脑对由其产出的真词的识别越快，而对由其产出的假词的识别则越慢；构词法越不能产，人脑对由其产出的真词的识别越慢，而对由其产出的假词的识别则越快。

就大脑词库内词汇识别而言，词汇判断的正确率反映了人脑识别词汇结果的好坏。本实验中，由能产性不同的偏正式、联合式复合法得出的真词和假词在词汇判断的正确率上均没有显著差异。据此，在排除词长不同、词频不同、词性不同、笔画不同等因素影响的前提下，我们可以认为复合构词法能产性不影响人脑词汇识别结果的好坏。

从 ERP 数据来看，在词汇判断任务下，不论是在真词条件还是在假词条件下，构词法能产性没有影响刺激诱发的 P150① 和 N400 两个 ERP 成分的波形变化；却显著地影响了刺激（无论是真词条件还是假词条件）诱发的 P600 的波形变化，即构词法能产性越高 P600 波幅越大（见图9-1）。也就是说，根据本实验的 ERP 数据分析，P150、N400 成分不反映人脑对复合构词法能产性的认知加工，而 P600 却反映人脑对复合构词法能产性的认知加工。即，在本实验条件下，P600 波幅越大反映认知中的复合词构词法越能产。

关于 P600 成分反映的认知含义，多为句子水平的研究，且众说不一。有研究认为，P600 反映了工作记忆的更新（Coulson et al., 1998）；也有研究认为，P600 反映了涉及重新分析（re-analysis）的语法加工过程（Osterhout & Holcomb, 1992; Kim & Osterhout, 2005）或语义加工过程（Munte et al., 1997）。从本实验结果来看，P600 的波幅受复合构词法能产性的调控，刺激词的构词法越能产，诱发出的 P600 波幅越大。因此，在词汇视觉判断任务下，本实验中的 P600 反映了构词法能产性的加工过程。结合已有的句子水平 P600 的研究，本研究中词汇水平的 P600 所反映的构词法能产性加工，从某种程度上可以认为是人脑对汉语复合构词法的再分析。

此外，在本实验中真词的 P600 大概在 460ms 达到波峰，而假词的 P600 在 520ms 左右达到波峰。也就是说，复合构词法能产性是在词汇视觉识别的较晚阶段才被加工的。有必要指出的是，本实验还发现当复合词均为低频词（如"原煤_{偏正}、芽苗_{联合}"）时，复合构词法能产性对词汇判断反应时的影响越大，即构词法越能产，反应时越短；相反，当复合词均为高频词（如"汽油_{偏正}、群众_{联合}"）时，这种影响则不显著（见图9-2左）。该结果在证明复合构词法能产性、词频两因素均影响汉语复合词识别的同时，也表明汉语低频复合词与高频复合词在大脑词库中的词汇通达方式是不同的。

综上所述，从词汇视觉判断实验的行为学数据来看，复合构词法能产

---

① 在视觉 ERP 研究中，P150 一般被认为反映了人脑对刺激的早期识别过程（Luck & Hillyard, 1994; Potts, 2004; Coulson et al., 2005）。有关词汇水平的 N400, Bentin et al. (1999) 认为它反映了人脑在刺激与刺激的语义表征之间作关联搜索（link search）难度，其波幅越大，说明刺激与它的语义表征之间的关联越难搜索，即语义越难以通达。

性调控人脑识别汉语复合词的快慢;从 ERP 数据来看,在词汇判断任务的在线加工过程中,P600 反映了人脑对汉语复合构词法能产性的认知加工,即 P600 波幅越大时,被加工的复合构词法越能产;P600 波幅越小时,则被加工的复合构词法越不能产。

五 小结

从构词法的能产性的定性和定量研究来看,汉语中不同复合构词法的能产性是不同的。这些不同复合法的互不相同的数量能产性构成一个连续统。在这个连续统中,偏正式复合法相对较为能产,处于连续统内较高的位置;而联合式、述宾式、主谓式、述补式等复合构词法则相对较不能产,依次处于连续统内较低的位置。

通过词汇判断的 ERP 实验,我们发现 P600 反映了操汉语者对汉语复合构词法能产性加工过程,即汉语复合构词法能产性上的差异是有认知神经基础的。但本实验是从视觉文字加工的角度进行的,口语语音加工中是否也反映出相应构词法能产性加工的认知神经基础,尚需进一步研究。

第三节 基于复合假词的能产性 ERP 研究

如上文所言,构词规则能产性一直是词法研究的重点之一。Aronoff & Fudeman(2005:212)指出,一种形态模式比另一种能产,即是该模式下产生的词比另一模式下产生的词更可能为本族人所接受。作为对照的复合假词,其语素黏着性及组合方式也可以用来考察语素黏着性及组合方式在词汇认知中的作用。就构词规则能产性在词汇认知加工中的作用而言,词汇判断任务中的假词仍可成为研究的根据。在词汇判断中,假词除了作为对照外,更多的研究已将它作为研究内容(见 Domínguez et al.,2000)。

本节将通过受试者在词汇判断任务中对复合假词的完成情况来研究复合构词规则的能产性在词汇认知加工中的作用。需要说明的是,本节所用的实验数据来自上文首字启动、尾字启动实验。前文指出,偏正式复合构词规则较之其他是一种更为能产的构词规则。本节即选取偏正式复合假词与联合式复合假词(两者内部又各自区分出名词性和动词性两类),通过启动词汇判断实验来观察构词规则能产性、词性在词汇认知加工中的作用。

一 假词材料

此处的假词亦指假复合词，即是由拆开双音复合词后得到的一批语素随机组合而无所指（signifié）的语素组合。但这里的双音节复合假词与 1.5 中所述复合假词不同，其语素黏着性不是关注的焦点，但两个语素之间的结构关系（或者说是构词规则）成为研究的主旨。

此处复合假词的呈现方式同首字启动、尾字启动实验。下面对本研究中偏正式、联合式复合假词的筛选作一说明。选定首字启动、尾字启动实验中未用作真词且结构关系已确定为偏正式或联合式的一系列双音节复合词，按语素在复合词中的前后顺序拆分为两个语素纵列，将前后两个纵列的语素随机搭配，通过进一步的筛选，即可得到偏正式复合假词和联合式复合假词。另外，我们对这些复合假词除了作构词规则的控制之外，还增加了词性的控制，即又将这些复合假词区分为名词和动词两类。也就是说，此处的复合假词可按 2 因素（偏正/联合）×2 水平（名词/动词）分为 4 种类型：名词性偏正式复合假词（如"香天"）、动词性偏正式复合假词（如"暗剥"）、名词性联合式复合假词（如"道系"）和动词性联合式复合假词（如"宣兑"）。

二 实验结果

在首字启动、尾字启动实验中，16 名受试者有 3 名因脑电不稳或错误率过高而未用于统计，故只有 13 名受试者的实验数据被纳入复合假词的统计分析。

（一）行为数据

首字、尾字启动条件下，不同复合构词规则的复合假词的反应时统计结果如表 9-4 所示：

表 9-4　　首字、尾字启动条件下，不同复合构词规则的复合假词的反应时比较

复合假词		反应时（ms）	
		首字启动	尾字启动
偏正式	名词	704±21	711±18
	动词	738±24	747±30

续表

复合假词		反应时（ms）	
	首字启动		尾字启动
联合式	名词	684±23	706±26
	动词	702±23	703±24

1. 首字启动

经两因素（构词规则/词性）方差分析，联合型复合假词的反应时为693±23ms、偏正型复合假词的反应时为721±23ms，名词性复合假词的反应时为694±22ms、动词性复合假词的反应时为720±23ms，构词规则及词性均有显著的主效应 [$F(1, 12) = 10.843$, $P<0.01$; $F(1, 12) = 11.274$, $P<0.01$]，但两者之间的交互效应并不显著 [$F(1, 12) = 3.838$, $P>0.05$]。

2. 尾字启动

经两因素（构词规则/词性）方差分析，联合型复合假词的反应时为704±25ms、偏正型复合假词的反应时为729±24ms，名词性复合假词的反应时为708±21ms、动词性复合假词的反应时为725±27ms，构词规则及词性均有显著的主效应 [$F(1, 12) = 11.752$, $P<0.01$; $F(1, 12) = 4.835$, $P<0.05$]，但两者之间的交互效应却不显著 [$F(1, 12) = 4.499$, $P>0.05$]。

(二) 脑电数据

从 ERP 波形比较来看，P2 成分较为一致，而 N400 成分表现出不同。因此，本实验主要取目标刺激后 240—400ms 时间窗口的平均波幅来观察 N400 成分。

1. 首字启动

经多因素方差分析，在左额区、左侧额中央区、左侧中央区、左侧中央顶区、顶区，词性在 N400 波幅上有显著的主效应 [$F(1, 12) = 5.540$, $P<0.05$]，而构词规则的主效应却不显著 [$F(1, 12) = 0.222$, $P>0.05$]，且二者之间亦无显著的交互效应 [$F(1, 12) = 0.701$, $P>0.05$]。（详见表 9-5、图 9-3）

表 9-5　首字启动条件下不同复合构词规则复合假词的 N400 波幅比较

复合假词		统计电极点	N400 波幅（μV）
偏正式	名词	C3, C5, CP1, CP2, CP3, CP4, CP5, CPZ, F1, F3, FC1, FC3, FC5, P1, P2, P3, P4, P6, PZ.	−0.360±0.730
	动词		−1.205±0.929
联合式	名词		0.066±0.876
	动词		−1.145±0.929

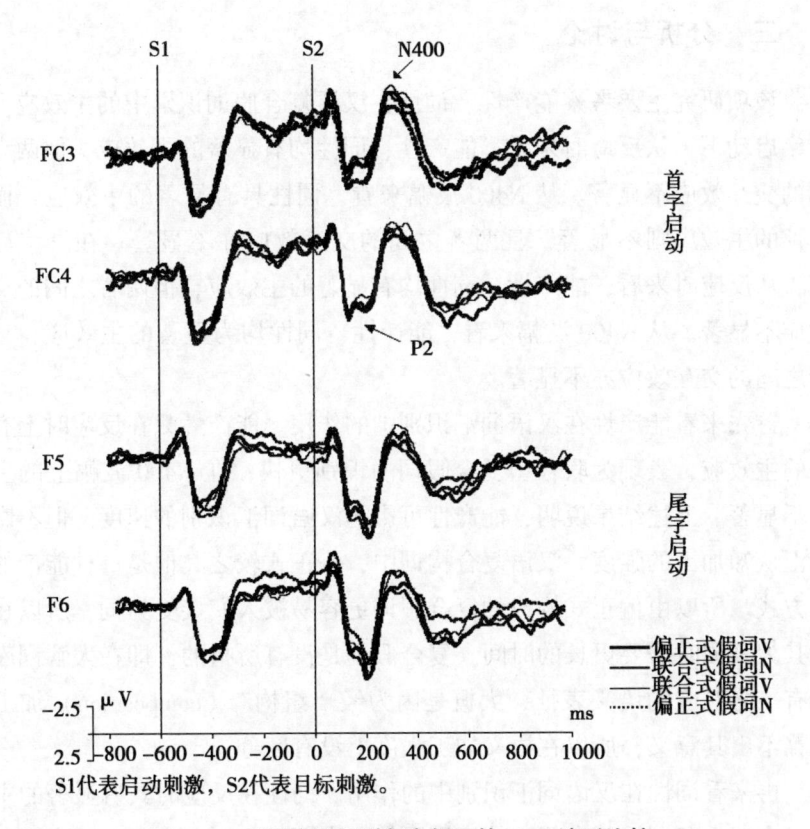

S1代表启动刺激，S2代表目标刺激。

图 9-3　不同构词规则复合假词的 ERP 波形比较

2. 尾字启动

经多因素方差分析，词性、构词规则在 N400 波幅上的主效应均不显著 [F (1, 12) = 0.015, P>0.05; F (1, 12) = 0.596, P>0.05]，且两者之间的交互效应亦不显著 [F (1, 12) = 2.735, P>0.05]。（详见表 9-6、图 9-3）

表 9-6 尾字启动条件下不同复合构词规则复合假词的 N400 波幅比较

复合假词		统计电极点	N400 波幅（μV）
偏正式	名词	F5, F6, F7, F8, FC4, FC5, FC6, FT7	-1.211±0.778
	动词		-0.203±0.591
联合式	名词		0.275±0.685
	动词		-0.871±0.659

三 分析与讨论

该项研究主要考察能产性、词性在汉语复合假词识别中的主效应。在首字启动下，从反应时来看，能产性、词性均有显著的主效应，但两者之间的交互效应不显著。从 N400 波幅来看，词性具有显著的主效应，而能产性的主效应则不显著，且两者之间的交互效应亦不显著。在尾字启动下，从反应时来看，能产性、词性均有显著的主效应，但两者之间的交互效应不显著。从 N400 波幅来看，能产性、词性均为显著的主效应，且两者之间的交互效应亦不显著。

首先来看能产性在汉语词汇识别中的作用。能产性只在反应时上有显著的主效应，表现为联合型复合假词的识别更快；在 N400 波幅上的主效应不显著。上述结果说明，能产性可影响汉语词汇识别的速度，但不影响词汇认知加工的强度。汉语复合构词中，偏正式较之其他是一种能产的构词方式。所以由偏正式构成的复合假词更容易被人们接受为词，所以在拒绝其为真词时需要更长的时间。复合假词是没有所指的，即在大脑词库中没有与之对应的语义表征，大概是因为经"组构"（composition）加工都计算不出其意义，所以在语义加工强度上没有区分。

再来看词性在汉语词汇识别中的作用。词性在反应时具有显著的主效应，表现为名词性复合假词的识别更快；在首字启动下的 N400 波幅上有显著的主效应，表现为名词性复合假词的波幅更小，而在尾字启动下的 N400 波幅上的主效应则不显著。上述结果表明，词性可影响汉语词汇认知加工的速度，也可在首字启动下影响词汇认知加工的强度。这大概因为汉语动词在语法性质上要较名词复杂，在认定其为复合假词时需要更长的时间。同理，动词性复合假词在被认定为假词，在认知加工强度上也就更大。所以，在首字启动下，动词性复合假词引发的 N400 波幅更大。下文

第十二章第五节中将指出,因为语言线性(linearity),汉语复合词前一成分在词汇识别中的作用更为突出。该观点在复合假词的识别上仍然奏效。大概因为首字具有更强的启动效应,所以首字启动下词性在 N400 波幅有显著的主效应,但在尾字启动下的 N400 波幅上的主效应则不显著。

综上所述,能产性与词性在汉语词汇识别中都是发挥作用的。而且,本项研究也说明复合词前一成分在词汇识别中的作用更为重要。

第十章 汉语构词法能产性的失语症研究

　　国外研究已证明印欧系语言的词法能产性是具备相应神经心理学基础的，失语症研究发现失语患者在言语产生过程中的构词规则错误只发生于屈折变化词和能产的派生词，而在不能产的派生词中则没有（Badecker & Caramazza，1998）。而且，一项意大利语失语症图片命名研究发现Wernicke's失语症、命名不能（Anomic）失语症相比Broca's失语症仍保留了对构词法能产性的敏感性（Semenza et al.，2011）。因此，为有效考察汉语构词法能产性的神经心理学基础，我们拟通过汉语非流利型失语症患者的图片命名（picture naming）任务进行考察。

第一节 资料与方法

一　测查语料

　　在结构主义语言学中，词法能产性一般被看作某一个形式用于组成新词的能力（Hockett，1968：307—308）。关于构词法能产性，有学者提出从定性（quatilitive）和定量（quantitative）两个角度，即性质能产性和数量能产性来研究（Aronoff & Anshen，1998）。在现代汉语的词汇发展上，有研究发现偏正式复合法常被用来产生新词，表达新奇的事物、概念、事态或现象（如"帅哥、干洗"），且名词倾向于以偏正式产出（汤廷池1989：134—135）。经进一步研究，汉语中（偏正式）复合名词的强势结构类型的确是"NN"复合，其主要语义模式为"提示特征+事物类"（如"啤酒、脚趾、病魔"）（董秀芳，2004：133）。根据《现代汉语词典》所收集的32346个"双字格"汉语复合词，并对其进行构词法分析并分类统计，研究发现偏正式复合法产出的词也是最多，而联合式、述宾式、主谓式、述补式等复合法的产词量则依次降低（周荐，2004：97—98）。

基于以上研究,我们选取 NN 复合名词,按其构词法能产性高、低分为偏正复合名词(如"书包")、联合复合名词(如"栏杆")各 15 个(见表 10-1)。这些词主要选自《现代汉语词频词典》(北京语言学院出版社,1986)中"表四(3)生活口语中前 4000 个高频词词表",并请美术专业人士用简笔画恰如其分地表示出来。图画与词之间的匹配性做了严格控制,要求看到图画(见附录 8)后每个人想到的图画对应词都是一样的。实验中我们通过图片命名任务来测查言语产出中构词法能产性的神经基础。

表 10-1　　　　　　　　　图片命名实验用词

	构词法能产性	实验用词
偏正式复合词	高	毛线、手机、板凳、汽车、山羊、书包、轮船、台灯、火把、雨衣、农民、冰箱、奶牛、皮鞋、棉袄
联合式复合词	低	翅膀、胳膊、仓库、妇女、价钱、眼睛、箩筐、粮食、机器、嘴唇、衣服、街道、芦苇、栏杆、脚趾

二　受试者资料

患者 YJH,79,退休前从事报社管理工作。2013 年 12 月 CT 显示左侧脑梗死,言语不清;2014 年 6 月,右侧肢体麻痹加重,言语欠利,记忆力减退明显,CT 显示左侧基底节脑梗死。正常对照者 LYX,76,退休前从事报社编辑工作,无精神或神经疾病史。

三　测查方法

图片命名,即用便携式电脑以播放幻灯片方式向受试者呈现图片(同步呈现一个短纯音"嘀"),受试者需说出图片画的是什么。测查工作由一名言语诊疗师携一名研究人员完成,测查全程录音。测查结束后,由专人根据录音记录下受试图片命名时间,即从"嘀"声算起至受试说出名称的时间。

四　统计学方法

描述性统计分析。

第二节 实验结果

测查结果显示,联合复合名词图片命名时间显著长于偏正复合名词的,命名正确率也显著低于偏正复合名词的;相比正常对照者,失语症患者 YJH 的图片命名所需时间显著增加、命名正确率也要低一些,且偏正复合名词较联合复合名词在命名正确率上比正常对照者更低。见表 10-2。

表 10-2　　　　图片命名正确率(%)及命名反应时(s)

	YJH（失语症患者）		LYX（正常人）	
	正确率	命名反应时	正确率	命名反应时
联合复合名词	53.3	17.4	60	3.4
偏正复合名词	86.7	8.1	100	1.5

本测查实验中图片命名所出现的错误均为替换。失语症患者 YJH 倾向于以非能产构词法产出的词来替代目标词,如用"草"替代"芦苇",用"柜子"替代"冰箱"。而正常对照者 LYX 则倾向于以较能产构词法(偏正复合法)产出的词来替代目标词(联合复合名词),如用"手臂"替代"胳膊"。见表 10-3。

表 10-3　　　　　　　图片命名错误(替代)

	YJH（失语症患者）	LYX（正常人）
联合复合名词	词根*：3 例 （路→街道、草→芦苇、脚→脚趾） 偏正复合+叠音*：1 例 （老太太→妇女） 附加*：1 例 （篮子→箩筐） 偏正复合：2 例 （花园→栏杆、庄稼→粮食）	偏正复合：4 例 （粮仓→粮食、外套→衣服、手臂→胳膊、护栏→栏杆） 词根*：1 例 （筐→箩筐） 附加*：1 例 （脚趾头→脚趾）
偏正复合名词	附加*：1 例 （柜子→冰箱） 述宾复合*：1 例 （披风→雨衣）	—

→左面为受试命名词,→右面为目标词;＊标示现代汉语中非能产构词法。

第三节 讨论

通过图片命名任务，本测查实验发现非流利型失语症患者 YJH 倾向于用非能产构词法产出的词来替代目标词。这一现象在偏正复合名词、联合复合名词的图片命名错误中都有明显的表现（见表 10-3）。该结果与已有研究在 Broca's 失语症在词汇提取上能产的（基于规则）词汇要相对弱于非能产的（基于记忆）词汇的观点（Ullman, 2001）是一致的。也就是说，本实验中非流利型失语症患者 YJH 对能产性较高的构词法（偏正复合法）产出的词汇的提取相对更差。

值得注意的是，参照正常对照者 LYX 的图片命名成绩，非流利型失语症患者 YJH 在能产性高的偏正复合法产出的词汇的命名成绩较能产性低的联合复合法产出的词汇的更差（见表 10-2）。这一表现应与患者的左侧基底节脑梗死有关，或者说是左侧基底节病变导致患者在能产性高的偏正复合法产出的词汇的提取上更加困难。

语言运作的 Decalarative/Porcedural（DP）模型认为，语言靠两套系统来完成，一套用于记忆该语言中的词汇，那些只要有一点特异性的形态复杂词就要在大脑词库中单列，由大脑颞叶负责；另一套用于产生或理解有规则支配的各级语言单位，由大脑额叶、脑干、顶叶、小脑负责（Ullman, 2004）。结合本研究的实验结果，有理由认为本实验中非流利型失语症患者 YJH 在完成图片命名时提取由高能产性构词法（偏正复合法）产出的词汇较低能产性构词法（联合复合法）产出的词汇更困难，是由于患者左侧基底节的病变。换言之，汉语构词法能产性（高/低）在某种程度上受控于人脑左侧基底节。

第十一章 复合构词法能产性对汉语二语词汇习得的影响

第一节 引言

在印欧系语言中，派生构词（附加法）为主要构词方式，有关构词法能产性的研究也大多集中于派生构词。Aronoff & Anshen（1998：242）将构词法能产性非正式地定义为一种语言中某一词缀可能被用于构造新词的程度；而 Bauer（2001：32）则主张构词法能产性的研究应针对某一特定的构词方式，不应只局限于词缀。关于构词法能产性的测量，Aronoff & Anshen（1998）认为可以从性质（quality productivity）与数量（quantity productivity）两个角度来进行。

就汉语构词法而言，相比于附加法，复合法被认为是最为主要的构词法（吕叔湘，1984a，b）。从汉语构词法性质能产性研究来看，偏正型、述宾型现在仍然能产出新词，如偏正型新词"帅哥、干洗"、述宾型新词"飙车、跳槽"；而联合型、补充型、主谓型①则一般不再产出新词（汤廷池，1989）。也就是说，汉语复合构词法中偏正型、述宾型是"活构词法"②（Di Sciullo & Williams，1987），现在仍是能产的。因此，从性质能产性来看，汉语构词法可分为能产构词法，包括偏正型、述宾型；不能产构词法，包括附加法、联合型、补充型、主谓型。就数量能产性研究来

---

① 汉语主谓型也可产出新词，如"脑死、胎动"，但汤廷池（1989）、邓思颖（2008）认为这些主谓型新词在形式上可分析为偏正型。因附加法中有"前缀型""后缀型"，故本研究中复合构词法均称为"XX 型"。

② 在构词法性质能产性研究中，有些构词法过去能产出新词，但现在不能了；另一些构词法则一直能产出新词。Di Sciullo & Williames（1987）将前者称为"死构词法"，后者称为"活构词法"。

看,不论是历时的语料库统计分析(沈怀兴,1998),还是共时的、基于《现代汉语词典》语料库统计分析(周荐,2004:97—98),均支持偏正型、联合型、述宾型(主要为动宾型,包含介宾型)、主谓型、补充型复合词在汉语词语中所占比例呈降序排列。即,偏正型>联合型>述宾型>主谓型>补充型,在数量能产性上依次降低。与语料库统计分析的结果类似,《汉语水平词汇等级大纲》中各类词语所占比例的统计结果(许敏,2003)显示,从高到低依次为偏正型(约43.24%)、联合型(约34.94%)、述宾型(约10.96%)、补充型(约3.77%)、主谓型(约0.75%);但是,有必要指出的是,最后两者的次序与语料库研究中汉语构词法数量能产性的排列相左。

从语言加工研究来看,构词法能产性影响母语的词汇认知,且具有其相应的神经心理学基础。在英语中,Badecker & Caramazza(1998)通过失语症患者朗读研究发现,在言语产出中构词规则错误(morphological errors)只发生于屈折变化词和能产的(productive)派生词,而在不能产的(non-productive)派生词中则没有[1]。在汉语中,顾介鑫、杨亦鸣(2010)通过视觉词汇判断(lexical decision)事件相关电位实验,发现复合构词法能产性也影响汉语者的词汇识别过程,由能产构词法产出的词诱发了波幅更大的P600,该ERP成分反映了人脑对构词法的再分析过程。随着中国国际影响力的不断提高,越来越多的外国人开始学习汉语。当汉语作为目标语(Target Language, TL)学习时,汉语构词法能产性是否也会影响汉语词汇学习呢?下文将尝试通过乌尔都语者汉语词汇朗读实验探讨上述问题。鉴于第二语言(Second Language, SL)习得普遍受到母语(First Language, FL)语言迁移影响(Mac Whinney, 2005),我们将首先分析乌尔都语者习得汉语词汇时可能存在的母语构词法迁移,以排除构词法迁移的影响,进一步甄别构词法能产性是否影响汉语作为二语的词汇习得。

---

[1] 在失语症患者朗读测查中,构形错误有 halted→halts(形态替换)、rustle→rustled、upward→upwards(形态插入)、wanted→want(形态删除)、hidden→hiding、drainage→drains(形态替换);构词错误有 frequently→frequent(形态删除)。

第二节　汉语词汇习得中乌尔都语构词法迁移

在学习第二语言（下文简称二语）的过程中，Flynn（1996）指出学习者的母语学习机制虽不再强势，但仍是部分可及的（accessible）。针对二语习得过程中这一来自母语的语言迁移影响，Odlin（2001：36—38）按照其对二语学习是促进还是抑制，将其区分为母语正迁移（positive language transfer）、母语负迁移（negative language transfer）。

在语言系属分类上，乌尔都语和汉语分属不同类型，前者属印欧语系印度—伊朗语族印度语支，是巴基斯坦的国语（杨亦鸣、赵晓群，2016：51），后者属汉藏语系。就构词法类型而言，两种语言均有复合法、附加法，但在具体构词方式、构词法能产性是有差异的。下文将在语言迁移理论的基础上，尝试分析在乌尔都语者学习汉语词汇时可能存在的乌尔都语构词法正迁移、负迁移。

一　乌尔都语构词法正迁移

如果目标语和母语在词汇上相似，以目标语为二语的语言学习者就会在较短的时间里有较好的阅读理解能力（Odlin，2001：77—83）。上述词汇相似主要关于词义及构词成分，构词法没有被提及。就从元语言意识来看，元语言意识涉及语言体系的各个层面，构词法知识无疑是元语言意识的一部分（Li et al.，2002）。Koda（2008）提出母语、二语两种语言间元语言意识的共享可以减少二语习得的难度。也就是说，当母语与目标语构词法有类似之处时，由母语发展出来的构词法意识便能迁移到二语，进而促进二语词汇的学习。在希伯来语者学习英语的研究中，Schiff & Calif（2007）就发现希伯来语派生法构词法意识对英语的单词阅读（word reading）具有促进作用。在汉语者学习英语的研究中，Zhang et al.（2010）发现接受汉语复合构词法学习的小学五年级学生能够将汉语复合法的相关知识迁移到英语中相关构词法上；作者认为英语和汉语共享的复合结构是跨语言迁移最为显著的原因。下文将分附加法、复合法两个方面来分析构词法正迁移。

先看附加法，该构词法是乌尔都语中一种具有高能产性的构词法，使用前缀或后缀产生大量的新词。在构词方式上，乌尔都语附加法主要有前缀+词根、词根+后缀两种形式；在词缀功能上，前缀一般只改变词义，不改变词性（见（1）a），而后缀却一般只改变词性，不改变词义（见（1）b，Abdul & Mohammed，2014）。与汉语附加法相比，乌尔都语附加法在构词类型与词缀功能上基本一致。按母语正迁移理论（Odlin，2001），在乌尔都语者习得汉语附加词过程中，乌尔都语附加法可能会发生正迁移，对汉语附加词习得起一定促进作用。

(1) a. na　　　　　mumkin　　→　　namumkin
　　　 im　　　　　possible　　　　　impossible
　　　 前缀（表否定）　可能的　　　　　不可能的
　　b. xəwf　　　　nak　　　→　　xəwfnak
　　　 fear　　　　 ful　　　　　　　 fearful
　　　 害怕　　　　后缀（名词形容词化）害怕的

再看复合法，该构词法在乌尔都语中被广泛用来产生新词。在构词方式上，Rahman（2012）指出乌尔都语复合法有偏正型复合（determinative compounding）、联合型复合（coordinative compounding）、宾动型复合（object-verb compounding），偏正型复合中第一个成分起修饰限定作用，第二个成分则被修饰限定（见（2）a、b）；

(2) a. pən　　　　 tʃəkki　　→　　pəntʃəkki
　　　 water　　　 mill　　　　　　watermill
　　　 水　　　　　磨粉机　　　　　水力磨粉机
　　b. ʊʀ ən　　　 təʃtəri　　→　　ʊʀəntəʃtəri
　　　 flying　　　 disk　　　　　　flying disk
　　　 飞行的　　　圆盘　　　　　　飞碟

联合型复合则分为三种情况，(1) 两个成分意义相对（见（3）a），(2) 两个成分意思相同或相近（见（3）b），(3) 组成复合词的两个成分，只有一个成分的意义在起作用，另一个成分的意义消失，意义消失的成分只被用来与有意义的成分押韵（见（3）c）。宾动型复合因与汉语动宾型复合不同，留待下文分析。

(3) a. ldın-rat　　　"day and night"　日夜
　　b. tən-bədən　　"body"　　　　　身体
　　c. uṭ-laṭ　　　　"plundering"　　　抢夺

与汉语复合法相比，乌尔都语的偏正型复合、联合型复合与汉语的偏正型复合、联合型复合在构词方式上类似。根据母语正迁移理论（Odlin，2001），在乌尔都语者习得汉语偏正型、联合型复合词过程中，上述偏正型复合、联合型复合两种乌尔都语复合法可能会发生正迁移，从而促进其汉语偏正型、联合型复合词的习得。

二 乌尔都语构词法负迁移

在母语负迁移研究中，Odlin（2001：37）提到与语言距离（language distance）相关的回避（avoidance）现象，即二语学习者觉察到某一特定结构与其母语中的对应结构很不相同时，则在二语学习中可能会回避运用二语中这一特定结构的现象。乌尔都语复合法中有一类宾动型复合，在乌尔都语中相当常见，采用"名词+动词"的构词方式（Abdul & Mohammed，2014），与汉语复合法中的动宾型复合在线性顺序上恰好相反（见（4）a、b）。

(4) a. kitab　　xə ri：dna　　　kitab kə ri：dna
　　　book　　to purchase　　to purchase book
　　　书　　　买　　　　　　　买书
　　b. vudu　　kə rnə　　　　vuduk ə rnə
　　　ablution　to perform　　to perform ablution
　　　洗礼　　执行　　　　　执行洗礼

根据 Odlin（2001）的母语负迁移理论，乌尔都语宾动型复合因与汉语动宾型复合不同，在乌尔都语者学习汉语动宾型复合词时可能会发生负迁移，从而在一定程度上抑制汉语动宾型复合词的习得。另外，查阅相关文献，没有发现乌尔都语中存在与汉语主谓型与补充型相类似的构词法。因此，乌尔都语者在学习主谓型、补充型汉语复合词时可能不会受到乌尔都语构词法迁移的影响。

第三节　乌尔都语者汉语词汇命名实验研究

通过乌尔都语者对能产性高、低不同的构词法产出的词的词汇命名实验，我们可以从性质能产性、数量能产性两个角度来考察汉语构词法能产性是否影响乌尔都语者习得汉语词汇。在排除乌尔都语构词法迁移的前提下，若汉语构词法能产性的高低能导致受试在汉语词汇命名反应时上差异显著，则认为汉语构词法能产性的确影响乌尔都语者习得汉语词汇；反之，则不然。

一　实验语料

本实验以《HSK 汉语水平考试词典》[①] 中的甲、乙两级词汇为来源，从性质能产性视角[②]选取能产构词法产出的偏正型、动宾型复合词，不能产构词法产出的联合型、主谓型、补充型复合词及前缀型、后缀型附加词，共 7 小类，每小类 15 个词，见表 11–1。

表 11–1　　汉语词汇命名实验用词

能产构词法				不能产构词法									
复合法				复合法						附加法			
偏正型		动宾型		联合型		主谓型		补充型		前缀型		后缀型	
前面	汉语	看病	开学	朋友	多少	心爱	自费	提高	放大	阿姨	第二	石头	木头
小时	鸡蛋	洗澡	下课	帮助	干净	日出	心跳	人口	得到	老三	老师	杯子	桌子
同屋	去年	睡觉	下雨	忘记	高大	心得	心疼	书本	房间	小李	小王	胖子	孩子
商店	男人	唱歌	上班	国家	认识	民主	年轻	耳朵	花朵	第一	第十	我们	人们
今天	牛奶	跳舞	起床	爱好	美丽	自觉	月亮	记得	离开	老板	第三	儿子	女儿
老人	下午	读书	下雪	窗户	休息	自学	日落	看见	提前	老虎	小张	读者	花儿
同学	教室	吃饭	跑步	学习	衣服	眼红	自动	听见	减少	老六	小周	作者	他们
米饭		下班		安静		自信		人员		第八		你们	

选词时遵循以下标准：（1）均为双音节词；（2）因为朗读实验，不能存在同（字）形异义词，如“好吃”，“好”可发上声，也可发去声，两者意义不同。

二　实验受试

本实验的受试是中国矿业大学的巴基斯坦籍，且母语为乌尔都语的留学生。他们均通过了 HSK 汉语水平四级考试。因所修专业多为工科，本

① 《HSK 汉语水平考试词典》严格以国家对外汉语教学领导小组办公室汉语水平考试部编写的《汉语水平词汇与汉字等级大纲》所列举的甲、乙、丙、丁四级 8821 个常用词语为唯一依据，收录汉语词汇。甲、乙两级的词汇是本实验中受试都已学习过的。

② 在选取词汇命名实验的语料时选择性质能产性视角，是因为该视角下选词不仅可区分能产的、不能产的构词法，且不影响数量能产性（根据相关的语料库研究，主要限于复合构词法）的讨论。

实验受试均为男性。受试年龄在 20—33 岁，平均年龄 27 岁。

三 实验程序

实验中，能产构词法、不能产构词法产出的双音节词（共 105 个，见表 11-1）以假随机的方式、逐屏逐词呈现于电脑屏幕中央；每个词呈现时间为 5 秒，空屏 5 秒后下一个词呈现。当每个词出现时，受试需在保证正确的前提下尽快地朗读词，实验全程录音。在电脑屏幕上呈现词时，同步伴随一"咔嗒"声，便于实验后根据录音判定词出现时间以报告反应时数据。

正式实验之前，受试需通过练习实验程序来熟悉词汇命名实验的流程。练习实验与正式实验一样，但练习语料不与正式实验语料重复。

四 实验数据报告及分析

实验数据包括词汇命名反应时、正确率两个部分。关于反应时的报告，通过语音处理软件 Cool Edit Pro，根据每个受试的录音计算词出现的时间点与受试开始朗读词的时间点的时间差即可得到数据。关于正确率的报告，判为正确的情形包括标准朗读、读音不准，前者在声、韵、调上均发音正确；后者则在词的首语素或尾语素的声母、韵母或声调等方面中的某一个方面发音偏误，例如，声母发音偏误（"石头"的"石"，声母为 sh，误发作 s）、韵母发音偏误（"心得"的"得"，韵母为 e，误发成 ei）、声调发音偏误（"忘记"的"忘"，声调为去声，误发成阳平）。判为错误的情形则包括错读、未读出，前者如，"商店"被读成"商馆""记得"被读成"忘记"等；后者是受试没有读出词。

在数据统计分析上，本实验采用单因素 ANOVA 分析，比较乌尔都语者朗读上述不同类型合成词的反应时，考察下述两因素性质能产性（能产构词法：偏正型、动宾型 vs. 不能产构词法：前缀型、后缀型；偏正型、动宾型 vs. 联合型、补充型、主谓型）和数量能产性（能产性由高到低：偏正型>联合型>动宾型>主谓型>补充型）是否会导致词汇命名反应时上的显著差异。具体统计通过 SPSS22.0 软件完成。

五 实验结果

本实验中乌尔都语者受试共 14 名，其中三名受试的错误率超过 50%，未纳入统计分析。因参加本实验的乌尔都语者均通过了 HSK 四级考试，熟知实验从《HSK 汉语水平考试词典》选取的甲、乙两级词汇，在词汇命名的正确率上均较高（见表 11-2），所以我们主要考察能产性因素在词汇命名反应时上的影响。

表 11-2　　　汉语构词法性质能产性与词汇命名的
　　　　　　　反应时（均值±标准差）、正确率

合成词类型		反应时（s）	正确率（%）
能产构词法	偏正型、动宾型复合词	1.42±0.21	97.88
不能产构词法	前缀型、后缀型附加词	1.51±0.21	96.97
	联合型、补充型、主谓型复合词	1.69±0.29	94.75

（一）汉语构词法性质能产性因素

经单因素 ANOVA 分析，能产的偏正型、动宾型复合法在命名反应时上与不能产的前缀型、后缀型附加词无显著差异（F = 2.181，P = 0.147）。见表 11-2。但是，能产的偏正型、动宾型复合法与不能产的联合型、补充型、主谓型复合法相比，结果显示两组在命名反应时上差异显著，前者的词汇命名反应时短于后者的（F = 14.584，P<0.001）。见图 11-1、表 11-2。

性质能产性与命名反应时（S）

	1.415 偏正型 动宾型	1.511 前缀型 后缀型	1.692 联合型 补充型 主谓型
	能产构词法	不能产构词法	不能产构词法

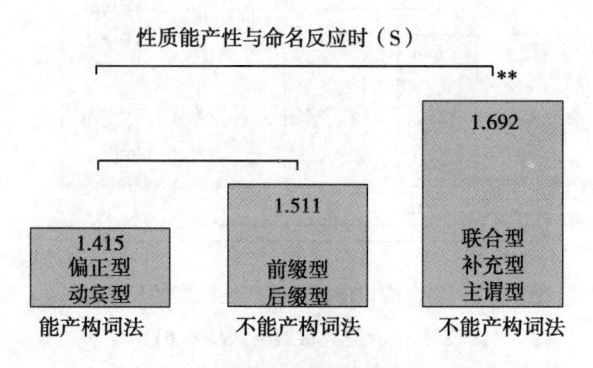

图 11-1　构词法性质能产性因素的反应时
　　　　比较（** =差异极显著，P<0.01）

（二）汉语构词法数量能产性因素

单因素 ANOVA 分析显示，五种类型的复合词在词汇命名反应时上差异显著（F=6.312，P<0.001），偏正型、动宾型、联合型、补充型、主谓型复合词的反应时呈现出逐次递增的趋势（见表11-3）；但经事后检验发现，仅能产性高的偏正型、动宾型分别与补充型（$P=0.002$；$P=0.002$）、主谓型（$P=0.001$；$P=0.001$）在命名反应时上差异显著，数量能产性较高的联合型分别与补充型（$P=0.022$）、主谓型（$P=0.011$）在命名反应时上差异显著；而偏正型、动宾型、联合型三种类型复合词两两比较均无显著差异（$P>0.05$），补充型、主谓型两种类型的复合词间也无显著差异（$P>0.05$）。见图11-2。

表11-3　五种类型复合词命名的反应时（均值±标准差）、正确率

复合词类型	反应时（s）	正确率（%）
偏正型	1.415±0.20	97.58
动宾型	1.421±0.22	98.18
联合型	1.515±0.27	97.58
补充型	1.765±0.28	93.94
主谓型	1.795±0.25	92.73

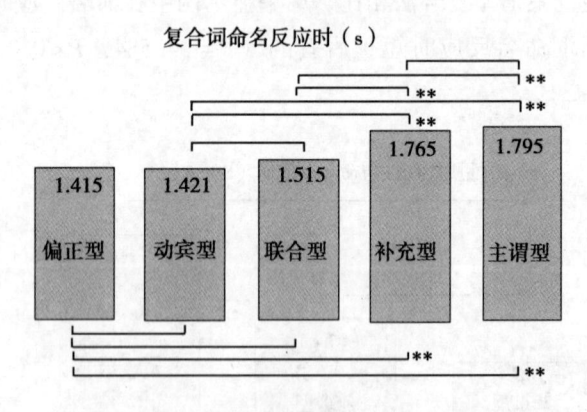

图11-2　复合构词法数量能产性因素的反应时比较（**=差异极显著，$P<0.01$）

第四节　实验讨论

本实验探讨汉语构词法能产性是否影响乌尔都语母语者习得汉语词

汇，不得不考虑的就是，排除乌尔都语的构词法迁移的影响。即，汉语高能产性构词法产出的词与汉语低能产性构词法产出的词相比，若在乌尔都语者受试朗读的反应时上有显著性差异，则要在排除该反应时上的差异是由构词法迁移导致的之后，才能推论汉语构词法能产性是影响乌尔都语者习得汉语词汇的。下文将从汉语构词法的性质能产性、数量能产性两个角度分别讨论。

一　汉语构词法性质能产性因素的确影响乌尔都语者习得汉语词汇

就词汇命名实验的反应时数据来看，能产的偏正型、动宾型在与不能产的前缀型、后缀型对比中未发现构词法能产性的影响（见表 11-2、图 11-1）；但在与不能产的联合型、补充型、主谓型对比中则发现了构词法能产性的影响（见表 11-2、图 11-1），即能产构词法产出的词的命名反应时（1.421s）短于不能产构词法产出的词的（1.692s）。

关于二语词汇习得，Mac Whinney（2005）认为学习二语新词的方法基本上就是学习母语词汇的方法的拓展。就上文的乌尔都语构词法迁移分析来看，乌尔都语者在学习汉语偏正型、联合型复合词时可能发生母语正迁移；在学习补充型、主谓型汉语复合词时则不发生迁移；且在学习汉语动宾型复合词时可能发生母语负迁移。一般而言，母语构词法正迁移会在一定程度上促进二语的词汇习得；而母语构词法负迁移则相反，会在一定程度上抑制二语的词汇习得。就本实验研究而言，习得汉语词汇过程中若发生构词法正迁移，会在一定程度上缩短词汇命名反应时；若发生构词法负迁移，则会在一定程度上延长词汇命名反应时。本实验中，偏正型、动宾型复合法属于能产的汉语构词法，联合型、补充型、主谓型复合法则属于不能产的汉语构词法。就能产的构词法、不能产的构词法与乌尔都语母语迁移的关系来看，一方面，两者均可能受到母语正迁移的影响（偏正型 v.s. 联合型）；另一方面，后者中有的则不受母语迁移的影响（补充型、主谓型），前者中却有受母语负迁移影响的（动宾型）。如此一来，乌尔都语母语正迁移因同时关涉能产、不能产构词法，可在某种程度上认为它不是造成上文词汇命名反应时差异的原因。值得注意的是，乌尔都语母语负迁移仅关涉能产构词法（动宾型），却没有导致能产构词法产出的词的命名时间长于不能产构词法产出的词的。因此，也可在某种程度上认为乌尔都语母语负迁移也不是造成上文词汇命名反应时差异的原因。这样，在一定程度上就排除了上文词汇命名反应时的差异是由乌尔都语构词法迁移导致的。换言之，汉语构词法的性质能产性是影响乌尔都语者习得汉语词汇的，表现为能产构词法产出的词较不能产构词法产出的词更易于习得。

在语言习得研究中，二语习得虽不同于母语习得，但习得二语的过程仍被认为与母语习得密切相关，两种语言习得机制是相互交织的（Felix & Wode, 1983）。就语言认知研究而言，习得词汇与心理词库（mental lexicon）密切关联。在心理词库中，Aitchison（2003：135—136, 175, 186—187）认为，较为能产的构词规则（比如英语中的复合法、转化法与派生法）作为一个辅助性的成分，存储在词汇工具箱（lexical tool-kit）中，依附于心理词库的主词库（main lexicon）。以英语派生词"kindness"为例，后缀"-ness"与词干"kind"以整词"kindness"形式存储于主词库；而形容词加后缀"-ness"可产生一个新的名词的构词规则作为辅助性成分，存储在词汇工具箱中。而且，"goodness""happiness"等词因为以"-ness"结尾而和"kindness"相关联。Butterworth（1983）较早指出，在进行词汇查寻时人脑可利用存储形式间的相似性（相同的构词规则）来识别词汇。在乌尔都语者习得汉语词汇时，在其汉语心理词库中，偏正型、动宾型复合构词规则也可能作为辅助性成分存储于词汇工具箱内，并依附于汉语心理词库的主词库。这些能产的复合构词规则在提取汉语词汇时即被使用，从而可导致经由这些规则产出的复合词更容易被识别。

至于能产的偏正型、动宾型复合法为何与不能产的前缀型、后缀型附加法在词汇命名反应时上没有显著性差异（见表11-2），可能是因为汉语中的附加词是一个封闭类，总体数量小，在汉语作为二语时更容易被习得，从而在词汇命名反应时上接近于能产构词法产出的词的。

二 汉语构词法数量能产性不影响乌尔都语者学习汉语词汇

就词汇命名的反应时数据来看，偏正型、动宾型、联合型分别与补充型、主谓型有显著性差异，并体现出偏正型<动宾型<联合型<补充型<主谓型在命名反应时依次递增的趋势（见表11-3、图11-2）。但值得注意的是，这一反应时递增的次序与汉语复合法数量能产性研究的构词法能产

性从高到低的次序偏正型>联合型>述宾型>主谓型>补充型（参沈怀兴，1998；周荐，2004）并不完全相符，表现为：

（5）a. 动宾型前提至联合型前
　　　b. 补充型前提至主谓型前

为何词汇命名反应时由短到长的次序与之前的汉语复合法数量能产性从高至低的次序不吻合呢？这似乎在质疑数量能产性影响汉语作为二语的词汇习得的同时，也从另一个侧面肯定了性质能产性在汉语二语词汇习得中的重要作用。就（5）a来看，在历时、共时的语料库研究中，联合型复合词数量均较动宾型的多（沈怀兴，1998；周荐，2004）；国家对外汉语教学领导小组办公室汉语水平考试部编写的《汉语水平词汇等级大纲》中各类型复合词所占比例的统计结果也是如此，联合型（约占34.94%）、述宾型（约占10.96%）（许敏，2003）。从实验结果来看，联合型复合词的命名反应时（1.515s）长于动宾型复合词的命名反应时（1.421s），虽没有达到显著性差异（$P=0.376$），却委实地没有印证汉语联合型复合法在数量能产性上高于动宾型复合法的论点。也就是说，该实验结果不支持汉语构词法数量能产性影响乌尔都语者习得汉语词汇。

值得一提的是，在词汇命名反应时上动宾型短于联合型（$P=0.376$），这一结果可能是与动宾型复合法仍是"活构词法"相关。本实验中乌尔都语者受试以留学生身份长住中国，在学习汉语的过程中可通过网络、新闻媒体很容易见到涌现的动宾型新词，如"点赞、碰瓷"，从而意识到动宾型复合法的能产性。这一构词法意识作为元语言意识（Koda，2008；Li et al.，2002）的一个重要部分，无疑可以促进能产构词法产出的词的习得。换句话说，这似乎从侧面强调了汉语构词法性质能产性在汉语二语习得中扮演的重要角色。

就（5）b来看，词汇命名反应时上显示补充型的（1.765s）短于主谓型的（1.795s），虽未达到显著差异（$P=0.779$），但这也或许与《汉语水平词汇等级大纲》中列举了较多的补充型复合词有关，大纲词汇中补充型约占3.77%，而主谓型则仅占约0.75%（许敏，2003）。一般来说，相比教材中较少出现的词汇，二语学习者会对教材中较多出现的这一类型的词汇更熟悉，朗读该类型词汇也显得更容易，在词汇命名实验上可体现为反应时较短。

第五节　结语

　　本文以乌尔都语者为受试,通过汉语词汇命名实验,从汉语构词法性质能产性、数量能产性视角考察构词法能产性是否影响汉语作为二语时的词汇习得。在排除乌尔都语构词法迁移影响基础上,实验结果支持汉语构词法性质能产性的确影响汉语作为二语的词汇习得,但是汉语构词法数量能产性则不然。

第十二章　汉语复合词认知的不对称性

复合词的中心性问题，即复合词是否像词组等句法结构一样也有中心（head）？如果有中心，与词组的中心是否有不同之处？也就是说，复合词的中心应如何确定？这些问题一直是国际语言学界词法研究的重点。同时，复合词中心性在认知科学研究中也是关注的焦点问题。

第一节　复合词中心性的语言学研究

一　普通语言学研究进展

现在，复合词也可以有中心已获得大多数学者的认同。[①] Fabb（1998：66—67）认为内中心复合词（endocentric compounds）即是该复合词有一个中心，这个中心与词组中心的特点相似，它代表复合词的核心含义，且与复合词同属一类词。如"*sneak-thief*"中"*thief*"是中心（*sneak-thief* 是一种 *thief*；*thief* 和 *sneak-thief* 均为名词）。外中心复合词（exocentric compounds 或 Bahuvrihi compounds[②]）则是没有中心的复合词。

随着研究的不断深入，与词组中心的确定方法的变迁相似，复合词中心的确定方法也与结构主义语言学中确定中心所用方法不同了。一般而言，从确定复合词的操作手段来看，大多以形式为主，以语义为辅。

（一）"IS A"条件（"IS A" Condition）

该方法由 Allen（1978）提出，用于复合词形成过程的内在组构性质分析。下面以英语复合词 [[high]$_A$ [shool]$_N$]$_N$ 为例，作一简要介绍。

[①] Bauer（1990）就认为，中心（Head）概念在词法中可能无所作为。但大多数的学者还是借助中心这一概念来研究词的形成。

[②] 该称呼为外中心复合词的 Sanskrit 称名。

"IS A"条件允准复合词的中心在语义和语法范畴上得到确认,即"IS high school A type of *high* or IS it A type of *school*?(语义) Given that *high* is an adjective and *school* is a noun: IS *high school* AN adjective or IS it A noun?(语法范畴)",经上述分析过程后,可得到 *high school* "IS A"("是一种)学校,且"IS A"名词,所以 *school* 是复合词 *high school* 的中心。可以看出,"IS A"条件采取语义、语法范畴并用的标准。

(二)特征渗透规约(Feature-Percolation Convention)

由 Lieber(1980)用严格形式化的术语对"IS A"条件重新表述而来。虽然"IS A"条件能正确地找出复杂词(complex words)中居支配地位的成分,但它对其中的缘由无法解释。特征渗透规约则弥补了"IS A"条件这方面的不足。Lieber 用一套系统的重写规则生成双分支的树结构,其分支的终端结点依据词干及词缀的次范畴化框架,分别由这两者填充。特征渗透规约认为,词法中心的本质特点是中心的所有特征(不管是语义的还是语法范畴的)都被复制到其结构树更高的结点上。下面以 happiness 为例①,对特征渗透规约稍作解释,见图 12-1。

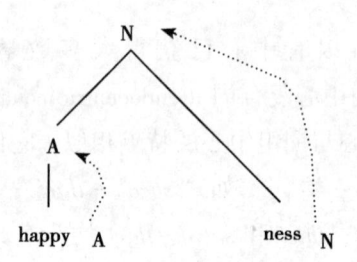

左边的箭头虚线表示词干征被上传至其第一控制节点,
右边的箭头虚线表示词缀征被上传至其分支的第一节点。

图 12-1 以"happyness"为例示中心性的特征渗透理论

(三)右手中心法则(Right-Hand Head Rule,RHR)

该法则由 Williams(1981)针对英语的复杂词提出。其主要观点是,所有的形态复杂词都是有中心的,而且这个中心就是该复杂词最右边的那个成分。该方法则被证明适用于前缀词(如 *rewrite*)、后缀词

---

① 据 Aronoff(1976),词法中心的范围已扩展,中心成分既可以由词充当,也可以由黏着形式(如词缀)充当。

(*happiness*)、复合词(*blackboard*)的中心性分析,这些词的中心均为位于词最右边的那个成分:*rewrite* 之所以为动词是因为 *write* 是动词,*happiness* 之所以为名词是因为 -*ness* 组成名词,*blackboard* 之所以为名词是因为 *board* 是名词。

如果右手中心法则具有普遍性的话,那么前缀永远不会成为中心,而后缀则永远是复杂词的中心。但是,语言事实证明右手中心法则不具备普遍性。就派生构词来看(以英语为例),*enrich* 中的前缀 *en*- 可以看成该复杂词的中心,而 *booklet* 中的评价性词缀 -*let*、*wanted* 中的屈折词缀 -*ed* 则一般不看作该复杂词的中心。就复合词的中心[①]来说,不同语族的复合词表现出特异性,罗曼语族的均为左中心(left-headed),而日耳曼语族的则均为右中心(right-headed)。[②]

二 汉语研究进展

就汉语而言,研究大都认为复合词是有中心的(见赵元任,1979;Packard,2001,Ceccagno & Scalise,2006),只有极少数研究认为复合词是无中心的(Huang,1997)。早在结构主义语言学研究中,汉语复合词就被区分为内中心的(endocentric)和外中心的(exocentric),赵元任(1979:184)在汉语复合词的 8 种分类方法中有 1 种即是复合词有内中心、外中心之分,前者如"好手、凶手、打手、助手、水手",后者如"本分、外行、买卖"。赵先生指出,"主谓复合词总是外中心的,就是说,它的功能既不同于第一个成分,也不同于第二个成分。"(赵元任,1979:185)可见,该处复合词区分内中心、外中心采用的标准与词组所用的相同,亦为语法功能。

(一) 汉语确定复合词中心的方法

1. 中心性原则(Headedness Principle)

Packard(2001:39)通过汉语双音节复合词内语素语法范畴(即语

---

① Scalise & Guevara(2005:168)指出,派生词总是内中心的,且总为右中心(Right-headed)。但复合词的中心就复杂得多:(1)中心在"典型"位置(例如,日耳曼语族的在右边,罗曼语族的则在左边);(2)无中心(即外中心复合词,或称 *bahuvrihi* 复合词,如 *pale face*);(3)双中心(*dvandva* 复合词,如西班牙语 *poeta-pintor* "poet-painter")。

② 而 Di Sciullo & Williams(1987)则认为所有真正的内中心复合词都是右中心的,任何左中心复合词都应视为例外,例如看成被重新分析为词的词组。但是,这一观点并没有被广泛接受。

素是名词性的，动词性的还是形容词性的）与复合词语法范畴作对照分析，认为（1）汉语语素的语法范畴如果是确定的，当该语素在复合词中出现时仍趋向于保持它原来的语法范畴不变；（2）就复合词而言，若为名词则其右首语素是名词性的（如"[纸$_N$浆$_N$]$_N$、[剪$_V$纸$_N$]$_N$"），若为动词则其左首语素是动词性的（如"[排$_V$除$_V$]$_V$、[排$_V$外$_N$]$_V$"）。其中第2条结论被称为中心性原则：（双音节）名词的右首语素是名词性的，动词的左首语素是动词性的。很明显，Packard 忽略了双音节复合词有外中心的情形。

2. 汉语复合典型中心位置原则（Chinese Compounding Canonical Head Position Principle）

该原则由 Ceccagno & Scalise（2006）提出。文中认为 Packard（2001）的中心性原则存在一些问题。作者认为，汉语联合型复合词（coordinate copounds）要么是双核心的（"店铺、爱恋、美丽"），要么是无中心的（"东西、裁缝、大小、开支"）。而偏正复合词（attributive compounds）与复合词内语素的语法范畴无关，全部为右中心（right-headed）。从属型复合词（subordinate compounds）中只有动宾结构（"开刀、求全"）可以用中心性原则来解释，但其余的均为右中心（"毒杀、心疼、胆小"）。① Ceccagno & Scalise 进一步总结出3点：（1）与其他语言一致，汉语联合型复合词通常有双中心或者无中心。就（双音节）内中心复合词而言，无论该复合词是形容词、动词还是名词，其内部语素均为中心。（2）偏正型复合词的表现直接，都是右中心的，其左首语素作修饰语。而且，其内部语素不管是形容词性、名词性还是动词性的，都可以作为复合词的中心或非中心。（3）内中心从属型复合词可以分成两类，一是 [V+N]$_V$ 复合词，或者说动宾复合词，为左中心；二是其余的从属型复合词，均为右中心。右中心的从属型复合词不只限于复合名词，所以其中心不仅可由名词性语素充当，也可由动词性语素或形容词性语素充当。在此基础上，作者归纳出汉语复

---

① Ceccagno & Scalise（2006）将汉语复合词三分为从属型复合词（subordinate compounds）、偏正型复合词（attributive compounds）和联合型复合词（coordinate compounds），分出的这三类复合词又分别分为内中心的、外中心的。但是，其分类的结果对汉语而言并不理想。如从属型复合词内既包含偏正型（如"手表、毒杀"），也包含动宾型（如"开刀"），还包含主谓型（如"胆小、心疼"）。而且，赵元任（1979：185）明确指出主谓型复合词为外中心复合词。

合典型中心位置原则,即汉语复合词的典型中心在其右首。文中承认,动宾结构和结果动词(resultative verbs)是该原则的例外,但又认为这二者到底是复合词还是词组还有争议。针对如何确定复合词的中心,作者认为应该考虑复合词的所有特征,即复合词的分类(此举可揭示语素间的语法、语义联系),还要对照语素与复合词的语法范畴。

(二) 汉语"无中心"论

Huang(1997)利用语料库语言学分析方法,也像 Packard(2001)、Ceccagno & Scalise(2006)那样操作,通过复合词内部组成语素的语法范畴与复合词语法范畴作对照分析,发现大多数复合词的语法范畴与其内部组成语素的语法范畴均不相同。即,NN 型语素组合更多得到的不是复合名词,而是复合形容词;VN 型语素组合更多得到的也是复合形容词,而非复合动词或复合名词;而 AA 型语素组合则更多得到的不是复合形容词,而是复合名词。作者由此认为,汉语复合词最左边的或最右边的成分均不能独立决定复合词的语法范畴,所以汉语在词法上无中心(headless)。

下此定论有待商榷。问题可能出于两个方面,一是建立的语料库能否反映汉语复合词概况;二是立论方法不科学。后一方面在 Ceccagno & Scalise(2006)曾涉及,文中指出汉语复合词中心的确定不能只看复合词内语素的语法范畴,而应综合分析复合词的整个结构。

第二节 复合词中心性的认知科学研究

有关复合词的认知科学研究介绍,请见绪论第三节第二部分。

复合词的中心性问题在语言学研究中受到普遍重视,但以往的汉语复合词实验认知研究对此涉及很少,且不成系统。汉语复合词内中心、外中心是否有相应认知加工过程上的证据?汉语内中心复合词中心的位置是否影响复合词的词汇通达及心理表征方式?又是如何影响的?这些都是有待于系统解决的问题,我们将围绕上述问题展开研究。

本研究将就上述问题,采用事件相关电位技术,选择复合词实验研究中常用的有启动词汇判断任务,着重考察以下两方面的问题。

一是,内、外中心复合词是否有不同的心理表征方式,在词汇通达上是否存在不同的认知加工机制。

二是，内中心复合词中中心的位置是否会影响复合词的认知加工过程？如果影响，其内在神经机制大致如何？

第三节　首字启动下中心性对复合词认知加工影响的实验研究

一　实验受试

本实验选择徐州师范大学不同专业的 16 名健康大学生作受试，男 8 名，女 8 名，年龄 18—22 岁，平均年龄为 20 岁。经爱丁堡量表测量（Oldfield, 1971），均为右利手，家族中无神经或精神疾病史，视力或矫正视力正常。受试在实验前阅读知情同意书并签字，实验后被给予一定报酬。

二　实验刺激材料

本实验的刺激语料包括双音节复合词、双音节复合假词，其中复合词又有内中心和外中心之分。复合词选自《现代汉语频率词典》（北京语言学院出版社，1986），从"表四（3）生活口语中前 4000 个高频词词表"中选取双音节高频复合词，如"妇女、汽车、高兴、了解"等；"表三低频词词表"中选取口语体双音节低频复合词，如"座钟、追肥、周详"等。复合假词见第二章第三节第二部分。

实验刺激材料除了控制词频外，还有中心性、中心成分位置两方面的控制。中心性及中心成分位置的界定主要通过语义透明度数据，并参考赵元任（1979）、Packard（2001）、Ceccagno & Scalise（2006）等有关汉语复合词中心性的观点进行，下面对此作一简要说明。首先，对选出的高频、低频复合词作整词与语素语义相关程度的 5 度量表调查（见附录 1），区分语义透明度，具体测查及统计方法同高、低频复合词实验。其次，根据问卷调查后统计得出的复合词与前（$T_{\alpha-\gamma}$）、后（$T_{\beta-\gamma}$）两个语素间的语义关联度分值，选定 $T_{\alpha-\gamma} \leqslant 1.5$，$T_{\beta-\gamma} \geqslant 3.5$ 的复合词为右核心内中心复合词（HR，如"打扫、马路、窝藏、座钟"），选定 $T_{\beta-\gamma} \leqslant 1.5$，$T_{\alpha-\gamma} \geqslant 3.5$ 的复合词为左核心内中心复合词（HL，如"忘记、雪花、求救、戏曲"），选定 $T_{\beta-\gamma} \geqslant 3.5$，$T_{\alpha-\gamma} \geqslant 3.5$ 的复合词为双核心内中心复合词

(HB，如"爱护、纯洁、浸泡、寺庙")；选定 $T_{\beta-\gamma} \leqslant 1.5$，$T_{\alpha-\gamma} \leqslant 1.5$ 的复合词为外中心复合词（HN，如"卧底、随笔"）。

实验刺激共计 840 个，420 组。除 420 个启动刺激外，还有目标刺激内中心复合词 180 个、外中心复合词 30 个，与之相匹配的复合假词 210 个。内中心复合词内分高频左核心型、右核心型、双核心型，低频左核心型、右核心型、双核心型 6 小类，每小类各 30 个。真词、假词内部，真、假词之间的笔画数经统计分析，均无显著差异。

三　实验程序

刺激为 60 号宋体，字体为银白色，屏幕为黑色。刺激分组，每组分启动刺激和目标刺激依次呈现，本实验启动刺激为双音节复合词或双音节复合假词中的第一个音节（首字）。启动刺激呈现 200ms 后消失，空屏 400ms 后呈现目标刺激，并在 300ms 后自动消失，空屏 2700—3200ms 后呈现下下一组刺激。实验刺激程序分 6 个序列，序列内不同类型的刺激假随机排列，实验时序列呈现次序亦随机。每序列耗时 3—4 分钟，序列间受试者可休息 2—3 分钟。

受试者处于暗光的屏蔽室，眼睛距电脑屏幕中心约 1.2m，实验过程中要注视电脑屏幕的中心。刺激系统 STIM（Neurosoft, Inc. Sterling, USA）控制刺激在屏幕上的呈现，实验开始前让受试者阅读简明的书面实验指导语，使其了解本实验的作业任务和要求。实验中，受试者要默读每组的启动刺激，待目标刺激出现后，根据自己的语言知识对其作真、假判断，并作按键反应。即，若认为该刺激词在汉语中存在，则判为真词，并用左手拇指按 2 键；若认为该刺激词在汉语中不存在，则判为假词，并用右手拇指按 3 键。16 位受试者在实验中的按键反应作了左右手平衡。受试者均作如下要求：在保证反应正确的前提下尽可能迅速地完成按键操作；实验过程中避免无关的眼球运动和肢体运动。

实验前有大约 2 分钟的刺激程序，仅供受试者练习、熟悉实验任务，不进入正式实验。待受试者充分练习并熟悉实验任务后，开始正式实验程序。

四　脑电记录及处理

用 NeuroScan 64 导电极帽（10/20 系统），通过 SCAN（Neurosoft,

Inc. Sterling，USA）同步记录脑电。左侧乳突电极记录值作参考，前额接地，使皮肤与电极之间的阻抗低于 5KΩ。水平眼动监视电极位于双眼外眦外 2cm，垂直眼动由左眼眶上下处记录。脑电信号由放大器放大，滤波带通为 0.05—100Hz，采样频率为 500Hz，离线分析处理 ERP 数据。

处理脑电时，通过 NeuroScan 的数据分析软件，参考电极记录值由左侧乳突记录转换为双侧乳突记录的均值。然后，每个电极记录点上不同刺激类型的事件相关电位被分别叠加，叠加的时间区段为 1800ms，自目标刺激呈现前 800ms 至目标刺激呈现后 1000ms。取启动刺激呈现前 200ms 作基线，对脑电进行基线校正。实验数据采用 SPSS11.5 进行方差分析，P 值采用 Greenhouse Geisser 校正，波幅大于 $\pm 80\mu V$ 的脑电被视为伪迹自动排除，实验中反应错误或污染严重的脑电被剔除，不予统计分析。

五 实验结果

16 名受试者中，3 名因脑电不稳或错误率过高而未用于统计，故只有 13 名受试者的实验数据被纳入统计分析。

(一) 行为数据

反应时统计结果显示，外中心复合词为 604±18ms，高频内中心复合词双核心型（hfHB）为 565±20ms、左核心型（hfHL）为 565±21ms、右核心型（hfHR）为 612±21ms，低频内中心复合词双核心型（lfHB）为 629±20ms、左核心型（lfHL）为 652±23ms、右核心型（lfHR）为 726±21ms。经单因素方差分析，外中心复合词与高频内中心复合词 hfHB [$F_{(1, 12)} = 24.587, P<0.01$]、hfHL [$F_{(1, 12)} = 29.049, P<0.01$] 相比，前者的反应时显著长于后两者；外中心复合词与低频内中心复合词 lfHB [$F_{(1, 12)} = 12.650, P<0.01$]、lfHL [$F_{(1, 12)} = 41.246, P<0.01$]、lfHR [$F_{(1, 12)} = 172.770, P<0.01$] 相比均有显著差异，前者的反应时显著短于后三者。但外中心复合词与高频内中心复合词 hfHR 相比，反应时无显著差异 [$F_{(1, 12)} = 0.591, P>0.05$]。

就内中心复合词而言，经两因素（词频/中心性）方差分析，高频内中心复合词的反应时为 581±20ms、低频内中心复合词的反应时为 669±21ms，内中心复合词双核心型的反应时为 597±19ms、左核心型的反应时为 608±21ms、右核心型的反应时为 669±20ms，词频及中心性均有显著的主效应 [$F_{(1, 12)} = 88.403, P<0.01; F_{(1.699, 20.390)} = 66.349,$

$P<0.01$],且两者之间的交互效应亦显著 [F (1.977, 23.724) = 14.290, $P<0.01$]。

(二) 脑电数据

本实验取目标刺激后 120—170ms 时间窗口的平均波幅以观察 P2 成分,取目标刺激后 240—340ms 时间窗口观察 N400 的峰值,取目标刺激后 240—440ms 时间窗口来观察 N400 的平均波幅。

1. P2 成分

经单因素方差分析,只有高频内中心复合词双核心型(hfHB)与外中心复合词在左侧前额区、左额区、左侧额中央区、左侧中央区的 P2 波幅有显著差异 [F (1, 12) = 5.925, $P<0.05$],其余的高频内中心复合词左核心型(hfHL)、右核心型(hfHR),低频内中心复合词双核心型(lfHB)、左核心型(lfHL)、右核心型(lfHR)与外中心复合词的差异均不显著 [F (1, 12) = 0.001, $P>0.05$;F (1, 12) = 0.053, $P>0.05$;F (1, 12) = 2.994, $P>0.05$;F (1, 12) = 4.392, $P>0.05$;F (1, 12) = 0.945, $P>0.05$]。(详见表 12-1、表 12-2、图 12-2)

表 12-1　　低频内中心复合词与外中心复合词的 P2 波幅比较

		时间窗口 (ms)	统计电极点	P2 波幅 (μV)
外中心复合词				2.123±1.216
内中心复合词	lfHB	120—170	C2, C3, C4, CZ, F1, F3, F5, F7, FC1, FC3, FCZ.	2.851±1.247[a]
	lfHL			3.778±1.351[b]
	lfHR			2.784±1.293[c]

注:与外中心复合词相比较,a 表示 $P>0.05$;与外中心复合词相比较,b 表示 $P>0.05$;与外中心复合词相比较,c 表示 $P>0.05$。

表 12-2　　高频内中心复合词与外中心复合词的 P2 波幅比较

		时间窗口 (ms)	统计电极点	P2 波幅 (μV)
外中心复合词				2.121±1.211
内中心复合词	lfHB	120—170	C1, C3, CZ, F1, F3, F7, FC1, FC3, FCZ, FP1, FZ.	3.204±1.165[a]
	lfHL			2.139±1.006[b]
	lfHR			2.007±1.351[c]

注:与外中心复合词相比较,a 表示 $P<0.05$;与外中心复合词相比较,b 表示 $P>0.05$;与外中心复合词相比较,c 表示 $P>0.05$。

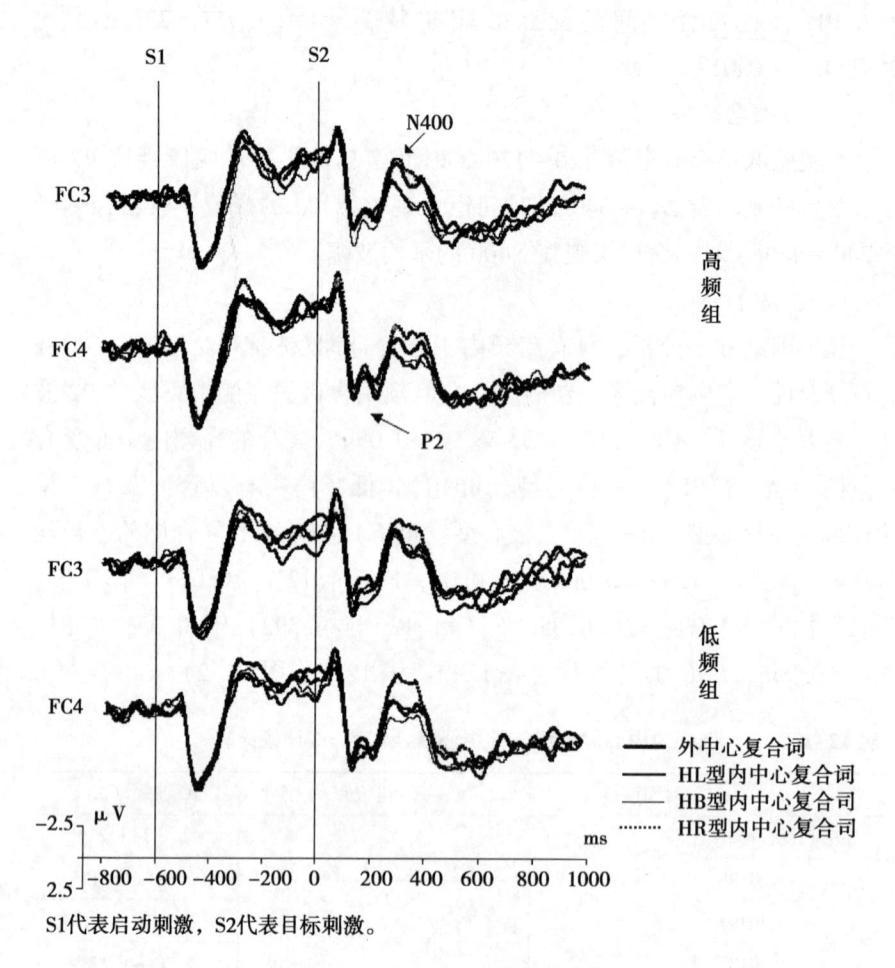

图 12-2　首字启动条件下复合词中心性因素的 ERP 波形比较

S1代表启动刺激，S2代表目标刺激。

就内中心复合词而言，经多因素方差分析，词频、中心性在 P2 波幅上的主效应均不显著 [$F(1, 12) = 2.852$, $P>0.05$；$F(1.378, 16.533) = 1.227$, $P>0.05$]，且二者之间的交互效应亦不显著 [$F(1.933, 23.199) = 1.356$, $P>0.05$]。（见图 12-3、图 12-4、图 12-5）

2. N400 成分

经单因素方差分析，外中心复合词与高频内中心复合词 hfHL 相比，在额区、额中央区、中央区的 N400 波幅上差异显著 [$F(1, 12) = 8.626$, $P<0.05$]，而与低频内中心复合词 lfHB 在右前额区、右侧额区、

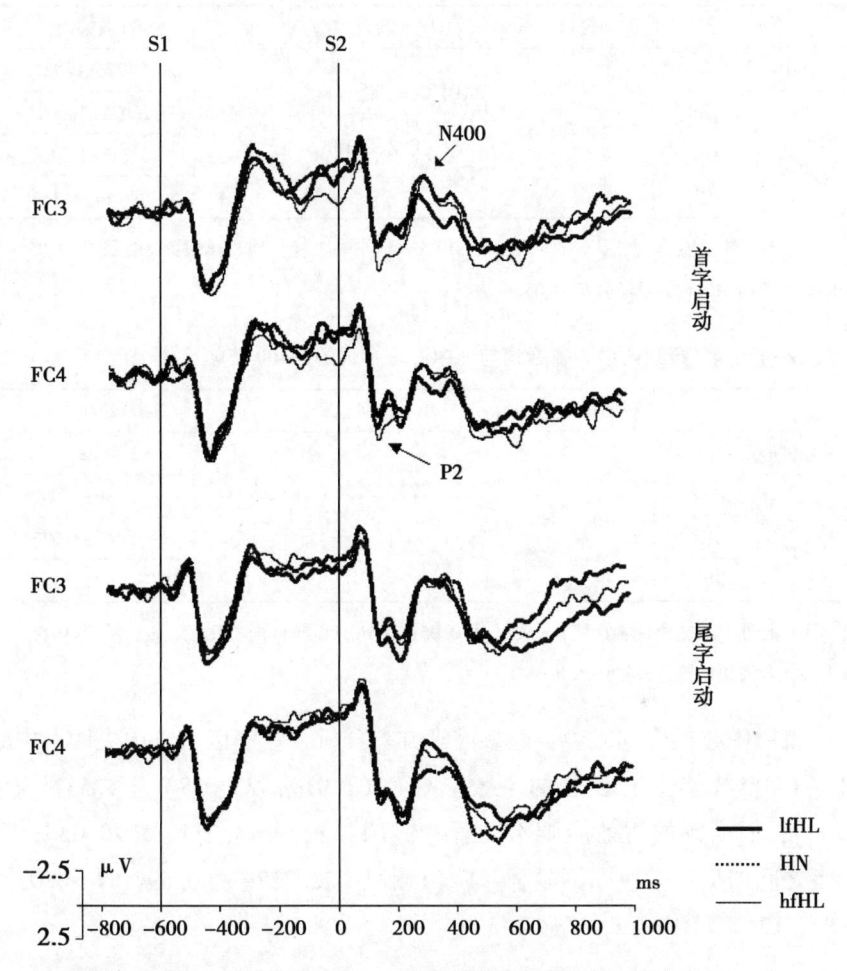

S1代表启动刺激,S2代表目标刺激。hfHL代表高频左核心型内中心复合词。
lfHL代表低频左核心型内中心复合词,HN代表外中心复合词。

图12-3　不同词频左核心型内中心复合词与外中心复合词的ERP波形比较

右侧额中央区、右额颞区、右颞区的N400波幅上有显著差异[$F(1, 12) = 5.234, P<0.05$];但是,与高频内中心复合词hfHB、hfHR,低频内中心复合词lfHL、lfHR在N400波幅上的差异均不显著[$F(1, 12) = 4.676, P>0.05$;$F(1, 12) = 0.172, P>0.05$;$F(1, 12) = 0.065, P>0.05$;$F(1, 12) = 3.519, P>0.05$]。(详见表12-3、表12-4、图12-2)

表 12-3　低频内中心复合词与外中心复合词的 N400 波幅比较

		时间窗口（ms）	统计电极点	N400 波幅（μV）
外中心复合词		240—440	AF4, C6, F2, FC2, FC4, FC6, FCZ, FP2, FPZ, FT8, FZ, T8.	0.970±0.925
内中心复合词	lfHB			2.072±1.098[a]
	lfHL			0.777±1.311[b]
	lfHR			−0.214±1.182[c]

注：与外中心复合词相比较，a 表示 $P<0.05$；与外中心复合词相比较，b 表示 $P>0.05$；与外中心复合词相比较，c 表示 $P>0.05$。

表 12-4　高频内中心复合词与外中心复合词的 N400 波幅比较

		时间窗口（ms）	统计电极点	N400 波幅（μV）
外中心复合词		240—340	C1, C2, C3, C4, CZ, F1, F2, F3, FC1, FC2, FC3, FC4, FCZ, FZ.	−2.817±1.079
内中心复合词	lfHB			−1.389±1.050[a]
	lfHL			−1.412±1.077[b]
	lfHR			−3.168±1.156[c]

注：与外中心复合词相比较，a 表示 $P>0.05$；与外中心复合词相比较，b 表示 $P<0.05$；与外中心复合词相比较，c 表示 $P>0.05$。

就内中心复合词来说，经多因素方差分析，在额区、额中央区，中心性在 N400 波幅上有显著的主效应 [$F(1.919, 23.028) = 5.531$, $P<0.05$]，而词频的主效应则不显著 [$F(1, 12) = 4.211$, $P>0.05$]，且两者之间的交互效应亦不显著 [$F(1.894, 22.727) = 0.594$, $P>0.05$]。（见图 12-3、图 12-4、图 12-5）

六　分析与讨论

以往的研究证明，外中心复合词在大脑词库中有独立的中心表征。这是 Sandra（1990）、Zwisterlood（1994）从荷兰语复合词语义透明度角度得出的结论。从派生词语义透明度角度，Marslen-Wilson et al.（1994）也认为语义不透明的派生词是以整词列表方式表征于大脑词库，其词汇通达不选择成分分解路径。

另外，Schreuder & Baayen（1995）针对语义透明度问题提出激活反馈（activation feedback）机制，认为该机制只允许语素累积频率效应发生于语义透明的复杂词。因语素累积频率效应是反映分解的语素表征的，即

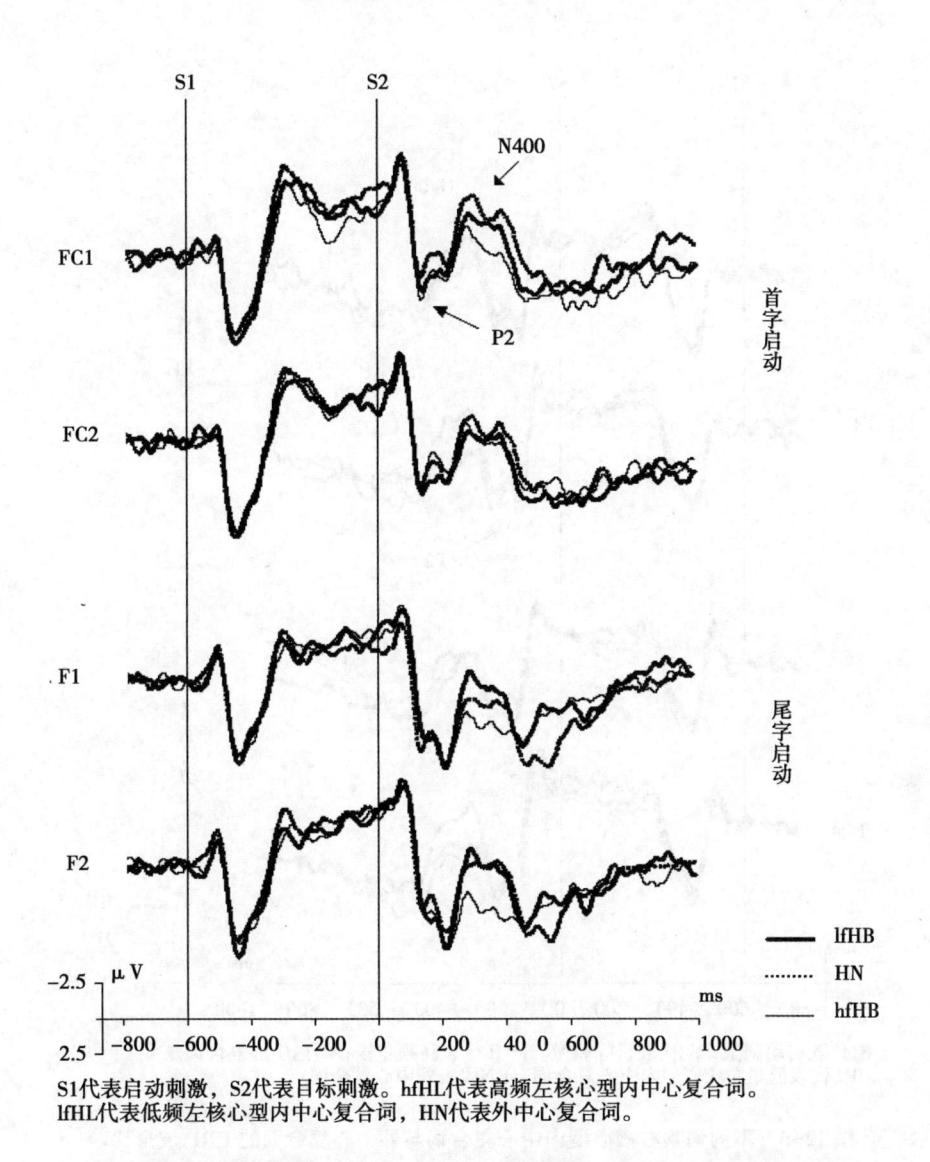

图 12-4 不同词频双核心型内中心复合词与外中心复合词的 ERP 波形比较

S1代表启动刺激，S2代表目标刺激。hfHL代表高频左核心型内中心复合词。lfHL代表低频左核心型内中心复合词，HN代表外中心复合词。

说明该复杂词是选择语素分解路径来完成词汇通达的。随着激活反馈机制对语素累积效应在复杂词语义透明度高低之间的筛选，语义不透明的复杂词越来越不便于通过语素分解路径来完成词汇通达。换言之，语义不透明的复杂词经激活反馈机制的处理，已经倾向于采取不同于语义透明复杂词

图 12-5 不同词频右核心型内中心复合词与外中心复合词的 ERP 波形比较

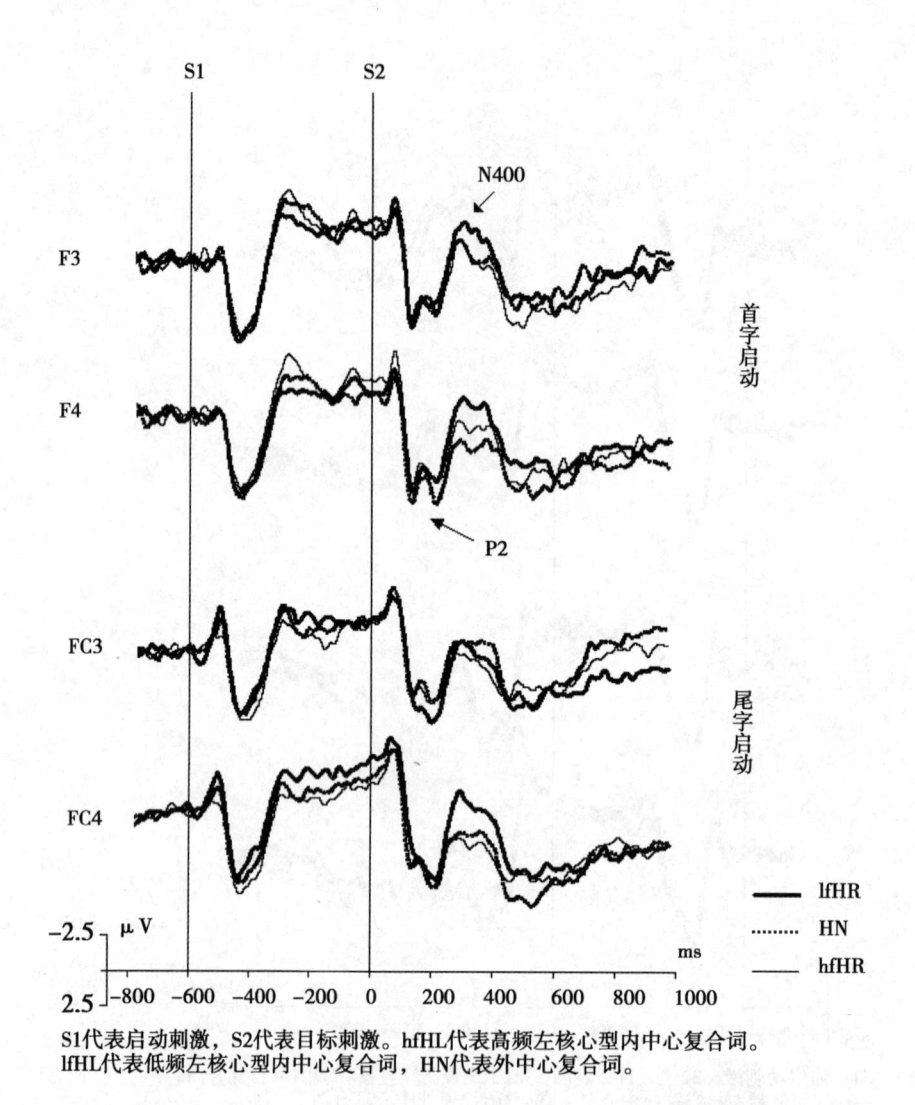

S1代表启动刺激，S2代表目标刺激。hfHL代表高频左核心型内中心复合词。
lfHL代表低频左核心型内中心复合词，HN代表外中心复合词。

的语素分解这种间接路径，而采取直接路径来通达其独立的中心表征。①

---

① 但有关双路径问题，在汉语复合词的视觉识别中，无论复合词的心理表征是采取整词列表方式，还是采取语素分解方式，其认知加工过程中总有"切分""允准"两个加工阶段。上述两种方式的不同并非从词汇识别起点开始，而是从整词语义加工阶段开始的。换言之，在汉语复合词视觉识别中，直接路径和间接路径的不同表现在复合词语义加工上。

大多数复合词中心位置的研究支持以下观点。中心语素若语义透明①，则在词汇通达中的作用更大；反之，在词汇通达中的作用就小。(Libben et al., 2003; Jarema et al., 1999)而且，因为自左向右加工的特点（即语言线性），复合词中前一成分在词汇通达中有作用更为重要一些（Libben, 1998; Kehayia, 1999）。以上外中心复合词的心理表征、复合词中心的位置等研究结论，在一定程度上适用于分析汉语复合词的中心性问题。因此，这些研究结论将成为本章实验分析、讨论的基础。

本实验为首字启动词汇判断实验。从行为数据来看，外中心复合词的反应时短于低频内中心复合词 lfHR、lfHL、lfHB，却长于高频内中心复合词 hfHB、hfHL。就内中心复合词而言，词频、中心性均有显著的主效应，且二者之间的交互效应亦显著。从脑电数据来看，P2 波幅上只有高频内中心复合词 hfHB 显著大于外中心复合词，其他内中心复合词与外中心复合词均无显著差异。N400 波幅上则只有低频内中心复合词 lfHB 和高频内中心复合词 hfHL 显著低于外中心复合词，而其他内中心复合词与外中心复合词则无显著差异。就内中心复合词来说，中心性只在 N400 波幅上有显著的主效应，词频在 P2 波幅、N400 波幅上均无显著的主效应，且两者在 N400 波幅和 P2 波幅上的交互效应亦不显著。

（一）首字启动下内中心复合词、外中心复合词认知加工过程的比较

外中心复合词在反应时上显著短于低频内中心复合词，却显著长于除 hfHR 外的高频内中心复合词；在 P2 波幅上只显著小于高频 HB 型内中心复合词；在 N400 波幅上只显著高于低频 HB 型内中心复合词和高频 HL 型内中心复合词。

就反应时而言，在首字启动条件下，高频左中心、双中心复合词比外中心复合词更快被识别，低频内中心复合词的识别则慢于外中心复合词，但高频右中心复合词的识别速度与外中心复合词无显著差异。根据已有的研究结论，在复合词识别中，前一成分较后一成分具有更强的启动作用；中心成分较非中心成分具有更强的启动作用。因此，若前一成分又同时是中心成分，则启动效应达到最大化。本实验即为前一成分启动，高频左中心、双中心复合词因为同时为中心成分启动，所以较外中心复合词更快被

---

① 此处语义透明与否与我们界定的语义透明度并非一回事，详见下文第十三章第三节第六部分。

识别是顺理成章的；而高频右中心复合词可能因为前一成分为非中心成分，其启动作用不及中心成分，所以在识别速度上与外中心复合词无显著差异。

以往研究表明，外中心复合词可能是以整词形式表征于大脑词库，并通过整词列表这一直接路径来进行词汇通达的。本实验中低频内中心复合词在识别上均慢于外中心复合词，而低频复合词在低频复合词实验中被证明是通过语素分解这一间接路径来进行词汇通达的，所以该结果就表明汉语外中心复合词可能是以整词列表这一直接路径来完成词汇通达。

有关汉语视觉词汇判断中的 P2，据前文分析，可能反映了人脑对复合词某一特征的评价或觉察。本实验中外中心复合词与高频双中心复合词在 P2（120—180ms）波幅上有显著差异，这说明两者在特征识别加工上是不一样的，反映了两者不同的早期认知加工过程。

有关汉语词汇水平的 N400，据前文分析，可能反映了人脑在视觉呈现的复合词与其在大脑词库中的语义表征进行关联搜索（link search）时的认知加工情况，其波幅大小反映了语义加工强度的大小。本实验中，外中心复合词的 N400 波幅显著高于低频双中心复合词和高频左中心复合词，这说明在前一成分启动下汉语外中心复合词在词汇通达最后阶段的语义识别上要难于低频双中心复合词和高频左中心复合词。这大概缘于中心成分的启动效应。

外中心复合词与内中心复合词的认知加工在 ERP 成分上的表现是不同的。这表明外中心复合词在认知加工过程上是不同于内中心复合词的。

（二）首字启动下词频、中心位置在内中心复合词识别中的作用

1. 词频

在首字启动下，词频因素只在内中心复合词的反应时上有显著的主效应，表现为高频复合词的识别更快；但在 P2 波幅、N400 波幅上的主效应均不显著。该结果表明，在前一成分启动下词频可通过调节静息激活（resting activation）水平以影响内中心复合词的认知加工的速度，但在人脑识别视觉呈现的内中心复合词特征，或词汇通达最后阶段的语义识别上没有明显的作用。

2. 中心位置

在首字启动下，中心位置因素在内中心复合词的反应时和 N400 波幅上均有显著的主效应，表现为双中心复合词的识别最快、左中心复合词的

次之、右中心复合词的最慢,双中心复合词的 N400 波幅最低、左中心复合词的次之,右中心复合词的最高;但在 P2 波幅上则没有显著的主效应。上述实验结果说明,在前一成分启动下中心位置不仅可影响内中心复合词认知加工的速度,也可影响复合词词汇通达最后阶段语义识别的认知加工过程,但在识别视觉呈现的复合词特征时不起明显作用。

此外,在首字启动条件下,词频和中心位置在内中心复合词的反应时上还有显著的交互效应。这说明,首字启动时词频和中心位置因素共同调控汉语内中心复合词的认知加工速度。

综上所述,反应时结果显示汉语外中心复合词可能是以整词形式表征于大脑词库,并通过整词列表这一直接路径来进行词汇通达。ERP 结果表明外中心复合词和内中心复合词的认知加工过程是不同的。词频、复合词中心位置在复合词的词汇通达中都是起作用的。

第四节 尾字启动下中心性对复合词认知加工影响的实验研究

一 实验受试

本实验选择徐州师范大学不同专业的 16 名健康大学生作受试,男 8 名,女 8 名,年龄 18—22 岁,平均年龄为 20 岁。经爱丁堡量表测量(Oldfield, 1971),均为右利手,家族中无神经或精神疾病史,视力或矫正视力正常。受试在实验前阅读知情同意书并签字,实验后被给予一定报酬。

二 实验刺激材料

与首字启动实验类似,本实验的刺激语料包括双音节复合词、双音节复合假词,其中复合词又有内中心和外中心之分。复合词也选自《现代汉语频率词典》(北京语言学院出版社,1986),从"表四(3)生活口语中前 4000 个高频词词表"中选取双音节高频复合词,从"表三低频词词表"中选取口语体双音节低频复合词。

实验刺激材料的变量控制同首字启动实验。实验刺激共计 840 个,420 组。除 420 个启动刺激外,还有目标刺激内中心复合词 180 个、外中心复合词 30 个，与之相匹配的复合假词 211 个。内中心复合词内分高频左核心型、右核心型、双核心型，低频左核心型、右核心型、双核心型 6 小类，每小类各 30 个。真词、假词内部，真、假词之间的笔画数经统计分析，均无显著差异。

三 实验程序

实验程序同首字启动实验。

四 脑电记录及处理

脑电记录及处理方法同首字启动实验。

五 实验结果

16 名受试者中，3 名因脑电不稳或错误率过高而未用于统计，故只有 13 名受试者的实验数据被纳入统计分析。

（一）行为数据

反应时统计结果显示，外中心复合词为 595±15ms，高频内中心复合词双核心型（hfHB）为 527±12ms、左核心型（hfHL）为 577±11ms、右核心型（hfHR）为 551±14ms，低频内中心复合词双核心型（lfHB）为 607±15ms、左核心型（lfHL）为 664±18ms、右核心型（lfHR）为 669±18ms。经单因素方差分析，外中心复合词与高频内中心复合词 hfHB [$F(1, 12) = 54.742, P<0.01$]、hfHL [$F(1, 12) = 6.286, P<0.05$]、hfHR [$F(1, 12) = 42.992, P<0.01$] 相比，前者的反应时显著长于后三者；与低频内中心复合词 lfHL [$F(1, 12) = 48.069, P<0.01$]、lfHR [$F(1, 12) = 46.817, P<0.01$] 相比，反应时却更短。但是，外中心复合词与低频内中心复合词 hfHB 相比，反应时却无显著差异 [$F(1, 12) = 1.831, P>0.05$]。

就内中心复合词来看，经两因素（词频/中心性）方差分析，高频内中心复合词的反应时为 552±12ms、低频内中心复合词的反应时为 647±16ms，内中心复合词双核心型的反应时为 567±13ms、左核心型的反应时为 620±14ms、右核心型的反应时为 610±15ms，词频及中心性均有显著的主效应 [$F(1, 12) = 117.268, P < 0.01$; $F(1.926, 23.111) = 46.533, P < 0.01$]，且两者之间的交互效应亦显著 [$F(1.892,$

22.704) = 7.339, $P<0.01$]。

(二) 脑电数据

本实验主要考察 N400。经单因素方差分析,外中心复合词与高频内中心复合词 hfHB 在额区、额中央区、中央区的 N400 平均波幅上有显著差异 [$F(1, 12) = 7.991, P<0.05$],而与低频内中心复合词 lfHR 在前额区、右额区、右侧额中央区、左额颞区、左侧中央区的 N400 平均波幅上显著差异 [$F(1, 12) = 7.457, P<0.05$];而与高频内中心复合词 hfHL、hfHR 及低频内中心复合词 lfHB、lfHL 相比,在 N400 波幅上的差异均不显著 [$F(1, 12) = 3.457, P>0.05$; $F(1, 12) = 3.457, P>0.05$; $F(1, 12) = 0.098, P>0.05$; $F(1, 12) = 0.041, P>0.05$]。(详见表 12-5、表 12-6、图 12-6)

表 12-5　低频内中心复合词与外中心复合词的 N400 波幅比较

		时间窗口 (ms)	统计电极点	N400 波幅 (μV)
外中心复合词			AF3, AF4, C1, C3, C5, CZ, F2, F3, F4, F6, F8, FC2, FC4, FP1, FP2, FPZ, FT7, FZ.	2.139±1.065
内中心复合词	lfHB	240—440		1.858±1.116[a]
	lfHL			1.974±0.991[b]
	lfHR			0.344±0.725[c]

注:与外中心复合词相比较,a 表示 $P>0.05$;与外中心复合词相比较,b 表示 $P>0.05$;与外中心复合词相比较,c 表示 $P>0.05$。

表 12-6　高频内中心复合词与外中心复合词的 N400 波幅比较

		时间窗口 (ms)	统计电极点	N400 波幅 (μV)
外中心复合词			C3, C4, CZ, F2, FC1, FC2, FC3, FCZ, FZ.	-0.091±1.345
内中心复合词	lfHB	240—440		2.664±1.350[a]
	lfHL			1.347±1.075[b]
	lfHR			1.347±1.075[c]

注:与外中心复合词相比较,a 表示 $P<0.05$;与外中心复合词相比较,b 表示 $P>0.05$;与外中心复合词相比较,c 表示 $P>0.05$。

就内中心复合词而言,经多因素方差分析,在额区、额中央区、中央区,中心性在 N400 波幅上的主效应显著 [$F(1.519, 18.230) = 5.165, P<0.05$],而词频却没有显著的主效应 [$F(1, 12) = 0.067, P>0.05$]。此外,中心性与词频的交互效应是极显著的 [$F(1.934, 23.207) =

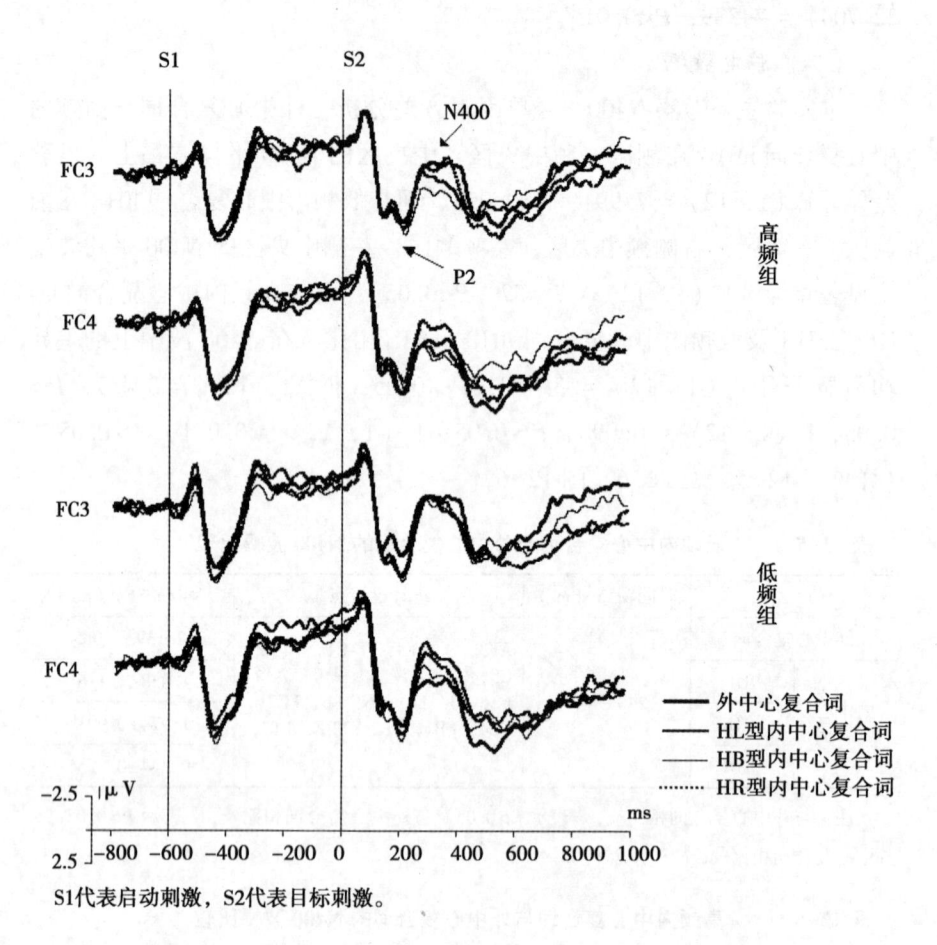

图 12-6　尾字启动条件下复合词中心性因素的 ERP 波形比较

$S1$ 代表启动刺激，$S2$ 代表目标刺激。

7.326，$P<0.01$]。(见图 12-3、图 12-4、图 12-5)

六　分析与讨论

本实验为尾字启动词汇判断实验。从行为数据来看，外中心复合词的反应时长于内中心高频复合词 hfHB、hfHL、hfHR，却短于低频内中心复合词 lfHL、lfHR。就内中心复合词而言，词频、中心性均有显著的主效应，且两者之间的交互效应亦显著。从脑电数据来看，N400 波幅上外中心复合词低于低频内中心复合词 lfHR 却高于高频内中心复合词 hfHB。就内中心复合词来看，中心性在 N400 波幅上的主效应显著，而词频在 N400 波幅上则没有显著的主效应，但二者之间的交互效应显著。

(一) 尾字启动下外中心复合词与内中心复合词认知加工过程的比较

外中心复合词在反应时上长于所有高频内中心复合词,短于除双中心外的低频复合词;在 N400 波幅上较低频右中心复合词的低,高于高频双中心复合词的。

就反应时来看,在尾字启动条件下,汉语外中心复合词的识别要慢于所有高频内中心复合词,但快于除双中心外的低频内中心复合词。第二章第四节已证明汉语低频复合词是以分解的语素形式表征于大脑词库,并通过语素分解这一间接路径来通达词汇的;首字启动实验也已证明汉语外中心复合词可能是以整词形式表征于大脑词库,并通过整词列表这一直接路径来完成词汇通达的。从外中心复合词的反应时短于低频复合词来看,本实验的反应时结果也支持汉语外中心复合词可能是以整词列表这一直接路径来通达词义的。在本实验中后一成分启动下,外中心复合词在认知加工上仍慢于高频左中心复合词。这大概缘于外中心复合词无中心,且语义透明度低,"切分"阶段激活的语素语义表征与整词语义表征重合度较高频左中心复合词低,没有产生相对显著的启动效应。

另外,值得注意的是,与首字启动实验不同,尾字启动实验中汉语外中心复合词的识别速度与高频右中心复合词就有显著差异。这反过来可以说明,对汉语外中心复合词而言,首字启动效应要大于尾字启动效应。该结果也从汉语词汇识别的角度证明,复合词中前一成分在词汇通达中的作用更为突出 (Libben, 1998; Kehayia, 1999; Jarema et al., 1999)。

有关汉语词汇水平的 N400,据前文分析,可能反映了人脑在视觉呈现的复合词与其在大脑词库中的语义表征进行关联搜索 (link search) 时的认知加工情况,其波幅大小反映了语义加工强度的大小。在本实验后一成分启动下,外中心复合词的 N400 波幅低于低频右中心复合词而高于高频双中心复合词。这说明外中心复合词在复合词词汇通达最后阶段的语义识别时的认知加工强度小于低频右中心复合词,而大于高频双中心复合词。这可能因为汉语外中心复合词是以整词形式表征于大脑词库的,在扩散激活网络框架内通过整合结点表征激活其语义表征,而不需通过"组构"(compostition) 加工计算出其语义。所以,汉语外中心复合词一方面在加工强度上就弱于必须通过"组构"加工计算其意义的低频复合词,另一方面因语义不透明 (或者说语义透明度远远低于高频双中心复合词),在经整合结点表征激活其语义表征时就难于高频双中心复合词。

综上所述，汉语外中心复合词于内中心复合词在认知加工过程上是不同的，可能是以整词形式表征于大脑词库，并通过整词列表这一直接路径来通达词义。

（二）尾字启动下词频、中心位置在内中心复合词识别中的作用

1. 词频

词频因素只在内中心复合词的反应时上有显著的主效应，表现为高频复合词被更快识别；而在 N400 波幅上词频的主效应则不显著。这说明尾字启动下，词频因素通过对静息激活（resting activation）水平的调节，可影响内中心复合词的认知加工的速度。但是，词频在内中心复合词词汇通达最后阶段语义识别的认知加工中则不起作用。

2. 中心位置

在尾字启动下，该因素在内中心复合词的反应时及 N400 波幅上均有显著的主效应，表现为双中心复合词的识别最快、右中心复合词的次之、左中心复合词的最慢，双中心复合词的 N400 波幅最低、右中心复合词的次之、左中心复合词的最高。同首字启动相似，这些实验结果说明尾字启动下中心位置也可影响内中心复合词的词汇通达速度，并影响人脑在内中心复合词词汇通达最后阶段语义识别时的认知加工强度。

另外，与首字启动下的情形相似，尾字启动下词频与中心位置在内中心复合词的反应时上也有显著的交互效应。这同样说明尾字启动下词频和中心位置因素也共同调控内中心复合词的认知加工速度。

第五节　结语

本章在扩散激活网络理论框架基础上，通过首字启动、尾字启动实验的对比研究，发现汉语外中心复合词在词汇识别上与内中心复合词确有差异，而且中心位置（head posititon）也影响内中心复合词的词汇通达过程。

在视觉启动词汇识别中，汉语外中心复合词的首字启动效应小于高频左中心、双中心复合词却高于低频内中心复合词，其尾字启动效应也小于高频内中心复合词却高于低频内中心复合词；且其本身的首字启动效应大于尾字启动效应。在内中心复合词的词汇通达中，词汇认知加工的速度同时受控于词频、中心位置因素，词汇认知加工的强度只受控于中心位置

因素。

基于以上实验结果的对照研究,可得出以下结论:

(1)汉语外中心复合词在心理表征上采取整词列表方式,不同于低频复合词的语素分解方式。但因为其为外中心,且语义不透明,在词汇通达速度上又慢于高频内中心复合词。

(2)在启动条件下,词频可影响内中心复合词的认知加工的快慢;中心位置则既可影响内中心复合词认知加工的速度,也可影响内中心复合词加工的强度。

(3)因为语言线性(linearity),与印欧系语言中词汇识别的研究结论相似,汉语复合词中前一成分在词汇识别中的认知加工中的作用也更为突出。这可从外中心复合词的首字启动效应大于尾字启动效应看出。

第十三章 总结语

在前文的事件相关电位实验研究结果及结论基础上，经系统讨论汉语复合词的词汇通达及心理表征方式，兼顾分析复合词语素黏着性及组合方式、构词规则能产性、复合词中心性、语义透明度、词频等因素在汉语复合词词汇通达中的作用，我们尝试提出了一个依托认知神经科学研究的汉语复合词认知加工模型——分叉延迟双路径模型。基于此，我们又综合汉语复合词的失语症研究、语言习得研究，尝试提出了汉语复合词"学习-认知-神经基础"联合模型。

第一节　汉语基础复合词的神经认知加工模型

在第二章第二节中，我们已将现有汉语复合词词汇通达及心理表征的理论模型分为三类：语素分解模型（Zhang & Peng，1992；彭聃龄等 1994）、整词列表模型（张珊珊，2006）和并行双路径模型（Peng et al.，1999；彭聃龄等，1999；丁国盛、彭聃龄，2006）。

另外，就汉语复合词词汇通达中整词表征激活与语素表征激活之间的关系问题，Zhou（1993）、Zhou & Marslen-Wilson（1994，1995，1997，2000）、Zhou et al.（1999）提出了多层聚类表征模型（multi-level cluster representation model），Taft（1994）、Taft & Zhu（1995，1997）提出了交互激活模型（interactive-activation model）。在上述两个理论模型中，就汉语复合词的表征结构来说，大脑词库中有语素层和整词层两个不同的表征层，两个表征层内均为网络结构，表征层之间可以相互激活；就汉语复合词的通达过程而言，整词表征的激活来自语素表征，或者说后者的通达是复合词作为整词被识别的必经阶段。

在已有的汉语复合词词汇通达研究及本研究 ERP 实验及分析讨论的基础上，较之平行分布式加工（parallel distributed processing）模式，序列加工（serial processing）模式更有利于解释汉语复合词的认知加工过程。本研究 ERP 实验的结果，在现有的汉语复合词词汇认知加工模型内得不到充分解释。因此，我们尝试着在扩散激活网络理论框架基础上，借鉴已有汉语复合词词汇通达研究结论及 Schreuder & Baayen（1995）双路径模型中相关观点，提出了一个依托认知神经科学研究的分叉延迟双路径模型（fork-delayed dual route model），简称 FDDR 模型，以此来解释本研究 ERP 实验结果。本章将首先对该分叉延迟双路径模型的理论构建作一系统论述，然后通过本研究 ERP 实验对该分叉延迟双路径模型进行系统的验证分析。

一 分叉延迟双路径模型的理论构建

在分叉延迟双路径模型中，有关汉语复合词在通达方式上是采取整词列表的直接路径，还是语素分解的间接路径，我们是通过与词组对照和复合词中心性鉴定来实施的；有关通达过程的内在机制解释，则主要参考了 Schreuder & Baayen（1995）的相关内容。

（一）双路径的选择

1. 与词组对照

复合词与词组在语言层级上分属不同的层级，因此其生成过程的关涉内容可能也因此而不同。虽同为系连，但复合词在词库内，而词组则在词库外。在探讨复合词认知加工的认知神经科学研究中，通过与之高一层级的词组作对照来分析复合词的词汇通达及心理表征的，鲜有触及。若通过实验研究，或许就能更为深刻地解释复合词和词组的差异，从而解决认知神经科学研究中关注的复合词的通达及心理表征问题。

一般而言，词组的识别是由其组成成分词的意义经组构加工来完成的。也就是说，词组意义的通达采取了成分分解的路径。因此，实验结果若显示汉语复合词与词组在认知加工过程上有显著差异，则说明复合词在通达过程及心理表征上与词组不同，可能是以整词列表方式表征于大脑词库的；反之，则说明复合词与词组在通达过程及表征上与词组相似，可能是以分离的语素表征于大脑词库的；若实验结果反映既有相同之处，也有不同之处，则说明汉语复合词在词汇通达及心理表征上是受控的，有时选择整词列表方式，有时则采取语素分解方式，即复合词在词汇通达和心理表征问题上表现为双路径模式。

2. 复合词中心性鉴定

语言学研究中的内中心复合词（endocentric compounds）、外中心复合词（exocentric compounds）与语义透明度是有一定关联的。一般来说，外中心复合词是语义不透明的，即复合词的语义与其组成语素的语义重合度都很小，或者说语义关联低；而内中心复合词则大多语义透明，即复合词的语义与其所有组成语素或某一组成语素的语义重合度大，或者说语义关联高。

以往的研究证明，外中心复合词在大脑词库中有独立的中心表征。这是 Sandra（1990）、Zwisterlood（1994）从荷兰语复合词语义透明度角度得出的结论。从派生词语义透明度角度，Marslen-Wilson et al.（1994）也认为语义不透明的派生词是以整词列表方式表征于大脑词库，其词汇通达不选择成分分解路径。而且，Schreuder & Baayen（1995）针对语义透明度问题提出激活反馈（activation feedback）机制，认为该机制只允许语素累积频率效应发生于语义透明的复杂词。因语素累积频率效应是反映分解的语素表征的，即说明该复杂词是选择语素分解路径来完成词汇通达的。随着激活反馈机制对语素累积效应在复杂词语义透明度高低之间的筛选，语义不透明的复杂词越来越不便于通过语素分解路径来完成词汇通达。换言之，语义不透明的复杂词经激活反馈机制的处理，已经倾向于采取不同于语义透明复杂词的语素分解这种间接路径，而采取直接路径来通达其独立的中心表征。

因此，结合相关语义透明度的认知科学研究，在某种程度上可通过复合词中心性的语言学鉴定，来推断出外中心复合词在大脑词库中可能以整词形式表征其语义，并选择整词列表这一直接路径来通达词义。需要强调的是，该方法只适用于外中心复合词，内中心复合词还要借助其他方面的信息才能推断。

（二）通达过程的内在机制

Schreuder & Baayen（1995）提出的双路径模型是一种并行的双路径加工理论，该模型认为在复杂词的识别中，直接路径和间接路径是从识别的起点同时、同步进行的，两条路径之间是存在竞争的。虽然我们赞同复杂词认知加工存在双路径，但不赞同两条路径是从识别的起点同时、同步进行的。因为语言是有线性（linearity），语言加工在某种程度上也体现出序列加工，已有研究指出复合词中前一成分在词汇识别中的作用更为重要（Kehayia et al., 1999; Jarema et al., 1999; Libben, 1998）。而且，汉字是一种音节文字，在视觉上也是分离的。有理由认为汉语复合词的视觉识别，在早期加工阶段都存在一个分解加工过程，而不论其采取整词列表方式还是分解语素方式来完成词汇通达。即，在复合词识别之前语素的识别是必然发生的，这在词汇通达进程上表现出一定的阶段性。在分叉延迟双路径模型中，"分叉延迟"即是指在词汇通达进程上表现出的阶段性，可认为汉语复合词的词汇通达过程从总体上看属于序列加工模式。

上述并行双路径模型也是在扩散激活网络理论框架基础上发展起来的，该模型内表征分3个水平：基于刺激形式的通道特异性（modality-specific）通达表征层（lexemes）、整合结点（integration nodes）层（lemmas）、语义和句法表征层。该观点同样适用于汉语复合词，需要声明的是，作为复合词组成成分的语素虽然没有整合结点表征，但有通达表征和中心表征。

就间接路径来看，Schreuder & Baayen（1995）将此分为3个加工阶段："切分"（segmentation）"允准"（licensing）"组构"（composition）。在切分加工阶段，词缀和词干的通达表征与整词的通达表征同步激活，导致词干、词缀在lemma节点的激活。在允准加工阶段，激活成分的次范畴化（subcategorization）特征的相合性（compatability）被核查（check）。也就是说，一个语素的次范畴化特征规定可以与之组合成一个词的另一个语素应有的特征。例如，英语后缀-ness被次范畴化为粘附至形容词，而不会是动词：*kindness*，* *thinkness*。在组构加工阶段，复杂词的意义经由其成分的意义计算而得出。

在汉语复合词的视觉词汇识别中，采取间接路径来完成词汇通达的，其加工阶段也可分为上述3个阶段，但每个阶段加工的内容已与Schreuder & Baayen（1995）所界定的不同。在"切分"阶段，语素的正字法表征被激活，连带其语音表征、语义表征、语法表征在一定程度上自动激活[①]。语素的语法表征包含语素是自由的，还是黏着的这方面的语法性质。该阶段复合词的语音表征、语义表征均未被激活。在"允准"阶段，两个语素被联结起来，形成"整词"（即整合结点表征，lemma），同时两语素的相合性（compatability）被核查（check）。相合性核查内容包括语音方面和语法方面，语音核查验证该整词语音是否有相应的复合词语音表征与之对应，语法核查则验证该整词的结构是否有相应的结构表征与

[①] 该观点是有汉语阅读实验研究的支持，其具体研究内容将在本节下文涉及。

之对应。在"组构"阶段,语素的语义信息被用于计算得出复合词的语义。

当然,"切分""允准"之后的"组构"并非每个汉语复合词的词汇通达的必需阶段,要看复合词是选择间接路径还是直接路径来通达词义,而这一选择要视复合词的词频、语义透明度、语素黏着性及组合方式等因素而定。在直接路径中,复合词的词汇通达就不需"组构"加工阶段,在扩散激活网络框架内,只需整合结点表征(lemma)经"允准"加工后大脑词库中的复合词语音表征被激活,其语义、语法表征被连带激活。就汉语复合词的视觉词汇通达过程而言,不论其通达方式选择整词列表还是语素分解,"切分"和"允准"都是词汇通达的必经阶段,这就是"分叉延迟"的含义所在。

至于我们为什么认为在"切分"阶段会发生语素语音表征、语义表征、语法表征的激活,这是有相应研究结论支撑的。在汉语阅读研究中,有研究表明在阅读汉字的时候,语音信息被自动激活,即便是这种自动激活不利于受试者完成实验任务。(Tan & Perfetti, 1999; Perfetti & Zhang, 1995;周晓林,1997)而且,语音信息激活又可强制语义通达(Perfetti & Zhang, 1991, 1995; Perfetti & Tan, 1998)。在英语复合词的成分启动(constituent priming)研究中,成分激活(语义信息)也被认为是肯定发生的(Libben et al., 2003)。

综上所述,从词汇通达进程来看,汉语复合词的视觉识别首先必经"切分""允准"加工,之后的"组构"阶段是否发生,要看复合词在"切分""允准"加工后是选取间接路径还是直接路径来通达词义,而这一选择则要视词频、语义透明度、语素黏着性及组合方式等因素而定。

二 汉语复合词分叉延迟双路径模型的实验证实

有关词的理解和生成的脑科学研究表明,大脑左下颞叶、左顶叶后下部主要负责语义通达,大脑左颞叶后基底部和左额叶岛盖主要负责从语义到语音的输出,大脑左前下顶叶皮层主要负责从形码转换成音码(Price, 1998)。

本研究则通过 ERP 实验,从认知加工的时间进程及加工强度上对汉语复合词与词组的语义通达进行了比较研究,考察了汉语复合词词频、语义透明度、语素黏着性及组合方式、构词规则能产性、复合词中心性在复合词认知加工中的作用。实验结果基本上证实了上文基于扩散激活网络理论框架构建的分叉延迟双路径模型。

(一) 双路径的证实

1. 词组对照方面

在高、低频复合词实验、离合词语素黏着性实验的无启动词汇/组判断①任务中，从反应时上来看，词组的较高频复合词、离合词的长，却与大多数低频复合词无显著差异，有时还短于少数低频复合词；从 N400 波幅上来看，词组的 N400 波幅要大于高频复合词、离合词，与低频复合词却无显著差异。

一般来说，反应时反映了语言认知加工过程的快慢，而 N400 波幅反映了语义加工强度的大小。反应时越长，说明认知加工过程越慢；N400 波幅越大，说明语义加工强度越大。上述实验结果表明，汉语高频复合词、离合词在认知加工过程的速度、语义加工的强度上与词组均有显著差异，而低频复合词在认知加工过程的快慢或语义加工强度上则与词组相似。这说明，汉语复合词中高频词和大部分离合词大概采取了直接路径来完成语义通达，而低频词则可能选取了间接路径来完成语义通达。但是，词组一般认为是在通达词义的基础上来识别意义的，即在语义通达上采取了词义组构这一间接路径。从心理表征来说，汉语复合词中高频词、离合词的语义表征大概是以整词形式存在；而低频词则没有独立形式的语义表征，是以分解的语素语义表征形式存在的。

就整体复合词而言，在词汇通达上，汉语复合词识别中既有整词列表这一直接路径，也有语素分解这一间接路径，即汉语复合词的词汇通达采取了两条不同的路径——双路径模式；在心理表征方式上，也有两种不同的形式——整词存储和分解存储。

2. 复合词中心性鉴定方面

在首字启动词汇判断的实验、尾字启动词汇判断的实验中，外中心复合词的反应时短于低频内中心复合词而长于高频内中心复合词，在 N400

---

① 关于词汇判断任务能否反映词汇的语义认知层面，是有争论的。Seidenberg & McClelland (1989) 认为完成词汇判断任务，通常只需要词或非词的非语义特征就足够了。但是，汉语的词汇判断则不然，需要在语义层面才能完成，Zhou et al. (1999) 也持类似观点。

波幅上也不同于内中心复合词，大多为外中心复合词的更大。

据上文分析的反应时、N400 波幅在认知加工过程中的代表含义，外中心复合词在词汇通达过程上慢于高频内中心复合词，而快于低频内中心复合词；在语义加工的强度上亦不同于内中心复合词。前文分析已指出，汉语低频复合词以语素分解方式表征于大脑词库，通过间接路径来通达词义。从外中心复合词与低频内中心复合词的比较来看，在心理表征和词汇通达路径上，外中心复合词可能在大脑词库中以整词形式表征其语义，并以整词列表这一直接路径来通达词义。

至于外中心复合词与高频内中心复合词在反应时上的差异，已于第十二章第四节第六部分中分析，不再赘述。

（二）通达过程内在机制的证实

在无启动词汇/组判断的低频复合词实验、离合词语素黏着性中，复合假词、离合词在 P2 波幅上均有显著的语素黏着性及组合方式主效应。在首字启动词汇判断实验中，复合假词在 P2 波幅上也有显著的语素黏着性及组合方式主效应。在构词规则启动词汇判断实验中，高频复合词和低频复合词在 P2 波幅上都有显著的构词规则关系主效应。

前文第二章第五节第三部分中指出，本实验中 P2 成分在头皮分布上与视觉 ERP 研究中发现的额区 P2 相似，可认为反映了人脑对视觉刺激的特征觉察（feature detection）。语素黏着性及组合方式主效应在 P2 波幅上出现，反映了人脑对复合词语素黏着性及组合方式这一特征的识别。构词规则关系主效应在 P2 波幅上出现，反映了人脑对复合词构词规则这一特征的觉察。

本实验将复合词分成"黏着—黏着"（BB）"黏着—自由"（BF）"自由—黏着"（FB）和"自由—自由"（FF）四种类型，如"消息、商业"（BB）"对门、拥护"（BF）"眼力、家乡"（FB）和"水泥、争取"（FF）；将复合假词也分成 BB 型（如"邻德"）、BF 型（如"敌活"）、FB 型（如"荼本"）及 FF 型（如"开雨"）。以上分类，都是依据语素的性质（黏着/自由）来进行的。同样，不同构词规则也是从语素之间联系的角度来区分的。不论是对复合词语素黏着性及组合方式特点的觉察，还是对复合词构词规则特征的识别，都要建立在语素识别的基础上。P2 在反映人脑觉察复合词语素黏着性及组合方式特点及复合词构词规则特征的同时，也暗示汉语复合词视觉识别过程中存在语素识别。语素识别要求切分复合词，而最终的复合词识别又要求将语素合起来。所以，认为汉语复合词视觉识别中有诸如 Schreuder & Baayen（1995）提出的"切分"（segmentation）"允准"（licensing）加工阶段是合理的。从视觉词汇识别的时间进程上来看，P2 大概反映了"切分"至"允准"阶段的加工情况。

而且，人脑识别复合词语素黏着性及组合方式特征、复合词构词规则特征需要激活语素表征并将语素联结起来，才能顺利进行。本实验中，复合词的语素黏着性及组合方式特点分析需要在语素是自由还黏着这一语法特征上进行；复合词的构词规则特点分析也需要在语素的语义、语法性质上来进行。这就说明，必须在语素的语义和语法表征激活、语素联结完成后，大脑词库中复合词语素黏着性及组合方式、构词规则等信息才能被激活。而且，此时语素的激活表征已经包含了正字法表征、语音表征和语义、语法表征。因此，本研究中 P2 波幅上的语素黏着性及组合方式、构词规则关系的主效应都说明"切分""允准"加工在汉语复合词的视觉识别中是存在的，并且是词汇通达的必经阶段。

至于复合词最终的语义通达存在不同的路径，上段已经说明本研究的实验结果可以证实。从词汇识别进程上来看，双路径存在可以看成是复合词词汇通达"分叉"后加工过程的证实（见图 13-1）。本段仅通过 P2 成分来证实复合词词汇通达"分叉"前的"切分""允准"加工阶段是存在的。

第二节 分叉延迟双路径神经认知加工模型及调控因素

我们控制词频、语义透明度、构词规则关系与构词规则能产性、语素黏着性及组合方式、复合词中心性等因素，较为系统地研究了汉语双音节复合词的心理表征方式及词汇通达，并尝试提出了汉语复合词视觉识别的神经认知加工模型——分叉延迟双路径模型（fork–delayed dual route model，FDDR）。经过对实验结果的分析、讨论，可从汉语复合词心理表征及通达模型及词汇通达中的影响因素两个方面，归纳出以下几个主要结论：

一 分叉延迟双路径神经认知加工模型

（一）心理表征分层

在该分叉延迟双路径模型中，复合词表征可分为三个层次：通达表征（access representation）、整合结点表征（lemma）和语义、语法表征。且复合词语素黏着性及组合方式这一语法信息在大脑词库中是有其独立表征的。另外，复合词的组成成分——语素在大脑词库中也有相应的正字法、语音等形式表征（formal representation）和语义、语法表征。

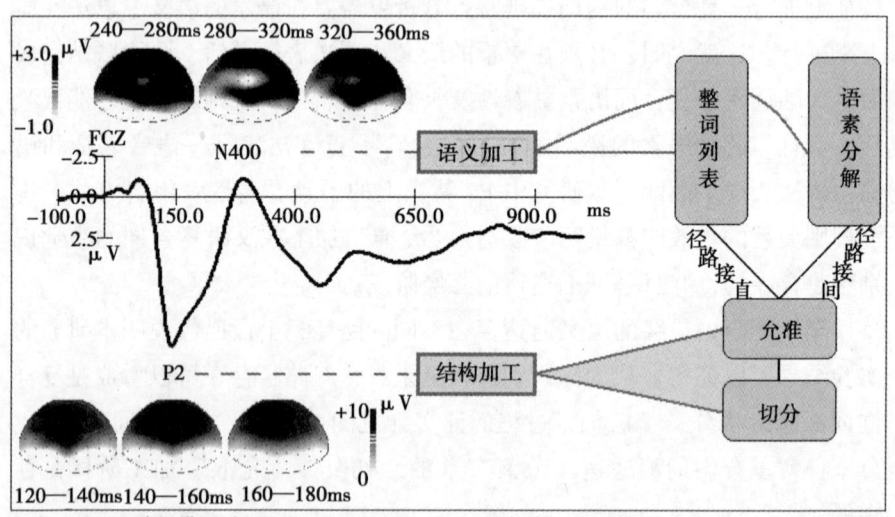

在分叉延迟双路径模型（fork-delayed dual route model）中，分叉前的"切分"—"允准"阶段加工与词汇判断任务下的P2成分相对应，该阶段语素的正字法、语音、语义和语法等信息被首先激活，接着复合词的语音信息、内部构成与复合构词规则等结构信息被核查，复合词的结构特征被识别；分叉后的复合词语义通达可分经整词列表（直接路径）和语素分解（间接路径）两条路径来进行，随通达方式不同其语义加工强度一般也不同，具体情形可参照词汇判断任务下的N400成分。

图13-1 分叉延迟双路径模型示意

（二）双路径模式

在词汇通达及心理表征方式上，汉语复合词表现为分叉延迟双路径（fork-delayed dual route）模式。即，汉语高频复合词是以整词形式表征其语义，或者说在大脑词库中有独立的语义表征，是以整词列表这一直接路径来通达词义；而低频复合词在大脑词库中没有独立的语义表征，其意义需依赖其组成语素的语义表征而存在，是以语素分解这一间接路径来通达其意义的。复合词是选择直接路径还是间接路径，需要视词频、语义透明度等因素而定。

（三）ERP成分反映序列加工

汉语复合词视觉识别中出现了ERP成分P2（120—180ms）、N400（240—360ms）。P2成分代表人脑对复合词语素黏着性及组合方式特征或构词规则特征的觉察，反映了"切分"至"允准"阶段的加工情况；N400成分代表人脑在视觉刺激与其语义表征之间进行关联搜索（link search）加工的难度，波幅越大说明加工起来越难，反映了语义通达阶段的加工强度。

（四）序列加工暗示"分叉"延迟

在汉语复合词视觉识别过程中，"切分"（segmentation）、"允准"（licensing）加工是必经阶段，其后复合词语义通达路径选择是双路径"分叉"的起点。在"切分"阶段，语素的正字法表征被激活，连带其语音表征、语义表征、语法表征在一定程度上自动激活。语素的语法表征包含语素是自由的，还是黏着的这方面的语法性质。该阶段复合词的语音表征、语义表征均未被激活。在"允准"阶段，两个语素被联结起来，形成"整词"（即整合结点表征，lemma），同时两语素的相合性（compatability）被核查（check）。相合性核查内容包括语音方面和语法方面，语音核查验证该整词语音是否有相应的复合词语音表征与之对应，语法核查则验证该整词的结构是否有相应的结构表征与之对应。

"切分""允准"加工结束后，分叉为两条语义加工路径，一条为间接路径，经"组构"加工，语素的语义信息被用于计算得出复合词的语义；另一条为直接路径，经整合结点表征投射至复合词独立的语义表征，完成词义通达。

二　分叉延迟双路径模型中的调控因素

（一）词频

在汉语词汇通达中，高频复合词通常采取整词列表这一直接路径来通达词义；低频复合词则往往采取语素分解这一间接路径来识别意义。

（二）语义透明度

在汉语复合词通达中，高语义透明度可加快高频复合词的识别，也可促进低频复合词的结构加工。

（三）语素黏着性及组合方式

语素黏着性及组合方式这里指复合词内语素的自由或黏着情况，该因素在汉语复合词视觉呈现后约 150ms 时初次发挥作用，影响"切分"至"允准"阶段的结构加工；在大约 300ms 时再次发挥作用，影响间接路径中"组构"阶段的语义加工。

另外，汉语离合词在词汇通达上大多采取不同于词组的成分分解路径，在大脑词库中是有独立的语义表征的，是以整词列表这一直接路径来通达意义的。虽然采取了与高频复合词相似的整词表征方式，但其语义通达却慢于高频复合词。

（四）复合词中心性

在汉语中，外中心复合词在大脑词库中可能以整词形式表征其语义，并以整词列表这一直接路径来通达词义。内中心复合词在大脑词库中的心理表征及通达路径则主要视词频而定。若为高频，则以整词形式表征语义，并以整词列表这一直接路径来通达词义；若为低频，则以分解的语素形式表征语义，并以语素分解这一间接路径来通达意义。

在启动条件下，若启动成分为复合词的中心，则启动效应更大，而且双中心复合词的启动效应总是最强的。这一启动效应结果说明复合词的中心位置（head position）在汉语复合词的识别过程中是起作用的。

另外，语言具有线性（linearity）使得前一语素在汉语外中心复合词识别中的作用更为突出。

（五）构词规则能产性

在汉语中，复合构词规则信息在大脑词库中不同于语义信息，在词汇加工较早的阶段（120—180ms）上发挥作用，而语义信息则在词汇加工较晚的阶段（240—360ms）上发挥作用。而且，这一较早阶段对应于复合词视觉识别的"切分"至"允准"加工，由 P2 成分反映；这一较晚阶段对应于复合词识别中的语义加工，由 N400 成分反映。换言之，复合构词规则信息在大脑词库中不同于语义表征，而有独立的心理表征。复合构词规则能产性在反应时上具有显著主效应，这说明复合构词规则能产性在汉语复合词识别中的确起作用。

此外，上述不同因素之间的交互效应有时是显著的，说明有些因素会相互影响，共同控制复合词的识别过程。

第三节 汉语复合词"学习—认知—神经基础"联合模型

从语言学习、语言加工、语言加工神经基础三个视角来看，本书中汉语复合词实验研究可进一步归纳为汉语复合词"学习—认知—神经基础"联合模型（见图13-2），并由其解释。

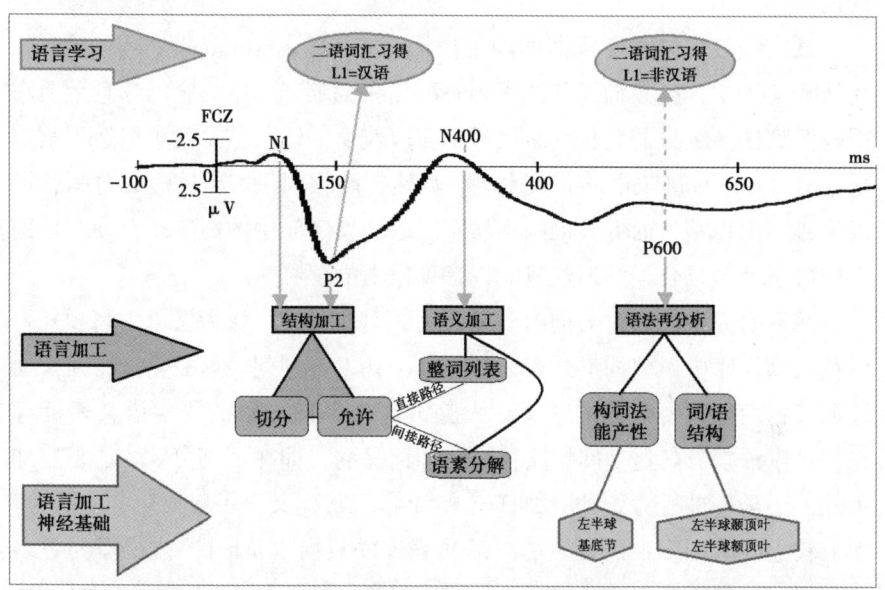

图左三个箭头表示汉语复合词研究的三个水平：语言学习、语言加工、语言加工的神经基础。图上椭圆表示可照应语言加工某阶段的词汇习得特点，L1=汉语指汉语母语者的二语习得，L1=非汉语则指非汉语母语者的二语习得。图中方框表示语言加工的阶段，以及各阶段关涉的内容。图下六边形表示相关语言加工对应的神经基础。图里纵向的箭头表示特定的ERP成分N1、P2、N400、P600可关联语言加工与语言学习，实线箭头表示已有研究证实，虚线箭头则表示有待研究证实。

图13-2 汉语复合词"学习—认知—神经基础"联合模型

上文指出，复合词在"切分""允准"加工结束后，是否要进行"组构"加工需要看复合词是选择间接路径还是直接路径来通达词义，而这一选择往往要视词频、语义透明度、语素黏着性及组合方式等因素而定。下文逐一分析词频、语义透明度、语素黏着性及组合方式、词—语结构、构词规则能产性、中心性等在词汇识别中出现的因素主效应，分别解释其在汉语复合词词汇认知、习得中的作用。

一　词频

从构词规则实验，高频复合词、低频复合词实验，离合词语素黏着性实验，首字启动、尾字启动实验的结果来看，高频复合词的反应时短于词组及低频复合词；在 N400 波幅上，显著的语素黏着性及组合方式主效应只出现于低频复合词，而不出现于高频复合词。这些结果表明，高频复合词在词汇认知加工上要快于低频复合词，在语义加工上也不同于低频复合词。

该词频效应可通过所谓的静息激活（resting activation）水平来解释。在认知加工中，高频词因其使用频率高，在大脑词库中，它的静息激活水平较低频词高，只需要从刺激信号中获取较少的输入信息就可以达到其域限激活（threshold activation）水平。自然，高频词只需要较短的时间就可以完成词汇识别，而低频词则不然。所以，本实验中的高频复合词在识别上均快于低频复合词。但这只能说是现象上的解释。

在本研究中已通过与词组语义通达的对照研究，认为汉语中高频复合词在大脑词库中以整词形式表征其语义，并以整词列表这一直接路径来通达词义；而低频复合词的意义在大脑词库中是以分解的语素语义表征存在，是以语素分解这一间接路径来获知词义的，即在"切分""允准"加工外，还需要进行"组构"加工才能计算出其词义。一般而言，"组构"加工较之大脑词库中语音表征向语义表征的投射（map），往往需要更多的时间。这是结合本实验结果，从内在机制上的解释。

需要指出的是，有些汉语复合词识别模型没有充分考虑词频因素在词汇通达中的影响，如 Peng et al.（1999）、彭聃龄等（1999）、丁国盛、彭聃龄（2006）提出的层间—层内联结模型（inter - and intra - connection model，简称 IIC 模型），以及张珊珊（2006）提出的整词列表模型。

二　语义透明度

从高频复合词、低频复合词实验结果来看，显著的语义透明度主效应在高频复合词的反应时上出现了，语义透明度高的复合词识别更快，而在低频复合词的反应时上没有出现。但在低频复合词的反应时上，高语义透明度导致了语素黏着性及组合方式主效应的出现。

上述实验结果表明，语义透明度在汉语复合词的认知加工过程中是起作用的。Zwisterlood（1994）曾针对语义透明度在荷兰语复合词通达中的作用，提出一个多层复合词表征观点，认为除了通达表征（access representation 或 formal representation）之外，还有词法层（morphological level）和语义层（semantic level）。那些语义不透明的荷兰语复合词在词法层与其组成成分也是有联系的，但在语义层（semantic level）上与其组成成分不再有关联。该观点与我们提出的汉语复合词视觉识别必经"切分""允准"阶段的观点是一致的。在"切分"至"允准"阶段，语素的正字法表征、语音表征、语义和语法表征被激活，两语素联结形成整合结点表征，该整合结点表征从语音、语法（结构）方面被核查（check）。这些加工可以说是在 Zwisterlood（1994）所说的词法层进行的。

另外，前文已多次提及 Schreuder & Baayen（1995）曾就语义透明度问题提出激活反馈（activation feedback）机制，认为该机制只允许语素累积频率效应发生于语义透明的复杂词。因语素累积频率效应是反映分解的语素表征的，即说明该复杂词是选择语素分解路径来完成词汇通达的。随着激活反馈机制对语素累积效应在复杂词语义透明度高低之间的筛选，语义不透明的复杂词越来越不便于通过语素分解路径来完成词汇通达。这种激活反馈是在语义、句法表征层经 lemma 节点到信号体现的复杂词内组成成分通达表征层之间发生的。或许这一激活反馈机制在语言使用过程中是存在的，但本实验没有发现激活反馈有筛选作用这方面的直接证据。只发现高语义透明度可加快高频复合词的识别，也可促进低频复合词的结构加工。

三 语素黏着性及组合方式

前文已提及，所谓复合词的语素黏着性及组合方式，本实验依据语素性质（黏着/自由）将复合词分成"黏着—黏着"（BB）"黏着—自由"（BF）"自由—黏着"（FB）和"自由—自由"（FF）四种类型，如"消息、商业"（BB）"对门、拥护"（BF）"眼力、家乡"（FB）和"水泥、争取"（FF）。

本研究中考察语素黏着性及组合方式效应的对象有，高、低频复合词、离合词，以及复合假词。从研究结果来看，语素黏着性及组合方式在高频复合词、启动下复合假词的反应时，离合词、首字启动下复合假词的 P2 波幅，以及低频复合词、启动下复合假词的 N400 波幅上均有显著的主效应。

上述这些反应时以及认知加工不同阶段上的语素黏着性及组合方式主效应说明，语素黏着性及组合方式在汉语复合词的词汇通达过程中是起作用的。在汉语复合词识别中，结构方面的研究之前也受到关注。Zhang & Peng（1992）也通过词汇判断实验，发现汉语联合式复合词与偏正式复合词在认知加工过程上有不同之处。

在 ERP 实验的基础上，语素黏着性及组合方式的主效应初次出现是在 P2 成分上，再次出现是在 N400 成分上。而本实验中的 P2 在大约150ms 到达波峰，N400 则大约在 300ms 到达波峰，也就是说，语素黏着性及组合方式在刺激呈现大约 150ms 就开始作用于复合词识别过程了，大约 300ms 还会产生一次明显的作用。据上文分析，本实验中 P2 成分上的语素黏着性及组合方式主效应表明人脑对复合词语素黏着性及组合方式这一特征的觉察，或者说，P2 反映了复合词视觉识别中"切分""允准"阶段加工的情况。前文已分析指出，本实验中 N400 反映了复合词语义加工阶段的情况。低频复合词、复合假词在 N400 波幅上出现语素黏着性及组合方式的主效应，说明语素黏着性及组合方式在复合词中它们的意义通达中内部结构是发挥作用的。这也进一步暗示，汉语低频复合词以及复合假词都是通过语素分解这一间接路径来通达意义的。

四 合成复合词在认知加工上体现出"词法—句法界面"特点

从在线认知加工的角度来看，合成复合词在认知加工过程上既有别于基础复合词也有别于短语。合成复合词的生成过程是词法的还是句法的，这一问题争议较大。第五章采用事件相关电位技术对合成复合词认知加工进行了"定时"的研究。从词法不对称理论（Di Sciullo, 2005）来看，汉语合成复合词可能是由词法派生的，其在语音表达式（Phonological From, PF）生成时是要经历翻转（M-Flip）的，与基础复合词、"的"字短语的生成过程不同。为进一步验证这一假设，我们采用事件相关电位技术，对比同处于句末宾语位置上的汉语合成复合词与基础复合词、"的"字短语在阅读过程上的差异，以分析汉语合成复合词的构成问题。实验结果显示：合成复合词在（1）语言形式加工上既不同于基础复合词，也有别于"的"字短语；（2）早期结构加工上不同于"的"字短语；（3）语义加工上与基础复合词、"的"字短语类似，语法加工上却表现为较

"的"字短语更难。该研究为上述假设提供了有力证据,并在很大程度上支持汉语合成复合词生成过程中具有词法—句法界面特征。

同时,第六章采用失语症测查方法对合成复合词认知加工进行了"定位"的研究。就合成复合词理解和产出的神经基础来看,与基础复合词相似,被理解时对左半球额、顶叶的依赖程度低于"的"字短语,被产出时对左半球颞、顶叶的依赖程度低于"的"字短语;与基础复合词不同,被理解时对左半球颞、顶叶的依赖程度高于"的"字短语,被产出时对左半球额、顶叶的依赖程度却高于"的"字短语(见图13-2"语言加工神经基础"部分)。简言之,在失语症测查研究中,合成复合词也是既不同于基础复合词,也有别于"的"字短语,体现出词法—句法界面特征。

五 构词规则及其能产性

(一) 构词规则

在考察构词规则的能产性之前,我们先验证了构词规则启动效应在汉语复合词的认知加工过程中也是存在的,且性质上不同于语义启动效应。

从构词规则实验结果来看,在反应时上,语义关系有显著的主效应,而构词规则关系则没有显著的主效应。但是,构词规则关系在P2波幅上有显著的主效应,而语义关系则没有;语义关系在N400波幅上有显著的主效应,而构词规则关系却没有。本实验中,P2成分在刺激呈现大约150ms到达波峰,而N400成分大约在300ms达到波峰。这就说明,在汉语复合词识别中,构词规则启动效应在150ms左右就开始发挥作用了,而语义启动效应则在大约300ms时才发生。也就是说,从汉语复合词认知加工的阶段上来看,构词规则发挥作用的时间似乎要早于语义。

就P2的脑电地形图(见图7-2、图7-3)而言,主要分布于头皮前区,该P2可称为P2a。就第七章的研究来看,该P2a成分可能反映了人脑对构词规则的认知加工过程。且在汉语者学习英语词汇时,复合构词法在一定程度上影响其习得英语附加式合成词(见图13-2"二语词汇习得L1=汉语"部分)。附加式合成词是英语合成词中的主要类型,而复合式合成词则是汉语合成词的主要类型。汉语者学习英语附加式合成词时在词法表征上是采取附加式还是复合式呢?基于语言象似性,第八章通过掩蔽启动视觉词汇判断实验,比较异式启动(OOo-目标词)、同式启动

(OOO-目标词)在英语熟练度高、低不同的汉语学习者对附加式、非附加式英语词词汇判断的影响，探讨汉语者习得英语附加式合成词的词法表征问题。实验结果显示：（1）同式启动在汉语者识别英语附加式词时启动效应更强，在反应时上，同式启动较异式启动使得附加式词的反应时缩减幅度（47ms）远大于非附加式词的（13ms）；在脑电数据上，同式启动时附加式词诱发了波幅更大的晚期 P2a（200—250ms），而异式启动时附加式词诱发了波幅更小的晚期 P2a。（2）英语熟练程度影响早期 P2a（150—200ms），仅英语熟练者在同式启动时附加式词较非附加式词在右半球诱发了更小波幅的早期 P2a。汉语者在学习英语附加式合成词时可能并没有将其表征为附加式，而是将其表征为复合式，换言之，汉语者在学习英语词汇时其中介语构词法表征是受损的；英语熟练度高低会影响汉语者对英语正字法信息的敏感度。就普遍语法可及性而言，该研究结果支持"普遍语法间接可及"说。

已有的研究证明，构词规则信息在大脑词库中有其专门表征，它既不同于正字法、语音等形式表征（formal representation），也不同于语义的中心表征。也就是说，构词规则信息的表征与正字法、语音表征或中心表征分布位于大脑词库中不同的表征层上（Drews & Zwitserlood, 1995; Stolz & Feldman, 1995）。本研究通过 ERP 实验，证实了构词规则启动效应在汉语复合词识别中是存在的，且在较早的认知加工阶段上（120—180ms）发生，不同于语义启动效应发生在较晚的认知加工阶段（240—360ms）。而且，据前文分析，这一较早认知加工阶段可能对应于复合词识别中的"切分""允准"加工，而这一较晚认知加工阶段则对应于复合词的语义加工阶段[①]。

（二）构词规则能产性

汉语复合词的复合构词规则在能产性上也是有区分的，复合构词法的能产性是影响汉语者的词汇认知加工的。从构词法的能产性的定性和定量研究来看，汉语中不同复合构词法的能产性是不同的。这些不同复合法的互不相同的数量能产性构成一个连续统。在这个连续统中，偏正式复合法相对较为能产，处于连续统内较高的位置；而联合式、述宾式、主谓式、

[①] 需要指出的是，汉语复合词的词汇通达及心理表征表现为一种双路径模式，而这种双路径起点（或者说分叉点）就是从复合词的语义通达方式的选择开始的。

述补式等复合构词法则相对较不能产，依次处于连续统内较低的位置。在第九章视觉词汇判断的 ERP 实验中，反应时数据表明复合构词法能产性调控人脑识别汉语复合词的快慢；而 ERP 数据则表明 P600 反映了人脑对汉语复合构词法能产性的认知加工，即 P600 波幅越大时，被加工的复合构词法越能产；P600 波幅越小时，则被加工的复合构词法越不能产。也就是说，P600 反映了操汉语者对汉语复合构词法能产性加工过程，即汉语复合构词法能产性上的差异是有认知神经基础的（见图 13-2 "语法再分析"部分）。

从神经解剖学的角度来看，汉语构词法能产性对词汇认知加工的调控与优势言语半球的基底节关系密切（见图 13-2 "语言加工神经基础"部分）。在第十章的失语症患者的图片命名研究中，我们发现非流利型失语症患者 YJH 倾向于用非能产构词法产出的词来替代目标词。这一现象在偏正复合名词、联合复合名词的图片命名错误中都有明显的表现（见表 11-3）。且参照正常对照者 LYX 的图片命名成绩，非流利型失语症患者 YJH 在能产性高的偏正复合法产出的词汇的命名成绩较能产性低的联合复合法产出的词汇的更差（见表 11-2）。这一表现应与患者的左侧基底节脑梗死有关，或者说是左侧基底节病变导致患者在能产性高的偏正复合法产出的词汇的提取上更加困难。

在汉语作为第二语言被习得时，构词法性质能产性是影响乌尔都语者的汉语词汇习得的。第十一章通过乌尔都语者的汉语词汇命名实验，尝试从汉语构词法性质能产性、数量能产性两个角度来分析汉语构词法能产性是否影响乌尔都语者习得汉语词汇。实验发现：（1）由能产构词法产出的词的命名反应时短于由不能产构词法产出的词的；（2）偏正型、动宾型、联合型、补充型、主谓型复合词的命名反应时依次增加，但有违语料库研究中的汉语复合构词法数量能产性次序。在排除乌尔都语母语迁移影响的前提下，我们论证了汉语构词性质能产性的确影响乌尔都语者学习汉语词汇，但数量能产性则不然。该观点能否得到相关 ERP 实验结果的证实，则有待进一步研究（见图 13-2 "二语词汇习得 L1=非汉语"部分）。

有关英语中构词规则能产性，也有事件相关电位方面的研究。McKinnon et al.（2003）比较了英语中的词（如 *muffler*，*receive*）、不含语素的非词（如 *flermuf*）、由前缀和不能产的黏着词根组成的非词（如 *in-ceive*），发现由不能产的黏着词根构成的非词引发了与真词极为相似的脑反应。他们认为，即使是由不能产的语素组成的派生词同样也有词法分解（morphological decomposition）过程，不能产的语素也有相应的心理表征。该研究虽然并非复合构词规则的研究，但却从另一个角度验证了我们提出的复合词识别之前必有语素激活的观点。

六 复合词中心性

从首字启动、尾字启动实验的结果来看，外中心复合词的反应时短于低频内中心复合词而长于高频内中心复合词，在 N400 波幅上也不同于内中心复合词，大多为外中心复合词的更大。值得注意的是，与首字启动相比，汉语外中心复合词的识别速度与高频右中心复合词是有显著差异的。这说明外中心复合词与内中心复合词在认知加工过程上是不同的，此点已于上文第一节第二部分中分析，不再赘述。

另外，就前、后语素对外中心复合词的启动来看，本实验发现前一语素在外中心复合词识别中的作用更为突出。这与印欧语系语言的相关研究结论是一致的。就成分在复合词认知中的作用来说，印欧语系语言认知研究也大都认为，复合词中前一成分在词汇通达中有作用更为重要一些，并指出这大概缘于语言加工具有自左向右的特点（即语言线性）（Libben, 1998; Kehayia, 1999）。

而且，复合词的中心位置（head position）在反应时、N400 波幅上，均有显著的主效应。在首字启动下，表现为双中心复合词的识别最快、左中心复合词的次之、右中心复合词的最慢，双中心复合词的 N400 波幅最低、左中心复合词的次之、右中心复合词的最高；在尾字启动下，表现为双中心复合词的识别最快、右中心复合词的次之、左中心复合词的最慢，双中心复合词的 N400 波幅最低、右中心复合词的次之、左中心复合词的最高。

这说明复合词的中心位置（head position）在汉语复合词的识别过程中是起作用的，启动效应证实了这一点。成分启动效应在首字启动下，双中心复合词的最大，左中心复合词的次之，右中心复合词的最小；在尾字启动下，双中心复合词的仍然最大，右中心复合词的次之，左中心复合词的最小。经前、后语素启动的对比研究，我们发现，若启动成分为复合词的中心，则启动效应更大，而且双中心复合词的启动效应总是最强的。

印欧语系的复合词研究认为，中心语素若语义透明，则在词汇通达中的作用更大；反之，在词汇通达中的作用就小。（Libben et al.，2003；Jarema et al.，1999）大多数复合词中心的位置研究支持以上观点。值得注意的是，这些研究中的语义透明度着重指构成复合词的成分语义，可以说是从定性角度界定的，与我们从定量角度界定的语义透明度不同。例如 Libben et al.（2003）在区分英语复合词语义透明度时的用例，*car-wash* 洗车场（TT：transparent-transparent）、*strawberry* 草莓（OT：opaque-transparent）、*jailbird* 囚犯（TO：transparent-opaque）、hogwash 厨房的残羹剩菜（OO：opaque-opaque）。而本研究是通过问卷调查方式，按复合词与其组成语素之间的语义关联度来决定复合词语义透明度的高低。也就是说，我们判定复合词的语义透明高低，是在同时考虑其与前一语素、后一语素的语义关联两个方面的基础上进行的。当然，在语义透明度基础上来判定汉语复合词的中心性时，复合词语义透明度、前后语素与复合词语义关联的大小都是作为依据的。具体方法见第十二章第三节第二部分实验刺激材料部分。就中心位置在复合词识别中的作用而言，在成分启动研究模式下，汉语与印欧语系语言研究的结论是一致的。

以往汉语复合词在中心性方面的研究是很不充分的，中心性因素在汉语复合词认知加工中的作用没有得到足够的重视。在已提出的汉语复合词词汇通达及心理表征的理论模型中，复合词中心性在词汇识别中的作用没有得到体现。

此外，除上述各因素的主效应外，我们还发现不同的因素之间存在相互影响，如词频和语义关系（首字启动、尾字启动实验），词频与语素黏着性及组合方式（离合词语素黏着性实验），语义关系和构词规则关系（构词规则实验）、语义透明度与语素黏着性及组合方式（高频复合词、低频复合词实验）均有显著的交互效应，这说明汉语复合词的认知加工是受以上因素综合调控的。详细分析，见上文各章节。

第四节　汉语复合词认知加工研究的"助推器"：语言学理论研究

从认知神经科学研究角度进行的语言认知研究，是为了揭示语言理解、产生等语言运作的底层神经基础。在不同理论框架下进行的语言学理论研究，是为了解释语言理解或语言产生的内在机制。从研究目的来看，两个领域有很多共同之处，都试图弄清语言运作的机理。当前，有关语言的认知神经科学研究和理论研究，在前行的道路上正越走越近。

早在 20 世纪 90 年代，生成语言学在语言研究中即区分词库（lexicon）和运算系统（computational system）（Chomsky, 1995）。一些学者在失语症（aphasics）、阿尔茨海默氏症（Alzheimer's disease）、帕金森氏病（Parkinson's disease）以及亨廷顿氏症（Huntington's disease）等言语障碍研究，基于成像技术的脑功能研究，语言习得研究等基础上，结合语言学理论提出了一些语言运作的模型。其中，双系统模型（dual-system model）影响较为广泛。该模型大致认为：语言的运作是靠两套系统来完成，一套用于记忆该语言中的词汇，那些只要有一点特异性的形态复杂词就要在大脑词库中单列；另一套用于产生或理解有规则支配的各级语言单位（Pinker, 1991, 1998, 1999; Ullman, 1997, 2001a, 2001b）。上述学科交叉研究成果令人耳目一新，其中语言学理论的"催化"作用不可低估。

在汉语复合词表征与加工的神经基础研究中，一些在汉语复合词实验设计中通常不被控制的复合词结构、复合词的中心性、构词规则、构词规则能产性等因素被证明在汉语复合词认知加工过程中都是起作用的。而且，有时这些不同的因素间还会相互影响、共同调控汉语复合词的词汇通达过程。因此，语言认知加工研究是离不开语言理论研究的。略举三例如下。

（1）复合词语法分析"刨出"构词法表征与加工的研究

汉语中复合词与词组的区分的语音、语义、语法三方面的标准，其中后两者在本研究的讨论中占更为重要的地位。在本实验研究中，考察汉语复合词词汇通达路径与心理表征方式时选择词组作对照，控制复合词组成语素的黏着性以探讨汉语复合词的表征与加工机制，改变了以往相关研究主要关注频率、语义透明度等因素的研究态势。这与借鉴相关语言学理论成果的研究方法息息相关。

（2）生成音系学分析"拔高"词形表征与加工的研究

汉语离合词作为违反词汇整体性假说的特例，语言学界从语法、语音角度对之进行了较多的探讨。就语法层面而言，研究大多认为离合词属于词汇层面（赵元任, 1979；朱德熙, 1982）。那么，离合词在音步上是否为一音步，在重音上是否为左重呢？若答案为是，则与一般复合词无异，这与离合词在违反词汇整体性假说上表现出的潜在可扩展性相悖；若答案为否，则应重新审视、分析这一问题。在第 3 章中，我们论证了双音节 VO 式离合词在音步形成、重音分布上的音系特征不同于双音节 VO 式的复合词、短语，可归纳为：在音步上，复合词一音步，短语两音步，而离合词为一音步、有分为两音步潜势；在重音上，复合词左重读，短语右重读，而离合词为左重读、有右重读潜势（详见第四章第二节）。该理论研究为后续的实验设计、实验结果分析有效地提供了语言理论高端引领的作用。

（3）生成语法分析"领航"合成复合词表征与加工的研究

从词法不对称理论（Di Sciullo，2005）来分析，汉语合成复合词是由词法派生得来的，且在 PF 生成上是不同于基础复合词、"的"字短语。远早于生成语言学中区分 PF 和 LF，索绪尔即从语言心理学的角度将语言符号区分出能指（signifier）和所指（signifié），前者为语言的声音的心理印迹，后者为语言所反映的事物的概念（索绪尔，1980）。从某种程度上说，语言加工过程可由能指加工和所指加工组成。合成复合词在所指上与基础复合词、"的"字短语类似，均表指称义；但在能指上，仅合成复合词在生成语音表达式（Phonological Form，PF）时经历翻转。那么，上述三种条件在能指上不同、所指上近似的特点在语言加工过程中是否有其相应的体现呢？若答案为是，则可以有力地证实上文中关于汉语合成复合词生成的假设。该理论探讨为有效设置对照条件提供了明晰的参照系。

附　　录

附录1　语义透明度测查

测试指导语

同学们：

大家好！欢迎您参加本实验室的语感测试！

本测验中测试词均为双字词，用γ表示，其中首字用α表示，尾字用β表示。语言事实告诉我们，首字（α）意义和尾字（β）意义与整个词（γ）的意义的关联程度可能相同，也可能不同。本测验将首字意义与整词意义、尾字意义与整词意义的关联程度各划分出6个等级，分别为0、1、2、3、4、5。若首字或尾字与整词的意义完全不相关，则可在"α-γ"栏或"β-γ"栏内填入数字0；若首字或尾字与整词的意义非常相关，则可在"α-γ"栏或"β-γ"栏内填入数字5。

当然，很多双字词的首字或尾字与整词的意义关联程度是处于完全不相关（0）和非常相关（5）之间的。请根据测试要求，凭每个人自己的语感评定首字与整词，尾字与整词的意义关联程度是在0—5中的哪一个级别，并将确定数字分别填入相应栏（"α-γ"和"β-γ"）内。现举例如下：

美丽：美—"好看"，丽—"好看"，美丽—"好看"，可以看出首字和尾字与整词的意义均非常相关。据测试要求，"美"—"美丽"（即α—γ）的意义关联等级可评定为5，"丽"—"美丽"（即β—γ）的意义关联等级也可评定为5。

马虎：马—"一种动物的名字"，虎—"一种动物的名字"，马虎—"粗心、不认真"，可以看出首字和尾字与整词的意义均完全无关。据测试要求，"马"—"马虎"（即α—γ）的意义关联等级可评定为0，"虎"—"马虎"（即β-γ）的意义关联等级也可评定为0。在本测试中按如下格式填写即可：

γ(αβ)	α-γ	β-γ	γ(αβ)	α-γ	β-γ
美丽	5	5	马虎	0	0

注意事项：

（1）测试前请仔细阅读指导语，有不明之处，即时询问老师或同学。

（2）测试时请先默读双字词，明确其含义后，再依次判定首字意义、尾字意义与整词意义的关联度等级。

（3）本测试结果直接影响后续实验的可信度，请每位同学认真思考，独立完成，切忌相互抄袭。

徐州师范大学语言所ERP实验室
2007年1月

院系_____ 班级_____ 姓名_____

γ(αβ)	α-γ	β-γ	γ(αβ)	α-γ	β-γ
这个			小姐		
现在			认识		
自己			晚上		
这样			文学		
时候			社会		
同志			学习		
告诉			高兴		
书记			母亲		
今天			喜欢		
不要			人民		
思想			事情		
这些			局长		

续表

γ(αβ)	α-γ	β-γ	γ(αβ)	α-γ	β-γ
地方			时间		
主义			眼睛		
大嫂			昨天		
愿意			生活		
明白			青年		
大家			容易		
少爷			意见		
革命			以为		
那个			工人		
经理			商店		
系统			朋友		
问题			办法		
姑娘			衣服		
妇女			国家		
意思			那样		
汽车			售货		
父亲			明天		
听说			科长		

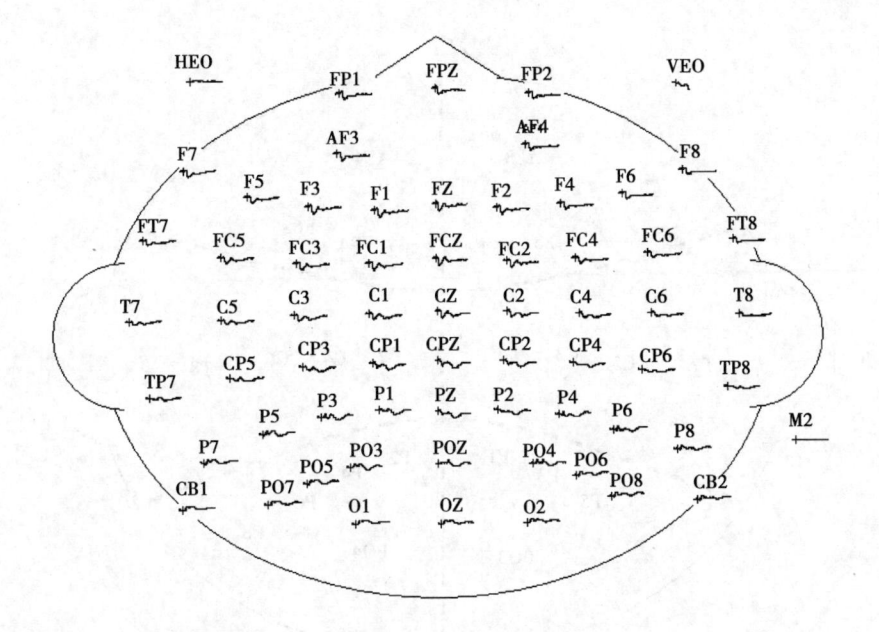

附录2 64导电极帽电极头皮分布

NeuroScan 公司在 10—20 国际脑电记录系统基础上扩展制作了 32 导、64 导、128 导、256 导及 512 导电极帽。上图所示为 64 导电极帽上每枚记录电极在头皮上分布的相对位置。其中，HEO 在双眼外眦约 2cm 处，VEO 在左眼眶上下约 2cm 处；FP1, FPZ, FP2, AF3, AF4 位于大脑皮质前额叶上方；F7, F5, F3, F1, FZ, F2, F4, F6, F8 位于大脑皮质额叶上方；FT7, FT8 位于大脑皮质额叶、颞叶交界区上方；FC5, FC3, FC1, FCZ, FC2, FC4, FC6 位于大脑皮质中部额叶上方；T7, T8 位于大脑皮质颞叶上方；C5, C3, C1, CZ, C2, C4, C6 位于大脑皮质后额叶上方；TP7, TP8 位于大脑皮质颞叶、顶叶交界区上方；CP5, CP3, CP1, CPZ, CP2, CP4, CP6 位于大脑皮质额叶、顶叶交界区上方；CB1, CB2 位于大脑皮质颞叶、顶叶、枕叶交界区的上方；P7, P5, P3, P1, PZ, P2, P4, P6, P8 位于大脑皮质顶叶上方；PO7, PO5, PO3, POZ, PO4, PO6, PO8 位于大脑皮质顶叶、枕叶交界区上方；O1, OZ, O2 位于大脑皮质枕叶上方。M2 位于大脑右半球颞叶上方。

附录3 头皮记录电极的分区（L-左，R-右）

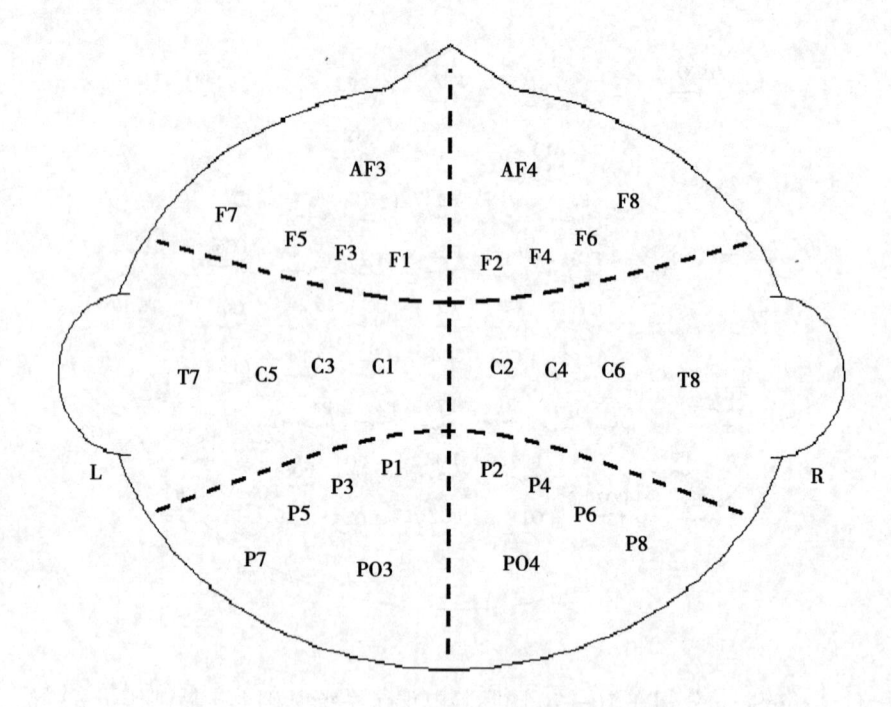

附录4 失语症常规调查表

第一部分：基本信息

患者姓名：　　　　　　　　　　　　性别：
年龄：　　　　　　　　　　　　　　籍贯：
受教育程度：　　　　　　　　　　　职业：
所属方言区：　　　　　　　　　　　利手：
联系方式：　　　　　　　　　　　　住址：
发病时间：　　　　　　　　　　　　入院时间：
检查时间：　　　　　　　　　　　　检查地点：
检查人：　　　　　　　　　　　　　记录人：
临床诊断结论：
备注：

第二部分：自发谈话

（1）您叫什么名字？

（2）您多大岁数了？

（3）这位是您的什么人？（指病人家属提问）他/她叫什么名字？

（4）您家住在什么地方？具体地址是什么？

（5）您做什么工作？（或退休前做什么工作？）

（6）您以前来过这里吗？您是怎么住院的？当时有什么地方不舒服吗？现在感觉怎么样了？

（7）这是什么东西（指桌上常见物品提问，一般为杯子、水壶、手机等）？并说出它的颜色？

第三部分：听理解

用"是"或"否"回答问题

（1）您的名字是李华明，对吗？您的名字是（真名），对吗？

（2）您家住在鼓楼，对吗？您家住在（正确地名），对吗？

（3）您是大夫，对吗？我是大夫，对吗？

(4) 这个房间的灯亮着，对吗？
(5) 这是医院，对吗？

三、复述
(1) 门
(2) 床
(3) 窗户
(4) 八十
(5) 天安门
(6) 拖拉机
(7) 别告诉他
(8) 吃完饭就去遛弯
(9) 他出去以后还没回来
(10) 当他回到家的时候，发现屋子里坐满了朋友

江苏师范大学语言所脑与行为实验室
2013 年 7 月

附录5　利手测试表

爱丁堡利手测验

(Edinburgh Handedness inventory)

您在以下具体活动中的更倾向于用那一只手？请在相应的表格中划一个"√"。如果您发现您肯定不会用另外一只手，请在表格里边填写两个"√"。如果您发现在做该事时两只手的使用没有什么差别，请在两边都填上一个"√"。(注意：有的活动需要两只手共同完成，请注意表格中所指的具体任务或者对象)。

(请尽量填写所有的问题，除非你从来没有过这样的经验。)

		左(Left)	右(Right)
1	写字 (Writing)		
2	画画 (Drawing)		
3	扔东西 (Throwing)		
4	剪东西 (Scissor)		
5	刷牙 (Toothbrush)		
6	用刀 [不包括叉子] (Knife [without fork])		
7	用勺子 (Spoon)		
8	用扫帚扫地 [放在上边的那只手] (Broom [upper hand])		
9	点火柴 [拿火柴的手] (Striking match [match])		
10	开盖子 [打开盖子的手] (Opening box [lid])		
11	你一般踢东西的时候倾向于用哪只脚？(Which foot do you prefer to kick with?)		
12	当你使用一只眼睛时候一般你使用哪只眼睛？Which eye do you use when using only one?		
	测试结果 (Result)		

附录6　合成复合词失语症研究实验语料

基础复合词	合成复合词	"的"字短语
软件工程师	设备维护员	爱好文学的
言情小说家	动物饲养员	调节空气的
时尚杂志社	车票预订处	研究政策的
徐州动物园	药品管理局	焚烧垃圾的
教师资格证	纸张粉碎机	接收信号的
公司业务员	历史研究员	制作电影的
奥运火炬手	财产继承人	管理图书的
美国大使馆	细菌培养室	放映电影的
嵩山少林寺	污水处理厂	练习舞蹈的
塑料垃圾桶	荣誉展示墙	切割金属的
农民企业家	会议参加者	保管财物的
电脑程序员	情报分析员	收藏古董的
中央电视台	废品收购站	种植蔬菜的
社会福利院	婚姻登记处	比赛拳击的
英语作业本	金属探测仪	信息采集表
非洲土著人	杂技表演者	清洁道路的
残疾篮球员	电脑操作员	搬运货物的
双层首饰盒	新书发放处	存放文件的
居民身份证	指纹识别仪	公布信息的
恐龙博物馆	行李寄存处	饲养奶牛的
列车乘务员	书法练习者	指挥乐团的
银行业务员	茶艺展示者	修理汽车的
零钱储蓄罐	汽车运输车	遥控电视的
黑白电视机	身高测量仪	指示方向的
风景名胜区	信件收发室	张贴广告的
京剧艺术家	相声演说家	主持节目的

太空宇航员	钢琴演奏家	驾驶汽车的
芭蕾舞蹈家	交通指挥员	设计服装的
拉杆行李箱	资料存放柜	摆放商品的
交通信号灯	电影放映机	回收垃圾的

附录7 合成复合词失语症实验用图

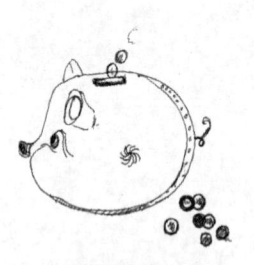

零钱储蓄罐
储蓄零钱的

电影放映机
放映电影的

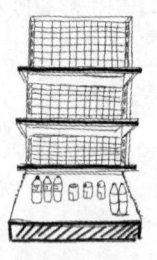

商品摆放架
摆放商品的

汽车运输车
运输汽车的

身高测量仪
测量身高的

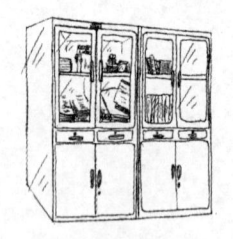

文件存放柜
存放文件的

电视遥控器
遥控电视的

方向指示牌
指示方向的

新书发放处
发放新书的

广告张贴处
张贴广告的

信件收发室
收发信件的

资料存放室
存放资料的

附录

服装设计师 设计服装的	货物搬运工 搬运货物的	电脑操作员 操作电脑的	节目主持人 主持节目的
指纹识别仪 识别指纹的	信息公布栏 公布信息的	垃圾回收箱 回收垃圾的	交通指挥员 指挥交通的
奶牛饲养场 饲养奶牛的	行李寄存处 寄存行李的	废品收购站 收购废品的	钢琴演奏家 演奏钢琴的

汽车驾驶员　　　道路清洁工　　　书法练习者　　　乐团指挥家
驾驶汽车的　　　清洁道路的　　　练习书法的　　　指挥乐团的

杂技表演者　　　茶艺展示者　　　汽车修复工　　　相声演说家
表演杂技的　　　展示茶艺的　　　修理汽车的　　　演说相声的

太空宇航员 　　　京剧艺术家 　　　残疾篮球员 　　　银行业务员

附　录　　　243

交通信号灯　　双层首饰盒　　拉杆行李箱　　黑白电视机

居民身份证　　英语作业本　　智能机器人　　学生成绩单

非洲土著人　　芭蕾舞蹈家　　列车乘务员　　埃及金字塔

风景名胜区　　　　　　恐龙博物馆

附录 8 构词法能产性失语症实验用图

8-1 偏正式复合词：

板凳　　　　　　冰箱　　　　　　火把

轮船　　　　　　毛线　　　　　　棉袄

奶牛　　　农民　　　皮鞋

汽车　　　山羊　　　手机

书包　　　台灯　　　雨衣

8-2 联合式复合词：

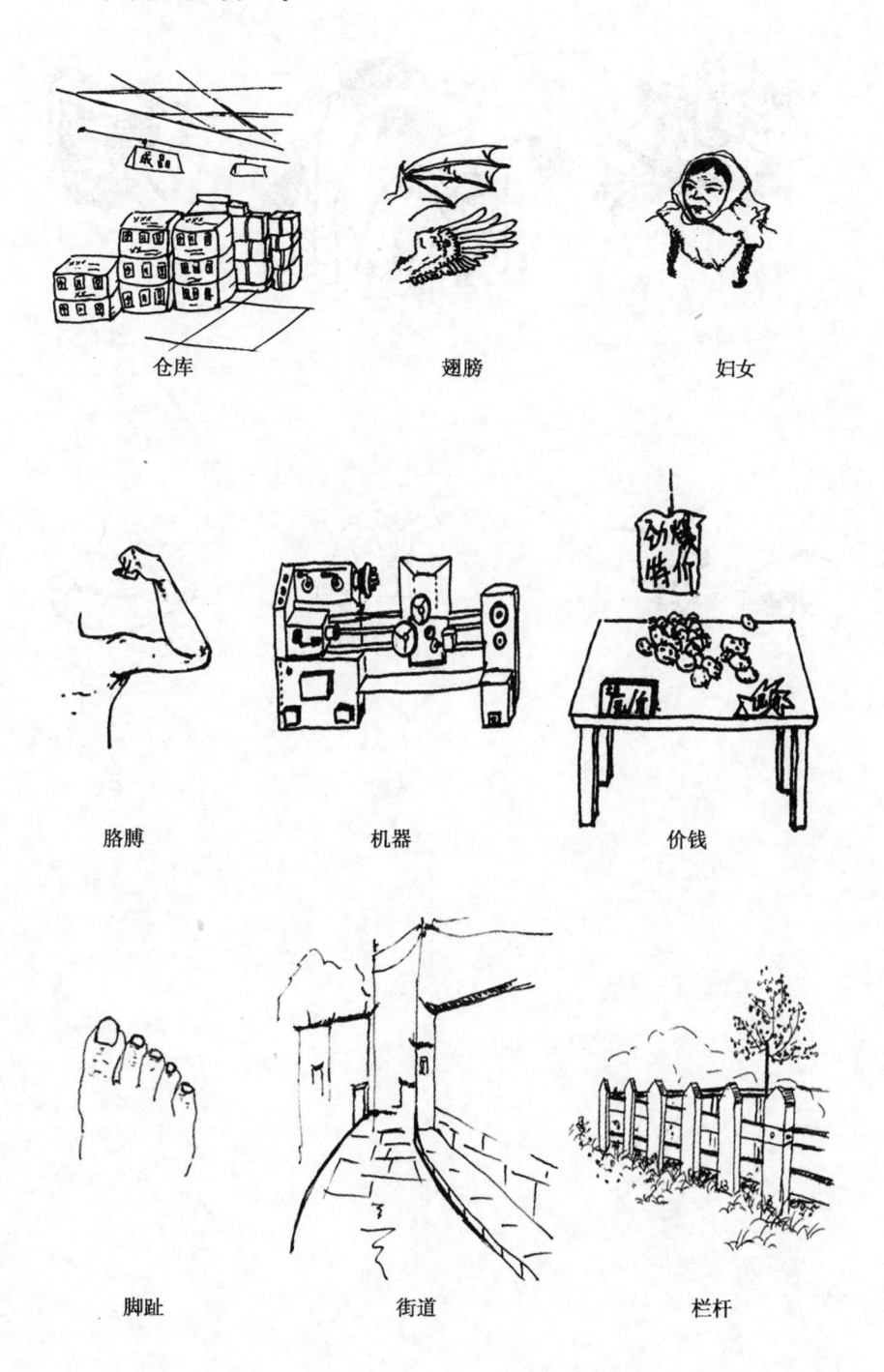

仓库	翅膀	妇女
胳膊	机器	价钱
脚趾	街道	栏杆

粮食	芦苇	箩筐
眼睛	衣服	嘴唇

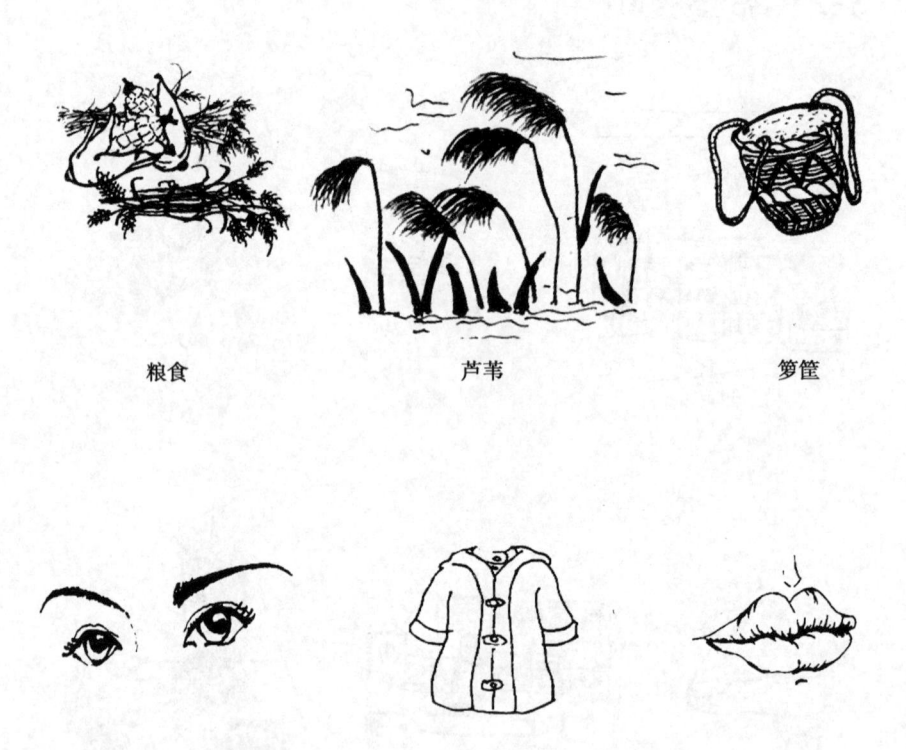

索 引

并行双路径模型　4，24，25，26，40，51，208，211

Broca's 失语症　4，104，105，106，107，111，112，113，114，115，116，117，118，119，168，171

串行双路径模型　24，25

词法迁移　173，176，181，182，184

词汇通达　1，3，4，8，10，11，19，22，23，23，24，25，26，27，28，37，38，39，40，41，50，51，52，57，58，59，68，69，100，123，130，131，132，133，161，189，196，197，199，200，201，205，206，207，208，209，210，211，212，213，214，215，216，217，218，219，220，221，222，224，226，227，228

词汇判断　30，38，52，53，54，56，57，70，71，80，87，121，125，126，130，135，136，137，139，140，143，147，149，155，156，158，160，161，162，173，189，199，200，204，213，214，222，223，224，225

词形表征　8，58，100，148，228

动宾式　60，61，62，63，74

二语习得　134，135，136，138，148，174，182，183

分叉延迟双路径模型　209，211，212，213，215，216，217

构词法能产性　71，120，151，152，153，154，155，156，157，158，159，160，161，162，168，169，171，172，173，174，176，177，180，181，184，225，245

联合式　3，7，10，133，153，154，155，156，160，162，163，164，165，166，168，169，222，224，247

N1　15，96，97，98，99，100，101

N400　11，14，31，33，34，35，36，37，38，39，44，45，46，47，48，49，50，51，54，55，56，57，58，65，67，70，71，83，84，

86, 87, 88, 89, 96, 97, 98, 99, 101, 126, 127, 128, 129, 130, 131, 132, 144, 145, 146, 147, 158, 159, 161, 164, 165, 166, 167, 193, 194, 195, 196, 199, 200, 201, 203, 204, 205, 206, 213, 214, 217, 218, 220, 221, 222, 223, 226

P150　15, 58, 158, 159, 161

P2　15, 31, 32, 33, 36, 37, 38, 44, 45, 48, 49, 50, 54, 55, 56, 57, 58, 59, 65, 67, 70, 79, 96, 97, 98, 99, 101, 126, 127, 128, 129, 130, 131, 132, 133, 144, 148, 164, 193, 194, 199, 200, 201, 214, 215, 217, 218, 221, 222, 223

P2a　65, 66, 67, 70, 71, 120, 144, 145, 146, 147, 148, 149, 223, 224

P200　15, 58, 79, 83, 84, 85, 86, 87, 89

P600　14, 65, 67, 68, 71, 83, 84, 87, 88, 89, 96, 98, 99, 102, 138, 158, 159, 161, 162, 173, 225

偏正式　3, 6, 7, 10, 120, 133, 153, 154, 155, 156, 160, 162, 163, 165, 166, 168, 169, 222, 224, 245

启动效应　8, 24, 70, 121, 122, 123, 130, 131, 132, 133, 135, 136, 137, 139, 145, 146, 149, 167, 199, 200, 205, 206, 207, 218, 223, 224, 226

事件相关电位　8, 10, 11, 12, 14, 28, 31, 60, 79, 82, 94, 96, 123, 125, 138, 139, 141, 149, 155, 157, 173, 189, 192, 208, 222, 225

述补式　7, 153, 154, 155, 162, 168, 225

双路径模型　3, 4, 23, 24, 25, 26, 40, 51, 69, 208, 209, 210, 211

图片命名　106, 108, 110, 111, 112, 113, 114, 116, 117, 118, 168, 169, 170, 171, 225, 173, 174, 175, 176, 177, 178, 179, 180, 181, 182, 183, 184, 225

Wernicke's 失语症　104, 105, 106, 107, 111, 112, 113, 114, 115, 116, 117, 118, 119, 168

乌尔都语　10, 173, 174, 175, 176, 177, 178, 179, 180, 181, 182, 183, 184, 225

心理表征　1，3，4，8，9，10，22，24，27，28，37，38，39，52，58，59，62，68，70，121，132，160，189，198，199，207，208，209，213，214，215，216，218，224，226，227，228

语法表征　8，40，41，52，59，100，102，132，134，211，212，215，216，217，221

语—图匹配　106，108，109，110，112，113

语素分解模型　3，23，208

语言迁移　173，174

语义表征　1，26，38，39，40，50，51，57，58，59，70，100，102，130，161，166，200，205，211，212，213，216，217，218，220

整词列表模型　3，4，23，208，220

中心表征　1，8，10，25，40，100，121，149，196，198，210，211，224

主谓式　7，61，120，153，154，155，162，168，224

参考文献

Abdul, G.K.& A.A.Mohammed.Arabic Loan Words in Urdu: A Linguistic Analysis.http://oaji.et/articles/2014/941-1404300982.

Aitchison, J. 2003. *Words in the Mind: An Introduction to the Mental Lexicon* (3rd edition).Blackwell Publishing.

Allen, M. R. 1978. *Morphological Investigations*. PhD dissertation, University of Connecticut.

Aronoff, M.& F.Anshen.1998.Morphology and the Lexicon: Lexicalization and Productivity.In A.Spencer & A.M.Zwicky (eds.), *The Handbook of Morphology*.Oxford: Blackwell Publishers Ltd..

Aronoff, M. & K. Fudeman. 2005. *What is Morphology?*. MA: Blackwell Publishing Ltd..

Aronoff, M.1976.*Word Formation in Generative Grammar*.Cambridg: MIT Press.

Aronoff, M. 1982. Potential words, actual words, productivity and frequence. In *Proceedings of the Thirteenth International Congress of Linguists*.Tokyo.

Ashby, J. 2010. Phonology is fundamental in skilled reading: evidence from ERPs.*Psychonomic Bulletin & Review* 17.

Baayen, H.& R. Schreuder. 1999. War and peace: Morphemes and full forms in a Noninteractive Activation Parallel Dual-Route Model.*Brain and Language* 68.

Baayen, R.H. 1992. Quantitative aspects of morphological productivity. In G.Booij & J.van Marle (eds.), *Yearbook of Morphology*.Dordrecht: Kluwer.

Baayen, R.H., T.Dijkstra & R.Schreuder.1997.Singulars and plurals in Dutch: evidence for a parallel dual-route model.*Journal of Memory and Lan-

guage 37.

Badecker, W.& A.Caramazza.1998.Morphology and Aphasia.In A.Spencer & A.M.Zwicky (eds.), *The Handbook of Morphology*.Oxford: Blackwell Publishers Ltd..

Baker, M. 1988. *Incorporation: A Theory of Grammatical Function Changing*.Chicago: University of Chicago Press.

Baker, M. 1998. Comments on the paper by Sadock. In S. Lapointe, D. Brentari & P. Farrell (eds.), *Morphology and Its Relation to Phonology and Syntax*.Stanford: CSLI Publications.

Balogh, J. & Y. Grodzinsky. 2000. Levels of linguistic representation in Broca's aphasia: Implicitness and referentiality of arguments.In R.Bastiaanse, & Y.Grodzinsky (eds.), *Grammatical Disorders in Aphasia: A Neurolinguistic Perspective*.London: Whurr publishers.

Barnea, A.& Z.Breznitz.1998.Phonological and orthographic processing of Hebrew words: Electrophysiological aspects.*Journal of Genetic Psychology* 159.

Bastiaanse, R.& S.Edwards.2004.Word order and finiteness in Dutch and English Broca's and Wernicke's aphasia.*Brain and Language* 89 (1).

Bastiaanse, R. 2001. Linguistic theories of agrammatic production. Paper presented at the *Euresco conference The Science of Aphasia: From Theory to Therapy*.Gien (FR), 14/19-09.

Bastiaanse, R. 2003. Verb retrieval problems at the word and sentence level: Localization of the functional impairments and clinical implications.In R. De Bleser (ed.), *The Science of Aphasia: From Therapy to Theory*. Oxford: Pergamon.

Bauer, L.1990.Be-heading the Word.*Journal of Linguistics* 26.

Bauer, L. 2001. *Morphological Productivity*. Cambridge: Cambridge University Press.

Beck, M. L. 1997. Regular verbs, past tense and frequency: Tracking down a potential source of NS/NNS competence differences.*Second Language Research* 13 (2).

Bentin, S.1987.Event-related potentials, semantic processes, and expectancy factors in word recognition.*Brain and Language* 31.

Bentin, S.& L.B.Feldman.1990.The contribution of morphological and semantic relatedness to repetition priming at short and long lags: Evidence from Hebrew.*Quarterly Journal of Experimental Psychology* 42A.

Bentin, S., G.McCarthy & C.C.Wood. 1985. Event-related potentials, lexical decision and semantic priming.*Electroencephalography and Clinical Neurophysiology* 60.

Bentin, S., Y.Mounchetant-Rostaing, M.H.Giard, J.F.Echallier & J.Pernier.1999.ERP manifestations of processing printed words at different psycholinguistic levels: Time course and scalp distribution. *Journal of Cognitive Neuroscience* 11 (3).

Bloomfield, L.1933.*Language*.New York: Henry Holt & Co.

Booij, G.& van Haaften, T.1988.On the external syntax of derived words: evidence form Dutch.*Yearbook of Morphology* 1.

Bookheimer, S. Y., T. A. Zeffiro, W. Gaillaird & W. Theodore. 1993. Regional cerebral blood flow changes during the comprehension of syntactically varying sentences.*Society for Neuroscience Abstracts*19 (1).

Botha, Rudolph P.1981.A base rule theory of Africans synthetic compounding.In M.Mortgaat, H.van der Hulst & T.Hoekstra (eds.), *The Scope of Lexical Rules*.Dordrecht: Foris.

Burani, C.& A.Caramazza.1987.Representation and processing of derived words.*Language and Cognitive Processes* 2.

Burani, C.& A.Laudanna.1992.Units of representation of derived words in the lexicon. In R. Frost & L. Katz (eds.), *Orthography, phonology, morphology, and meaning*.Amsterdam/New York: Elsevier.

Butterworth, B.1983.Lexical representation.In B.Butterworth (ed.), *Language Production*.New York: Academic Press.

Caplan, D., N.Alpert & G.Waters.1998.Effects of syntactic structure and propositional number on patterns of regional cerebral blood flow.*Journal of Cognitive Neuroscience* 10 (4).

Caramazza, A., A.Laudanna & C.Romani.1988.Lexical access and inflection morphology.*Cognition* 28.

Carreiras, M., M.Vergara & H.Barber.2005.Early event-related potential effects of syllabic processing during visual word recognition. *Journal of Cognitive Neuroscience* 17 (11).

Ceccagno, A.& S.Scalise.2006.Classification, structure and headedness of Chinese compounds.*Lingue e Linguaggio* 2.

Chao, Y.R.1968.*A Grammar of Spoken Chinese*.Berkeley: University of California Press.

Chialant, D.& A.Caramazza.1995.Where is morphology and how is it processed? The case of written word recognition.In L.B.Feldman (ed.), *Morphological aspects of language processing*.Hillsdale, NJ: Erlbaum.

Chomsky, N.& M.Halle.1968.*The Sound Pattern of English*.NY: Harper & Row.

Chomsky, N.1970.Remarks on nominalization.In: R.Jacobs & P.Rosenbaum (eds.), *Readings in English Transformational Grammar*.Ginn, Waltham (MA): Ginn.

Chomsky, N.1995.*The Minimalist Program*.Cambridge: The MIT Press.

Cinque, G.1993.A null theory of phrase and compound stress.*Linguistic Inquiry* 24.

Clahsen, H.& C.Felser.2006.How native-like is non-native language processing? . *Trends in Cognitive Sciences* 10 (12).

Clahsen, H. & K.Neubauer.2010.Morphology, frequency, and the processing of derived words in native and non-native speakers.*Lingua*, 120 (11).

Clahsen, H.& U.Hong.1989.The UG paradox in L2 acquisition.*Second Language Research*, 5 (1).

Clahsen, H., L.Balkhair, J.S.Schutter & I.Cunnings. 2013.The time course of morphological processing in a second language.*Second Language Research*, 29 (1).

Coulson S, J.W.King & M.Kutas. 1998.ERPs and domain specificity: beating a straw horse.*Language and Cognitive Processes* 6.

Coulson, S., K.D.Federmeier, C.V.Petten & M.Kutas.2005.Right hemisphere sensitivity to word- and sentence-level context: Evidence from event-related brain potentials. *Journal of Experimental Psychology: Learning, Memory, and Cognition* 31 (1).

Dai, J.X.-L.1992.*Chinese Morphology and Its Interface With the Syntax.* Ph.D.dissertation, Ohio State University.

Damasio, A.R.1992.Aphasia.*New England Journal of Medicine* 326 (8).

Damasio, H., T.Grabowski, D.Tranel, R.Hichwa & A.Damasio.1996.A neural basis for lexical retrieval.*Nature* 380 (6574).

Deng, T., J.Shi, S.Dunlap, H.Bi & B.Chen.2016.Morphological knowledge affects processing of L2 derivational morphology: an event-related potential study.*Journal of Neurolinguistics* 37.

Di Sciullo, A.M.& E.Williams.1987.*On the Definition of Word*.Cambridge, MA: MIT Press.

Di Sciullo.2005.*Asymmetry in Morphology*.Cambrige: The MIT Press.

Diependaele, K., J.A.Duñabeitia, J.Morris & E.Keuleers.2011.Fast morphological effects in first and second language word recognition. *Journal of Memory and Language*, 64 (4).

Domínguez A, M.Alija, F.Cuetos & M.de Vega.2006.Event related potentials reveal differences between morphological (prefixes) and phonological (syllables) processing of words.*Neuroscience Letters* 408 (1).

Domínguez, A., F. Cuetos & J. Segui. 2000. Morphological processing in word recognition: A review with particular reference to Spanish data. *Psicológica* 21.

Drews, E.& P.Zwitserlood.1995.Morphological and orthographic similarity in visual word recognition. *Journal of Experimental Psychology*: *Human Perception and Performance*, 21 (5).

Dunn, B.R., D.A.Dunn, M.Languis & D.Andrews.1998.The relation of ERP components to complex memory processing.*Brain and Cognition* 36 (3).

Emmorey, KD.1989. Auditory morphological priming in the lexicon.*Language and Cognitive Processes* 4.

Fabb, N.1984.*Syntax Affixation*.PhD dissertation, MIT.

Fabb, N.1998. Compounding. In A. Spencer & A.M.Zwicky (eds.), *The Handbook of Morphology*.Oxford: Blackwell Publishers Ltd.

Feldman, L.B.& E.G.Soltano. 1999. Morphological priming: the role of prime duration, semantic transparency, and affix position.*Brain and Language*

68 (1-2).

Feldman, L.B.& J.Moskovljević.1987.Repetition priming is not purely episodic in origin. *Journal of Experimental Psychology*: *Learning, Memory, and Cognition* 13.

Feldman, L.B. & S. Bentin. 1994. Morphological analysis of disrupt morphemes: evidence from Hebrew. *Quarterly Journal of Experimental Psychology* 47 (A).

Feldman, L.B., E.G.Soltano, M.J.Pastizzo & S.E.Francis.2004.What do graded effects of semantic transparency reveal about morphological processing?. *Brain and Language* 90 (1-3).

Felix, S.& H.Wode.1983.*Language development at the crossroads*.Tuebingen: Gunter Narr.

Flynn, S.1996.A parameter-setting approach to second language acquisition.In W.C.Ritchie & T.K.Bhatia (eds.), *Handbook of second language acquisition*.San Diego: Academic Press.

Friederici, A.D.2002.Towards a neural basis of auditory sentence processing.*Trends in Cognitive Sciences* 6.

Frost, R.1998.Towards a strong phonological theory of visual word recognition: True issues and false trails.*Psychological Bulletin* 123.

Goodglass, H. 1993. *Understanding aphasia*. San Diego, CA: Academic Press.

Grainger, J., P.Cole & J.Segui.1991. Masked morphological priming in visual word recognition.*Journal of Memory and Language* 30.

Grodzinsky, Y. 2000. The neurology of syntax: Language use without Broca's area.*Behavioral and Brain Sciences* 23 (1).

Haiman, J.1985.*Natural syntax*.Cambridge: Cambridge University Press.

Hawkins, R.& C.Y-H. Chan. 1997.The partial availability of Universal Grammar in second language acquisition: The "failed functional features hypothesis".*Second Language Research* 13 (3).

Henderson, L., J. Wallis & D. Knight. 1984. Morphemic structure and lexical access.In H.Bouma & D.Bouwhuis (eds.), *Attention and Performance*. Hillsdale, N.J.: Erlbaum.

Heyer, V.& H.Clahsen.2015.Late bilinguals see a scan in scanner AND in scandal: dissecting formal overlap from morphological priming in the processing of derived words.*Bilingualism: Language and Cognition* 18 (3).

Hickok, G.& D.Poeppel.2007.The cortical organization of speech processing.*Nature Reviews Neuroscience* 8 (5).

Hillyard, S.A.& M.Kutas.1983 Electrophysiology of Cognitive Processing. *Annual Review of Psychology* 34.

Hiraga, M.1994.Diagrams and metaphors: Iconic aspects of language. *Journal of Pragmatics* 22 (1).

Hockett, C.1968.*A Course in Modern Linguistics*.New York: Macmillan.

Hsu, C.H., J.L.Tsai, C.Y.Lee & O.J.L.Tzeng.2009.Orthographic combinability and phonological consistency effects in reading Chinese phonograms: an event-related potential study.*Brain and Language* 108.

Huang, C.-T.J.1984.Phrase structure, lexical integrity and Chinese compounds.*Journal of the Chinese Language Teachers' Association* 2.

Huang, S.1997.Chinese as a headless language.In Packard, J.(eds.), *Compounding Morphology, New Approaches to Chinese Word Formation*. De Gruyter Mounton.

Jarema, G., C.Busson, R.Nikolova, K.Tsapkini & G.Libben.1999.Processing compounds: A cross-linguistic study.*Brain and Language* 68 (1-2).

Jespersen, O.1924.*The Philosophy of Grammar*.London: Allen & Unwin.

Kehayia, E., G.Jarema, K.Tsapkini, D.Perlak, A.Ralli & D.Kadzielawa.1999.The role of morphological structure in the processing of compounds: The interface between linguistics and psycholinguistics.*Brain and Language* 68.

Kempley, S.T.& J.Morton.1982.The effects of priming regularly and irregularly related words in auditory word recognition. *British Journal of Psychology* 73.

Kim, A.& L.Osterhout.2005.The independence of combinatory semantic processing: evidence from event-related potentials.*Journal of Memory and Language* 52.

Kiparsky, P.1982.Lexical phonology and morphology.In I.S.Yang (ed.),

Linguistics in the Morning Calm.Seoul: Hansin.

Koda, K. 2008. Impacts of prior literacy experience on second-language learning to read.In K.Koda & A.Zehler (eds.), *Learning to read across languages: Cross-linguistic relationships in first- and second-language literacy development*.NY: Routledge.

Koelsch, S., T. C. Gunter, A. D. Friederici & E. Schröger. 2000. Brain indices of music processing: "non-musicians" are musical.*Journal of Cognitive Neuroscience* 12.

Koelsh, S.2009.Music-syntactic processing and auditory memory: similarities and differences between ERAN and MMN.*Psychophysiology* 46 (1).

Kong, L.Y., J.X.Zhang, C.P.Kang, Y.C.Du, B.Zhang & S.P.Wang. 2010. P200 and phonological processing in Chinese word recognition. *Neuroscience Letters* 473.

Kramer, A. F. & E. Donchin. 1987. Brain potentials as indices of orthographic and phonological interaction during word matching.*Journal of Experimental Psychology, Learning, Memory, and Cognition* 13.

Kutas, M. & K. D. Federmeier. 2011. Thirty years and counting: finding meaning in the N400 component of the event-related brain potential (ERP).*Annual Review of Psychology* 62.

Kutas, M.& S.A.Hillyard.1980.Reading senseless sentences: Brain potentials reflect semantic incongruity.*Science* 207.

Kutas, M., K.D.Federmeier, S.Coulson, J.King & T.F.Munte. 2000. Language.In J.T.Cacioppo, L.G.Tassinary & G.Berntson (eds.), *Handbook of psychophysiology* (2nd ed.), xiii, 1039.Cambridge, England: Cambridge University Press.

Kwon, Y., Y.Lee & K.Nam.2011.The different P200 effects of phonological and orthographic syllable frequency in visual word recognition in Korean. *Neuroscience Letters* 501.

Lapointe, S.1980.A Theory of Grammatical Agreement.PhD dissertation, UMass, Amherst.

Lardiere, D.1998.Dissociating syntax from morphology in a divergent end-state grammar.*Second Language Research* 14 (4).

Laudanna, A., & C. Burani. 1995. Distributional properties of derivational affixes: Implications for processing. In L. B. Feldman (ed.), *Morphological aspects of language processing*. Hillsdale, NJ: Erlbaum.

Laudanna, A., W. Badecker & A. Caramazza. 1992. Processing inflectional and derivational morphology. *Journal of Memory and Language* 31.

Laundanna, A. & C. Burani. 1985. Address mechanisms to decomposed lexical entries. *Linguistics* 23.

Lee, C. Y., J. L. Tsai, W. H. Chan, C. H. Hsu, D. L. Hung & O. J. Tzeng. 2007. Temporal dynamics of the consistency effect in reading Chinese: an event-related potentials study. *NeuroReport* 18.

Lees, R. B. 1960. *The grammar of English nominalization*. Bloomington: Indiana University Press.

Li, M., N. Jiang & G. Kira. 2015. L1 and L2 processing of compound words: Evidence from masked priming experiments in English. *Bilingualism*, 20 (2).

Li, W., R. Anderson, W. Nagy & H. Zhang. 2002. Facets of mentalinguistic awareness that contribute to Chinese Literacy. In W. Li, J. Gaffney & J. Packard. Boston (eds.), *Chinese Children's Reading Acquisition: Theoretical and Pedagogical Issues*. Massachusetts: Kluwer Academic Publishers.

Libben, G. 1998. Semantic transparency in the processing of compounds: consequences for representation, processing, and impairment. *Brain and Language* 61 (1).

Libben, G., M. Gibson, Y. B. Yoon & D. Sandra. 2003. Compound fracture: the role of semantic transparency and morphological headedness. *Brain and Language* 84 (1).

Lieber, R. 1980. *On the Organization of the Lexicon*. PhD Disseration, MIT.

Lieber, R. 1983. Argument linkingand compounding in English. *Linguistic Inquiry*, 14.

Lieber, R. 1988. Phrasal compounds in English and the morphology-syntax interface. *Papers from the Parasession on Agreement in Grammatical Theory*, 24. CLS.

Lieber, R. 1992. *Deconstructing Morphology: Word Formation in Syntactic*

Theory.Chicago: University of Chicago Press.

Lu CC., E.Bates, D.Hung, O.Tzeng, J.Hsu, C.H.Tsai & K.Roe.2001. Syntactic priming of nouns and verbs in Chinese.*Language and Speech* 44 (4).

Luck, S.J.& S.A.Hillyard.1994.Electrophysiological correlates of feature analysis during visual search.*Psychophysiology* 31.

Luzzatti, L., S.Mondini & C.Semenza.2001.Lexical representation of morphologically complex words: Evidence from an Italian agrammatic patient.*Brain and Language* 79.

MacWhinney, B.2005.A unified model of language acquisition.In J.F.Kroll & A.M.B.de Groot (eds.), *Handbook of bilingualism*: Psycholinguistic approaches.Oxford: Oxford University Press.

Maess, B., S. Koelsch, T. C. Gunter & A. D. Friederici. 2001. Musical syntax is processed in the area of Broca: An MEG-study.*Nature Neuroscience* 4.

Maidhof, C.& S.Koelsch.2011.Effects of selective attention on syntax processing in music and language.*Journal of Cognitive Neuroscience* 23 (9).

Marslen - Wilson, W., L. K. Tyler, R. Waksler & L. Older. 1994. Morphology and meaning in the English mental lexicon. *Psychological Review* 101.

McCarthy, G., & A.C.Nobre.1993.Modulation of semantic processing by spatial selective attention. *Electroencephalography and Clinical Neurophysiology* 88.

McDonald, J.2006.Beyond the critical period: Processing-based explanations for poor grammaticality judgment performance by late second language learners.*Journal of Memory and Language* 55 (3).

McKinnon, R., M.Allen & L.Osterhout.2003.Morphological decomposition involving non-productive morphemes: ERP evidence.*Cognitive Neuroscience and Neuropsychology* 14 (6).

McQueen, J. M. & M. Cutler. 1998. Morphology in Word Recognition. In Spencer, A. & A. M. Zwicky (eds.), *The Handbook of Morphology*. Oxford: Blackwell Publishers Ltd.

Meisel, J.M.1997.The acquisition of the syntax of negation in French and German: Contrasting first and second language acquisition.*Second Language Re-*

search 13 (3).

Mondini, S., C.Luzzatti, G.Zonca, C.Pistarini & C.Semenza.2004.The mental representation of verb-noun compounds in Italian: Evidence from a multiple single-case study in aphasia.*Brain and Language* 90.

Mondini, S., C.Luzzatti, P.Saletta, N.Allamano & C.Semenza.2005. Mental representation of prepositional compounds: Evidence from Italian agrammatic patients.*Brain and Language* 94.

Mondini, S., G.Jarema, C.Luzzatti, C.Burani & C.Semenza.2002.Why is "Red Cross" different from "Yellow Cross"? A neuropsychological study on noun-adjective agreement within Italian compounds.*Brain and Language* 81.

Morris, J., T.Frank, J.Grainger & P.J.Holcomb.2007.Semantic transparency and masked morphological priming: an ERP investigation. Psychophysiology 44 (4).

Munte, T.F., M.Matzke & S.Johannes.1997.Brain activity associated with syntactic incongruities in words and pseudowords. *Journal of Cognitive Neuroscience* 9.

Murrell, G.A.& J.Morton.1974.Word recognition and morphemic structure. *Journal of Experimental Psychology* 102.

Napps, S.E.& C.A.Fowler.1987.Formal relationships among words and the organization of the mental lexicon.*Journal of Psycholinguistic Research* 16.

Nobre, A.C.& G.McCarthy.1994.Language-related ERPs: Modulation by word type and semantic priming.*Journal of Cognitive Neuroscience* 6.

Odlin, T.2001.*Language Transfer: Crosslinguistic Influence in Language Learning*.Shanghai: Shanghai Foreign Language Education Press.

Oldfield R.C.1971.The assessment and analysis of handedness: the Edinburgh inventory.*Neuropsychologia* 9.

Osterhout, L.& P.J.Holcomb.1992.Event-related brain potentials elicited by syntactic anomaly.*Journal of Memory and Language* 31.

Packard, J.L.2001.*The Morphology of Chinese: A Linguistic and Cognitive Approach*.北京: 外语教学与研究出版社.

Pastizzo, M.J.& L.B.Feldman.2004.Morphological processing: A comparison between free and bound stem facilitation.*Brain and Language* 90 (1-3).

Peng, D., Y. Liu & C. Wang. 1999. How is access representation organized? The relation of polymorphemic words and their morphemes in Chinese.In J.Wang, A.W.Inhoff & H.C.Chen (eds.), *Reading Chinese Script: A Cognitive Analysis*.Mahwah, NJ: Lawrence Erlbaum.

Perfetti, C.A.& L.H.Tan.1998.The time course of graphic, phonological, and semantic activation in Chinese character identification.*Journal of Experimental Psychology: Learning, Memory, and Cognition* 24.

Perfetti, C.A.& S.Zhang. 1991. Phonemic processes in reading Chinese words. *Journal of Experimental Psychology, Learning, Memory, and Cognition* 17.

Perfetti, C. A. & S. Zhang. 1995. Very early phonological activation in Chinese reading.*Journal of Experimental Psychology: Learning, Memory, and Cognition* 21.

Pinker, S.1991.Rules of language.*Science* 253 (5019).

Pinker, S.1998.Words and rules.*Lingua*106.

Pinker, S.1999.*Words and Rules: The Ingredients of Language*.London: Pheonix.

Potts, G.F.2004.An ERP index of task relevance evaluation of visual stimuli.*Brain and Cognition* 56.

Prévost, P.& L. White. 2000. Missing surface inflection or impairment in second language acquisition? Evidence from tense and agreement.*Second Language Research* 16 (2).

Price, C.J.1998.The functional anatomy of word comprehension and production.*Trends in Cognitive Sciences* 8.

Rahman, M. Md. 2012. A Linguistic approach to comprehensive study of compound words with special reference to Urdu language.*Language in India* 2.

Sandra, D.1990.On the presentation and processing of compound words: automatic access to constituent morphemes does not occur.*Quarterly Journal of Experimental Psychology* 42A.

Scalise, S.& E.Guevara.The lexicalist approach to word-formation and the notion of the lexicon.In Stekauer, P.& R.Lieber (eds.), *Handbook of Word-Formation*.Netherlands: Springer.

Schendan, H.E., G. Ganis & M. Kutas. 1998. Neurophysiological evidence for visual perceptual categorization of words and faces within 150 ms. *Psychophysiology* 35 (3).

Schiff, R. & S. Calif. 2007. Role of phonological and morphological awareness in L2 oral word reading. *Language Learning* 57 (2).

Schirmeier, M.K., B.L. Derwing & G. Libben. 2004. Lexicality, morphological structure, and semantic transparency in the processing of German ver-verbs: The complementarity of on-line and off-line evidence. *Brain and Language* 90 (1-3).

Schreuder, R. & R.H. Baayen. 1995. Modeling morphological processing. In L.B. Feldman (ed.), *Morphological aspects of language processing*. Hillsdale, NJ: Erlbaum.

Seidenberg, M.S. & J.L. McClelland. 1989. A distributed, developmental model of word recognition and naming. *Psychological Review* 96.

Seidl, A. 2008. *Minimal Indirect Reference: A Theory of the Syntax-phonology Interface*. London: Routledge.

Selkirk, E. 1982. *The Syntax of Words*. Cambridge, MA: MIT Press.

Selkirk, E. 1995. The Prosodic structure of function words. In J. Beckman, L. Walsh & S. Urbanczyk (eds.), *University of Massachusetts Occasional Papers* 18: *Papers in Optinality Theory*. Amherst, Massachusetts: GLSA.

Semenza, C., S.D. Pellegrin, I. Battel, M. Garzon, F. Meneghello & V. Chiarelli. 2011. Compounds in different aphasia categories: A study on picture naming. *Journal of Clinical and Experimental Neuropsychology* 33 (10).

Silva, R. & H. Clahsen. 2008. Morphologically complex words in L1 and L2 processing: Evidence from masked priming experiments in English. *Bilingualism: Language and Cognition*, 11 (2).

Spencer, A. 1991. *Morphological Theory: An Introduction to Word Structure in Generative Grammar*. Oxford: Basil Blackwell Press.

Spencer, A. Morphological Operations. 1998. In A. Spencer & A.M. Zwicky (eds.), *The Handbook of Morphology*. Oxford: Blackwell Publishers Ltd.

Sproat, R. 1985. *On Deriving the Lexicon*. PhD dissertation, MIT.

Stolz, J.A. & L.B. Feldman. 1995. The role of orthographic and semantic transparency of the base morpheme in morphological processing. In L. B. Feldman (ed.), *Morphological Aspects of Language Processing*. Hillsdale, NJ: Erlbaum.

Stromswold, K., D. Caplan, N. Alpert & S. Rauch. 1996. Localization of syntactic comprehension by positron emission tomography. *Brain and Language* 52.

Sutton, S., M.Braren, J.Zubin & E.R.John.1965.Evoked-poterrtial correlates of stimulus uncertainty. Science 150.

Taft, M.& K.Forster.1975.Lexical storage and retrieval of prefixed words. *Journal of Verbal Learning and Verbal Behaviour* 14.

Taft, M.& X.Zhu.1995.The representation of bound morphemes in the lexicon: A Chinese study.In L.B.Feldman (ed.), *Morphological aspects of language processing*.Hillsdale, NJ: Lawrence Erlbaum Associates Inc.

Taft, M., 朱晓平:《词汇信息加工模型: 词形、读音、词素》, 载彭聃龄编《汉语认知研究》, 山东教育出版社1997年版。

Taft, M.1979.Recognition of affixed words and the word-frequency effect. *Memory and Cognition* 7.

Taft, M.1994.Interactive activation as a framework for understanding morphological processing.*Language and Cognitive Processes* 9.

Taft, M.2004.Morphological decomposition and the reverse base frequency effect.*The Quarterly Journal of Experimental Psychology* 57A (4).

Tan, L.H.& C.A.Perfetti.1999.Phonological activation in visual identification of Chinese two-character words.*Journal of Experimental Psychology, Learning, Memory, and Cognition* 25 (2).

Tan, L.H., A.R.Laird, K.Li & P.T.Fox.2005.Neuroanatomical correlates of phonological processing of Chinese characters and alphabetic words: a meta-analysis.*Human Brain Mapping* 25.

Theodor, R., von Stockert & L.Bader.1976.Some relation of grammar and lexicon in aphasia.*Cortex* 12.

Ullman M.T.2001a.A neurocognitive perspective on language: The declarative/procedural model.*Nature Review* 30 (1).

Ullman M.T.2001b.The declarative/procedural model of lexicon and grammar.*Journal of Psycholinguistic Research* 2.

Ullman M. T. 2004. Contributions of memory circuits to language: the declarative/procedural mode.*Cognition* 92.

Ullman, M. T. 2005. A cognitive neuroscience perspective on second language acquisition: The declarative/procedural model.*Mind and Context in Adult Second Language Acquisition: Methods, Theory, and Practice* 1.

Ullman, M.T., S.Corkin, M.Coppola, G.Hickok, J.H.Growdon, W.J.Koroshetz & S. Pinker. 1997. A neural dissociation within language: Evidence that the mental lexicon is part of declarative memory, and that grammatical rules are processed by the procedural system.*Journal of Cognitive Neuroscience* 9 (2).

White, L.2003.*Second Language Acquisition and Universal Grammar*.Cambridge: Cambridge University Press.

Williams, E.1981a. On the notions "Lexical Related" and "Head of a Word".*Linguistic Inquiry* 12.

Williams, E.1981b.Argument structure and morphology.*The Linguistic Review* 1.

Wise, R., F.Chollet, U.Hadar, K.Friston & E.Hovner.1991.Distribution of cortical neural networks involved in word comprehension and word retrieval. *Brain* 114 (4).

Wu, Y., D.Mo, Y.K.Tsang & H.C.Chen.2012.ERPs reveal sub-lexical processing in Chinese character recognition.*Neuroscience Letters* 514.

Zhang, B. Y. & D. L. Peng. 1992. Decomposed storage in the Chinese lexicon.*Advances in Psychology* 90 (8).

Zhang, J., R.C.Anderson, H.Li, Q.Dong, X.Wu & Y.Zhang. 2010. Cross-language Transfer of Insight into the Structure of Compound Words.*Reading and Writing* 23 (3-4).

Zhang, Q., J.X.Zhang & L.Kong.2009.An ERP study on the time course of phonological and semantic activation in Chinese word recognition.*International Journal of Psychophysiology* 73.

Zhou, X.& W.Marslen-Wilson.1994.Words, morphemes and syllables in the Chinese mental lexicon.*Language and Cognitive Processes* 9.

Zhou, X. & W. Marslen - Wilson. 1995. Morphological structure in the

Chinese mental lexicon. *Language and Cognitive Processes* 10.

Zhou, X. & W. Marslen-Wilson. 2000. Lexical representation of compound words: Cross-linguistic evidence. *Psychologia* 43.

Zhou, X. & W. Marslen-Wilson. The abstractness of phonological representation in the Chinese mental lexicon. In H.-C. Chen (ed.), *Cognitive Processing of Chinese and other Asian languages*. Hong Kong: The Chinese University Press.

Zhou, X. 1993. *The mental representation of Chinese disyllabic words*. PhD dissertation, University of Cambridge.

Zhou, X., W. Marslen-Wilson, M. Taft & H. Shu. 1999. Morphology, orthography, and phonology in reading Chinese. *Language and Cognitive Processes* 14.

Zurif, E. B. & A. Caramazza. 1976. Psycholinguistic structures in aphasia: Studies in syntax and semantics. *Journal of Pragmatics* 34 (3).

Zurif, E. B. 1995. Brain regions of relevance to syntactic processing. In R. Larson & G. Segal (eds.), *Knowledge of Meaning: An Introduction to Semantic Theory*. Cambridge, MA: The MIT Press.

Zwisterlood, P. 1994. The role of semantic transparency in the processing and representation of Dutch compounds. *Language and Cognitive Processes* 9.

陈光磊:《汉语词法论》,学林出版社2001年版。

程工、周光磊:《分布形态学框架下的汉语动宾复合词研究》,《外语教学与研究》2015年第2期。

程工:《汉语"者"字合成复合词及其对普遍语法的启示》,《现代外语》2005年第3期。

邓思颖:《汉语复合词的论元结构》,《语言教学与研究》2008年第4期。

丁国盛、彭聃龄:《汉语逆序词识别中整词与词素的关系》,《当代语言学》2006年第1期。

董秀芳:《汉语的词库与词法》,北京大学出版社2004年版。

端木三:《重音理论和汉语的词长选择》,《中国语文》1999年第4期。

端木三:《汉语的节奏》,《当代语言学》2000年第4期。

端木三：《重音理论及汉语重音现象》，《当代语言学》2014 年第 3 期。

段业辉：《论离合词》，《南京师范大学学报》1994 年第 2 期。

费迪南德·德·索绪尔：《普通语言学教程》，高名凯译，岑麒祥、叶蜚声校注，商务印书馆 1980 年版。

冯胜利：《论汉语的韵律词》，《中国社会科学》1996 年第 1 期。

冯胜利：《论汉语的自然音步》，《中国语文》1998 年第 1 期。

冯胜利：《从韵律看汉语"词""语"分流之大界》，《中国语文》2001 年第 1 期。

冯胜利：《论汉语"词"的多维性》，《当代语言学》2001 年第 3 期。

高素荣：《失语症》（第二版），北京大学医学出版社 2006 年版。

顾介鑫、杨亦鸣：《复合构词法能产性及其神经电生理学研究》，《语言文字应用》2010 年第 3 期。

顾介鑫、于亮、马鹏举：《P2a 反映人脑对构词结构的识别：来自 ERP 的证据》，《西南大学学报》（自然科学版）2012 年第 2 期。

顾介鑫、于亮、马鹏举：《人脑中离合词趋近于短语吗？——基于黏着性的神经电生理学研究》，《现代语文》2011 年第 10 期。

顾介鑫、赵仑、刘涛、杨亦鸣：《应用事件相关电位技术研究词汇识别中汉字正字法的作用》，《中国组织工程研究与临床康复》2007 年第 26 期。

顾介鑫：《转换生成语言学背景下的汉语复合词研究》，《外语研究》2007 年第 6 期。

顾介鑫：《汉语复合词认知加工的神经机制研究》，博士学位论文，南京师范大学，2008 年。

顾阳、沈阳：《汉语合成复合词的构造过程》，《中国语文》2001 年第 2 期。

何元建、王玲玲：《汉语真假复合词》，《语言教学与研究》2005 年第 5 期。

何元建：《回环理论与汉语构词法》，《当代语言学》2004 年第 3 期。

何元建：《论合成复合词的逻辑形式》，《语言科学》2009 年第 5 期。

何元建：《汉语合成复合词的构词原则、类型学特征及其对语言习得的启示》，《外语教学与研究》2013 年第 4 期。

洪爽、石定栩：《汉语合成复合词的组合结构》，《华文教学与研究》2012年第4期。

黄月圆：《复合词研究》，《国外语言学》1995年第2期。

霍凯特：《现代语言学教程》，索振羽、叶蜚声译，北京大学出版社2002年版。

陆志韦：《构词学的对象和手续》，《中国语文》1955年3月号。

吕叔湘：《汉语语法分析问题》，商务印书馆1979年版。

吕叔湘：《汉语"词"的问题概述》，吕叔湘《汉语语法论文集》（增订本），商务印书馆1984a/1959年版。

吕叔湘：《说"自由"和"黏着"》，吕叔湘《汉语语法论文集》（增订本），商务印书馆1984b/1962年版。

彭聃龄、丁国盛、王春茂：《汉语逆序词的加工——词素在词加工中的作用》，《心理学报》1999年第1期。

彭聃龄、李燕平、刘志忠：《重复启动条件下中文双字词的识别》，《心理学报》1994年第4期。

任学良：《汉语造词法》，中国社会科学出版社1981年版。

沈怀兴：《汉语偏正式构词探微》，《中国语文》1998年第3期。

施茂枝：《述宾复合词的语法特点》，《语言教学与研究》1999年第1期。

石定栩：《复合词与短语的句法地位》，中国语文杂志社编《语法研究和探索（十一）》，商务印书馆2002年版。

石定栩：《动词的名词化和名物化》，中国语文杂志社编《语法研究和探索（十二）》，商务印书馆2002年版。

石定栩：《汉语的定中关系动—名复合词》，《中国语文》2003年第6期。

汤廷池：《汉语词法句法续集》，学生书局1989年版。

王春茂、彭聃龄：《合成词加工中的词频、词素频率及语义透明度》，《心理学报》1999年第3期。

王海峰、姚敏：《半个多世纪以来的现代汉语离合词研究》，《语文研究》2010年第3期。

王海峰：《现代汉语离合词离析动因刍议》，《语文研究》2002年第3期。

王洪君：《音节单双、音域展敛（重音）与语法结构类型和成分次序》，《当代语言学》2001年第4期。

王力：《汉语语法纲要》，《王力文集（第三卷）》，山东教育出版社1985年版。

王文斌：《汉语并列式合成词的词汇通达》，《心理学报》2001年第2期。

王砚农、焦庞颙：《汉语常用动词搭配词典》，外语教学与研究出版社1984年版。

魏景汉、罗跃嘉：《认知事件相关脑电位教程》，经济日报出版社2002年版。

谢耀基：《词和短语的离合问题》，《烟台大学学报》2001年第2期。

许敏：《〈汉语水平词汇等级大纲〉双音节结构中语素组合方式、构词能力统计研究》，硕士学位论文，北京语言大学，2003年。

杨庆蕙：《现代汉语"离合词"用法词典》，北京师范大学出版社1995年版。

杨锡彭：《汉语语素论》，南京大学出版社2003年版。

杨亦鸣、曹明、沈兴安：《国外大脑词库研究概观》，《当代语言学》2001年第2期。

杨亦鸣、李大勤：《试析主语槽中的"NP的VP"结构》，邵敬敏编《语法研究与语法应用》，北京语言学院出版社1994年版。

杨亦鸣、梁丹丹、顾介鑫、翁旭初、封世文：《名动分类：语法的还是语义的——汉语名动分类的神经语言学研究》，《语言科学》2002年第1期。

杨亦鸣、赵晓群：《"一带一路"沿线国家语言国情手册》，商务印书馆2016年版。

杨亦鸣：《语言的理论假设与神经基础——以当前汉语的若干神经语言学研究为例》，《语言科学》2007年第2期。

张珊珊、江火：《离合词是词还是短语？——来自神经电生理学的证据》，《语言科学》2010年第5期。

张珊珊：《中文大脑词库语言单位的存储和提取研究》，博士学位论文，南京师范大学，2006年。

张寿康、林杏光：《现代汉语实词搭配词典》，商务印书馆1992

年版。

赵淑华、张宝林：《离合词的确定与离合词的性质》，《语言教学与研究》1996年第1期。

赵元任：《汉语口语语法》，吕叔湘译，商务印书馆1979年版。

周荐：《汉语词汇结构论》，上海辞书出版社2004年版。

周荐：《词语的意义和结构》，天津古籍出版社1994年版。

周韧：《共性和个性下的汉语动宾饰名复合词研究》，《中国语文》2006年第4期。

周晓林：《语义激活中语音的有限作用》，彭聃龄编《汉语认知研究》，山东教育出版社1997年版。

朱德熙：《语法讲义》，商务印书馆1982年版。

庄会彬、刘振前：《汉语合成复合词的构词机制与韵律制约》，《世界汉语教学》2011年第4期。

后　记

　　书，原来都是读别人写的，现在要请别人读自己写的，心里是既兴奋又忐忑。兴奋，是因为可以向同行集中汇报一下自己近十年来的研究成果；忐忑，是因为怕汇报得不好，愧对同事的工作，枉费同行的关注。这复杂的心情，就像树叶有两面，一面面向太阳，享受温暖的阳光；另一面则背向太阳，静对宁静的荫凉。

　　兴奋之情难掩，先看树叶那面向太阳的一面吧。2000年秋，笔者踏入徐州师范大学（现更名为江苏师范大学）云龙校区图书馆二楼东首的办公室，开始了神经语言学的追梦之旅。这追梦之旅的引路人是笔者的授业恩师江苏师范大学杨亦鸣教授、中国传媒大学李大勤教授。杨先生因材施教，笔者大学是学生物学的，先生便让笔者涉猎当代语言学理论，学习事件相关电位（Event-related Potential，ERP）这一神经电生理学技术，为从事神经语言学这一交叉学科研究夯实了基础。不敢自比千里马，但李先生于笔者则有"伯乐"之恩。从一个大学新生的迷茫，到知道考研，再到准备考中国首立神经语言学方向的徐州师范大学语言所的研究生，离不开李先生一次次的指点迷津。

　　在神经语言学的求学路上，徐州医学院（现更名为徐州医科大学）张凤真教授、中国科学院心理研究所魏景汉研究员不仅给予了笔者知识，也教给了笔者做研究应有的精气神。张先生上课一丝不苟，将神经解剖学的知识像串念珠一样一粒一粒串起来。笔者虽是学生物学的，但具体的神经解剖学知识并不系统，听了张先生的课，对神经解剖学的内容便有了"纲举目张"之感。后来，张先生到我们语言所给神经语言学方向的研究生讲《语言神经解剖学基础》，笔者有幸给张先生当助教。那时，张先生说："神经语言学要两条腿走路，既要谈语言学，也要看重神经基础"。这句话提醒笔者关注语言加工的实验研究，尤其是关涉神经基础的实验研究。不幸的是，张先生于2009年因病医治无效，驾鹤西去，令人惋惜。

魏先生是国内从事事件相关电位研究的先驱者，从自己制作放大器（事件相关电位技术中的关键硬件）开始研究事件相关电位。受益于恩师杨先生的资助，笔者得以参加2001年在中国科学院心理研究所举办的首届事件相关电位高级研习班并初步掌握了该技术。2002年秋，又是在恩师杨先生的大力支持下，笔者有幸到中国科学院心理研究所开展事件相关电位实验研究。但在实验讨论后，笔者一时间陷入困顿，魏先生及时点拨，并鼓励笔者大胆创新。其间，罗跃嘉先生及其实验室研究人员也提出了很多宝贵的意见，卫星老师给予了极大的帮助。2007年，魏先生到徐州师范大学语言研究所给我们研究所的老师、研究生系统地讲授了事件相关电位技术原理及应用，笔者受益匪浅。倍感荣幸的是，2008年魏先生担任笔者博士论文答辩会主席，能够在论文答辩的时候向事件相关电位研究的前辈大咖汇报语言认知的事件相关电位研究，实乃一幸事也。答辩会上，魏先生在肯定研究成果的同时，对技术手段的应用提出了更高的要求。

在神经语言学的研究路上，恩师杨亦鸣教授，南京师范大学梁丹丹教授、张辉教授，曲阜师范大学周统权教授给予了笔者悉心的指导、大力的提携和无私的帮助。笔者的硕士学位论文《现代汉语名动分类的神经电生理研究》、博士学位论文《汉语复合词认知加工的神经机制研究》都渗透着恩师杨先生的心血。在一次博士论文修改中，杨先生对笔者说："我们做研究不是为了验证外国人的理论，而是要创造自己的理论。要在研究中发现不同于印欧系语言认知的特点，并试着提出自己的理论。"杨先生的指点，除了极大地提高了笔者博士论文的创新性，也成为笔者此后从事研究工作的指导方针。

梁丹丹、张辉、周统权三位先生是笔者的师姐、师兄，他们都曾跟随杨先生从事博士、博士后研究工作。2001年，梁师姐到徐州师范大学语言研究所开展博士后研究工作。梁师姐风趣、幽默，治学有方。很喜欢跟梁师姐谈学论道，感觉每次讨论都能提升自己的研究功力。2003年，张师兄也来到我们语言所开展博士后研究工作。张师兄坦诚、平易，执迷于研究。笔者与张师兄很投缘，虽小张兄一句有余，但共同话题颇多：论学术、谈人生，每次都聊得很嗨。与张师兄聊天，其乐融融。周师兄是北京语言大学李宇明教授跟杨先生联合指导的博士生，2002年来我们语言所开展失语症研究。周师兄幽默、厚道，讨论问题像吵架。很高兴跟周师兄讨论生成语法的问题，在像机关炮的阐述中，每每能领略到生成语法的奥妙。

在求学的道路上，笔者不仅有幸取道于方家，也相识了堪称仁人、志士的同窗。感谢南京师范大学李葆嘉教授、段业辉教授、陈小荷教授、王政红编审，江苏师范大学郑元林教授、苏晓青教授、李刚教授、李长忠教授、方环海教授等的悉心教诲！感谢孙道功、周阿根、沈兴安、毛洪波、余光武、宋伟、徐以中、封世文、方光柱、马勇、刘涛、胡伟等同窗和兄弟的给力支持！

树叶之茂，源于阳光，更系于根。笔者出生于苏北一个名曰大沟埃的小山村，省吃俭用的父母在供养笔者上学时却是出手阔气。后来工作了，妈妈听闻笔者每天忙忙碌碌，叮嘱要注意吃好，最后总要说上一句："人年轻时还是忙一些好"；但却从来不抱怨儿子为什么不常回家看看。爸爸信佛，偶尔的聊天中常提醒与人为善、不评论是非。笔者的爱人也在大学任教，平时教学任务很重，却任劳任怨，小女的作业、兴趣班、饮食起居等由其一手操持，常说："你去忙你的吧"。小女知道笔者是做脑电图研究的，她曾跑到书房好奇地问："我们班的同学能去做脑电实验吗？"

兴奋之余，忐忑之情难免，尤其是拙作付梓之时，接下来看树叶背向太阳的一面。因笔者才疏学浅，拙作中复合词的理论研究不够深、实验设计不够精深、失语症研究略显薄弱、语言习得研究不够，这些不足当在后续研究中改进。

笔者自评，属于给点阳光就灿烂的类型。万物生长靠太阳，笔者走在神经语言学研究的道上，恩师的指点、益友的帮助、同道的支持、家人的奉献就像一缕缕阳光洒在笔者的心田，让笔者一路前行，风雨无阻。大恩不言谢，谨以这本小书献给陪伴笔者风雨同行多年的阳光播撒者们。

感谢国家社会科学基金（12CYY021）的资助。感谢研究合作者、课题组成员江苏师范大学语言科学与艺术学院杨亦鸣教授、余光武教授、沈兆勇、于亮、王星、陈士校、朱苏琼、许晶，徐州市中医院康复科张冰主任、三瑛大夫，徐州市中心医院康复医院巩尊科主任等同人的通力合作！感谢中国社会科学出版社为笔者向同行汇报提供了一个很好的平台，感谢任明先生的大力支持！

顾介鑫

于云龙山东麓语科新楼

2017 年 12 月 26 日